當代中共外交政策與中美關係

Contemporary Chinese Foreign Policy and Sino-American Relations

◎許志嘉 著

「亞太研究系列」總序

　　「二十一世紀是亞太的世紀」，這句話不斷地被談起，代表著自信與驕傲。但是亞太地區絕非如此單純，未來發展亦非一定樂觀，它的複雜早已以不同形態呈現在世人面前，在開啓新世紀的同時，以沉靜的心境，深刻的瞭解與解決亞太區域的問題，或許才是我們在面對亞太時應有的態度。

　　亞太地區有著不同內涵的多元文化色彩，在這塊土地上有著天主教、基督教、佛教、回教等不同的宗教信仰；有傳承西方文明的美加澳紐、代表儒教文明的中國、混合儒佛神教文明的日本，以及混雜著不同文明的東南亞後殖民地區。文化的衝突不止在區域間時有發生，在各國內部亦時有所聞，並以不同的面貌形式展現它們的差異。

　　美加澳紐的移民問題挑戰著西方主流社會的民族融合概念，它反證著多元化融合的觀念只是適用於西方的同文明信仰者，先主後從，主尊客卑，白優黃劣仍是少數西方人面對東方移民時無法拋棄的心理情結。西藏問題已不再是單純的內部民族或政經社會議題，早已成爲國際上的重要課題與工具。兩岸中國人與日韓三方面的恩怨情仇，濃得讓人難以下嚥，引發的社會政治爭議難以讓社會平靜。馬來西亞的第二代、第三代，

或已經是第好幾代的華人,仍有著永遠無法在以回教為國教的祖國裡當家作主的無奈,這些不同的民族與族群問題,讓亞太地區的社會潛伏著不安的危機。

亞太地區的政治形態也是多重的。有先進的民主國家;也有的趕上了二十世紀末的民主浪潮,從威權走向民主,但其中有的仍無法擺脫派系金權,有的仍舊依靠地域族群的支持來建構其政權的合法性,它們有著美麗的民主外衣,但骨子裡還是甩不掉威權時期的心態與習性;有的標舉著社會主義的旗幟,走的卻是資本主義的道路;有的高喊民主主義的口號,但行的卻是軍隊操控選舉與內閣;有的自我認定是政黨政治,但在別人眼中卻是不折不扣的一黨專政,這些就是亞太地區的政治形態寫照,不同地區的人民有著不同的希望與訴求,菁英分子在政治格局下的理念與目標也有著顯著的差異,命運也有不同,但整個政治社會仍在不停的轉動,都在向「人民為主」的方向轉,但是轉的方向不同、速度有快有慢。

亞太地區各次級區域有著潛在的軍事衝突,包括位於東北亞的朝鮮半島危機;東亞中介區域的台海兩岸軍事衝突;以及東南亞的南海領土主權爭議等等。這些潛在的軍事衝突,背後有著強權大國的利益糾結,涉及到複雜的歷史因素與不同的國家利害關係,不是任何一個亞太地區的安全機制或強權大國可以同時處理或單獨解決。在亞太區域內有著「亞太主義」與「亞洲主義」的爭辯,也有著美國是否有世界霸權心態、日本軍國主義會否復活、中國威脅論會否存在的懷疑與爭吵。美國、日本、中國大陸、東協的四極體系已在亞太區域形成,合縱連橫自然在所難免,亞太地區的國際政治與安全格局也不會是容易平靜的。

　　相對於亞太的政治發展與安全問題，經濟成果是亞太地區最足以自豪的。這塊區域裡有二十世紀最大的經濟強權，有二次大戰後快速崛起的日本，有七〇年代興起的亞洲四小龍，二〇年代積極推動改革開放的中國大陸，九〇年代引人矚目的新四小龍。這個地區有多層次分工的基礎，有政府主導的經濟發展，有高度自由化的自由經濟，有高儲蓄及投資率的環境，以及外向型的經濟發展策略，使得世界的經濟重心確有逐漸移至此一地區的趨勢。有人認為在未來世界區域經濟發展的趨勢中，亞太地區將擔任實質帶領全球經濟步入二十一世紀的重責大任，但也有人認為亞洲的經濟奇蹟是虛幻的，缺乏高科技的研究實力、社會貧富的懸殊差距、環境的污染破壞、政府的低效能等等，都將使得亞洲的經濟發展有著相當的隱憂。不論如何，亞太區域未來經濟的發展將牽動整個世界，影響人類的貧富，值得我們深刻關注。

　　在亞太這個區域裡，經濟上有著統合的潮流，但在政治上也有著分離的趨勢。亞太經合會議（APEC）使得亞太地區各個國家的經濟依存關係日趨密切，太平洋盆地經濟會議（PBEC），太平洋經濟合作會議（PECC），也不停創造這一地區內產、官、學界共同推動經濟自由與整合的機會。但是台灣的台獨運動、印尼與東帝汶的關係、菲律賓與摩洛分離主義⋯⋯使得亞太地區的經濟發展與安全都受到影響，也使得經濟與政治何者為重，群體與個體何者優先的思辨，仍是亞太地區的重要課題。

　　亞太地區在國際間的重要性日益增加，台灣處於亞太地區的中心，無論在政治、經濟、文化與社會方面，均與亞太地區有密切的互動。近年來，政府不斷加強與美日的政經關係、尋

求與中國大陸的政治緩和、積極推動南向政策、鼓吹建立亞太
地區安全體系，以及擬將台灣發展成亞太營運中心等等，無一
不與亞太地區的全局架構有密切關係。在現實中，台灣在面對
亞太地區時也有本身取捨的困境，如何在國際關係與兩岸關係
中找到平衡點，如何在台灣優先與利益均霑間找到交集，如何
全面顧及南向政策與西向政策，如何找尋與界定台灣在亞太區
域中的合理角色與定位，也是值得共同思考的議題。

　　「亞太研究系列」的出版，表徵出與海內外學者專家共同
對上述各類議題探討研究的期盼，也希望由於「亞太研究系列」
的廣行，使得國人更加深對亞太地區的關切與瞭解。本叢書由
李英明教授與本人共同擔任主編，我們亦將極盡全力，為各位
讀者推薦有深度、有分量、值得共同思考、觀察與研究的著作。
當然也更希望您們的共同參與和指教。

　　　　　　　　　　　　　　　　　　張　亞　中

自　序

　　一九七八年底中共十一屆三中全會推動改革開放以來，中國大陸經濟持續快速發展，綜合國力不斷提升。作爲聯合國安全理事會常任理事國，擁有核子武器，全球第五大武器出口國，第六大經濟體，第四大貿易國，第二大外匯存底國，第三個完成太空人上太空的國家，日益增強的政治、軍事、經濟、科技實力，都使中共在國際社會有發揮更大影響力的空間。

　　綜合國力提升使中共在國際社會的影響力日增，作爲後冷戰時期最大的社會主義國家，中共的意識形態色彩雖然已大幅降低，經濟也逐步開放，但一黨獨大、以黨領政的政治體制，與美國主導的國際主流社會政治價值差異甚大。在美國建構以經濟自由、政治民主的現代國家典範下，中共成爲後冷戰時期全球主要中心力量中，唯一採取威權體制的國家，中國威脅論的說法也就日益增強。

　　面對中國威脅論的質疑，中共十六大後，以胡錦濤爲總書記的新領導集體開始建構「和平崛起」理論，正視中共國力日益增強的事實，也向國際社會宣示中共將採取和平方式處理國際問題，中共綜合國力的崛起不會造成與國際主流社會的衝突。

　　崛起中的中國大陸，對國際社會的政治、經濟秩序而言，

是一個重要的影響因素。對台灣來說，崛起的中共對台灣安全
與經濟發展會帶來正面或負面的影響，還有待兩岸政經互動發
展，但直接面對的是，中共在國際社會對台灣外交生存空間制
約的力量，已隨著中共國力的崛起愈來愈大。中共外交政策對
於國際秩序具有重要影響，對台灣外交生存發展更具重大意
義，對中共外交政策的深入研究，有助於理解國際關係發展，
更是台灣尋求外交突破的重要關鍵。

　　後冷戰時期，美國成為國際社會唯一超強，中共與美國關
係互動也受到高度關注。對台灣而言，如果將全球五大中心力
量之一的中共視為潛在威脅，其他四大中心力量中，似乎只有
美國有能力，也有意願成為協助台灣追求安全生存的主要力
量，中共與美國關係互動對台灣安全具有重要影響，中美關係
牽動著兩岸關係，也影響台灣的穩定與發展。

　　基於對台灣未來發展與安全的關懷，本書從理論與實踐著
手，探討中共外交政策與中美關係互動。全文共七章，第一章
討論中共外交政策研究途徑，整理中西方學者研究中共外交的
途徑，提出九個主要研究途徑，同時探討美國、台灣與中國大
陸中共外交研究的方向。

　　第二章是從中共外交理論角度分析，採意識形態研究途徑
探討中共矛盾世界觀與中共對美政策的演變，分析中共建政之
後矛盾世界觀的轉變，從矛盾世界觀的主要矛盾轉變，論述矛
盾世界觀與中共對美政策轉變的關係。

　　第三章則從實證角度探討後冷戰時期中共外交政策，分析
中共官方文件宣示的外交政策面，再由中共領導人出訪、對外
貿易、條約締結等三個實踐面向，論證中共外交政策與外交行
為之間的互動關係。

　　第四章探討中共外交政策的輸出面，論述新科技時代，中共如何運用網際網路來進行國際宣傳，從中共官方文件，分析中共國際宣傳政策，再從中共網際網路發展、管控、運用，探討中共國際宣傳策略。

　　第五章由美國官方政策宣示分析美國的中國政策，以一個中國作為論述分析的主軸，探討美國政府的一個中國政策演變，從歷史研究途徑分析美國中國政策的轉變，論證美國一個中國政策從搖擺一中、形式一中、模糊一中，到具體一中的歷史演變。

　　第六章討論九一一恐怖攻擊事件發生後，美國全球戰略的調整，對中美關係產生的影響，分析柯林頓政府與小布希政府對中共政策的轉變，以及中共在美國全球反恐戰略中採取的因應政策，論證九一一事件對中美關係變化的影響，並探討中美關係互動對兩岸關係的影響。

　　第七章分析中共十六大以後外交戰略的新發展趨勢，探討以胡錦濤為總書記的新一代領導集體接班後，中共外交戰略的發展，從和平崛起理論的建構，一直到具體的外交作為，論述中共新外交戰略思維與具體外交策略。

　　本書是作者近年來研究的主要成果，多篇文章原稿都曾在國內學術期刊發表過，作者審酌時空環境的變化後，再加以增刪修正編纂而成，希望這些研究能夠提供學界先進們參考。

　　學術研究是一條孤寂的道路，每每至夜半仍與電腦為伍，雖然很多人覺得枯燥，但論文寫作過程的知識汲取，釐清一個概念時的豁然開朗，完成一篇論文後的喜悅，論文發表時的成果共享，那種收穫與快樂，都只有埋首書堆的研究者們最清楚，只有對研究主題的莫名熱忱，才能體會箇中樂趣。

　　論文的完成要感謝太多太多的人，師長們對我長期的指導、鞭策和鼓勵，奠定了研究的基礎和動力，他們的期勉和協助，直到我身為人師，都還引領著我前進。銘傳大學提供作者一個安定的研究環境，讓作者能夠自由地從事研究，傳播學院同事們的互勉，也讓作者有更充實的生活。

　　這幾年來最大的動力，是我的學生們，他們回饋給我的，遠遠超過我所付出的。雖然教學和研究的負荷很重，偶有挫折，但學生們年輕生命帶給我的熱情和真誠，卻是最溫馨的感動，他們總是會用最真的心讓你知道，所有的付出不會白費，教學相長的過程，讓我深深享受作為一個大學老師的驕傲和喜悅。

　　最要感謝的是家人們長期默默的支持，母親過世後，父親的鼓勵讓我在生活和學術道路上不感孤單，謹將此書獻給父親——一個關心子女，熱愛這塊土地，真正愛台灣，普通、平凡卻最偉大的爸爸。

許 志 嘉 謹書

二〇〇四年五月於銘傳大學

目　錄

第一章　中共外交政策研究途徑

一、前　言

　　外交政策長期以來一直是中國大陸研究的一個重要課題，雖然中共外交政策的研究歷史只有四十餘年，但是海內外學者對中共外交政策研究的著作頗豐，尤其是美國學者對這方面的研究，不論在質與量方面都有相當高的成就。這些長期研究成果的積累，對於中共外交政策的理解提供學術理論上的基礎論證，同時，也有助於吾人對中共外交政策系統性的瞭解，促進對這個當今世界上最大的共黨體制國家外交行為有較深刻的認識，從而避免由於誤判而引起國際間的衝突。對於衝突的減低與化解，以及促進全球社會或亞太地區的和平安定與繁榮，中共外交政策的研究，有其理論與實際上的必要性。

　　國際關係學本身就是一門很年輕的學科，雖然發展的歷史很短，但在學者的努力下，這門學科已創造不少成果，其中外交政策的研究更是這門學科的一個重要的研究面向，為了使研究的成果更系統化、科學化，以達到「描述、解釋和預測」等最基本的科學性研究目的[1]，學者們研究發展各種「研究途徑」（research approach），使研究分析有更好的方法與向度，以達到科學化的要求，或至少取得更有意義的解釋效力。

　　在外交政策的研究中，西方學者，特別是美國學者，提出許多極具意義的研究途徑來分析外交政策，發展出理性模式

---

[1]Herbert Feigl, "The Scientific Outlook: Naturalism and Humanism," H. Feigl & M. Brodbeck ed., *Readings in the Philosophy of Science* (New York: Appleton-Century-crofts, 1953), pp. 10-11.

（rational model）、組織機構模式（organizational-institutional model）、官僚政治模式（bureaucratic politics model）、權力菁英模式（power elite model）、多元論模式（pluralist model）等等研究途徑[2]，對外交政策研究提供極具參考價值的研究方法，也使得外交政策研究的發展更有系統、更科學化。

　　在中共外交政策的研究方面，學者們為了能夠更準確地理解中共外交政策，在研究方面也發展出許多不同的研究途徑，本章希望從東西方學者對中共外交政策研究的中英文著作中所採行的研究途徑進行整理與分析，俾提供中共外交研究者研究方向的基本參考架構。同時，希望透過對研究途徑的探討與分析，提供研究者思考更有意義的研究途徑，使中共外交研究能夠取得更系統化、科學化的發展，對學術研究有正面的貢獻，同時，也提供相關決策單位理解中共外交政策行為一個更具效度的分析面向。

二、中共外交政策研究途徑

　　從方法論及研究成果的角度來看，西方學者，尤其是美國學者，一直是中共外交政策研究方法探討與分析的主要參與者。早期中國大陸學者對中共外交的分析，多數是以「外交史」作為此領域的主要研究範疇，以中共的「官方說法」作為分析

---

[2] 這些研究途徑的分析與解說請參閱 Graham T. Allison, *Essence of Decision: Explaining the Cuban Missile Crisis* (Boston: Little, Brown, 1971); Barry B. Hughes, *The Domestic Context of American Foreign Policy* (San Francisco: W. H. Freeman & Company, 1978).

的主要依據，一九九○年代以後，大陸學者開始逐漸引進西方
的研究方法，對中共外交政策進行更多元的研究。台灣學者早
期多以意識形態及統戰的觀點來詮釋中共外交，有些研究具有
「反共」色彩，研究範疇亦以外交史為主，近期的研究則受到
西方研究成果與方法的影響，採取各項研究途徑，對中共外交
相關議題進行解釋性的分析。

　　從現有的文獻來看，西方學者，特別是美國學者，對中共
外交研究的專著與報告頗多，且研究的範疇與方法也相對多
元，相較來看，兩岸學者對此學門議題的研究雖已強調研究方
法的運用與分析，但在研究的途徑與成果上，西方學者的研究
確比兩岸學者的研究較為豐富。當然，此涉及彼此的研究環境、
研究人員數量等主客觀條件的限制。

　　從有關中共外交研究的中英文著作中，中共外交的主要研
究途徑基本上包括以下九種：歷史文化、意識形態、國家利益、
決策領袖個人、戰略三角、國際體系結構、派系政治、決策系
統及多元因素等[3]。這些研究途徑受到不同年代社會科學、國際

---

[3]有關中共外交政策研究途徑分析著作頗多，可參閱的分析文章包括：Bin
Yu, "The Study of Chinese Foreign Policy: Problem and Prospect," *World
Politics*, no. 46 (January, 1994), pp. 235-261; Samuel Kim, "New
Directions and Old Puzzles in Chinese," in Samuel S. Kim ed., *China and
the World: New Directions in Chinese Foreign Relations*, 2nd ed. (Boulder,
Colo: Westview Press, 1989), pp. 3-30; Friedrich W. Wu, "Explanatory
Approaches to Chinese Foreign Policy: A Critique of the Western
Literature," *Studies in Comparative Communism*, no. 13 (Spring 1980), pp.
41-62; Harry Harding, "The Evolution of American Scholarship on
Contemporary China," in David L. Shambaugh ed., *The American Study of
Contemporary China* (New York: M. E. Sharpe, Incs., 1993), pp. 14-43;
Harry Harding, "Chang and Continuity in Chinese Foreign Policy,"
Problems of Communism, vol. 32, no. 2 (March-April 1983), pp.1-19; Rong

關係學與中共研究思潮的衝擊，以及學者所處研究環境的制約而出現。值得注意的是，不同的研究途徑雖然有理論上的堅持，但並不影響研究的成果，且有很多學者曾嘗試多種不同研究途徑，希望在這門學科的研究中取得更豐富的成果。

　　基本上，歷史文化、意識形態、決策領袖個人、國家利益研究途徑，是一九六〇年代中共外交政策研究的主要學派；一九六〇年代末到一九七〇年代，戰略三角及派系政治研究途徑則儼然成為中共外交政策研究的主流[4]，國際體系結構研究途徑也受到學者的重視；一九八〇年代以後，許多學者採用決策系統及國內外多元因素研究途徑來研究中共外交政策，此二研究途徑日益受到學界的重視。

(一) 歷史文化研究途徑

　　歷史文化研究途徑主要是以「中國中心主義」著眼，試圖從中國過去的歷史文化來理解中共的外交政策行為，此途徑把傳統中國中心主義的持續，與中國對外在世界觀感的概念化，視為影響中共外交政策行為的主要變數。

　　採用歷史文化研究途徑的學者，主要的西方學者包括：費

Zhi, "Two Views of Chinese Foreign Policy," *World Politics*, vol. 34, no. 2 (January 1982), pp. 285-293; Michael Yahuda, "Perspectives on China's Foreign Policy," *China Quarterly*, no. 95 (September 1983), pp. 534-540; Michael Ng-Quinn, "The Analytic Study of Chinese Foreign Policy," *International Studies Quarterly*, vol. 27, no.2 (June 1983), pp. 203-224; Jonathan D. Pollack, "Interpreting China's Foreign Policy, " *Problems of Communism*, vol. 29, no. 4 (July-August 1980), pp. 84-88；石之瑜，《近代中國對外關係新論——政治文化與心理分析》，台北：五南圖書公司，1995。
[4]Bin Yu, Ibid, p. 236.

正清（John K. Fairbank）、Mark Mancall、C. P. Fitzgerald、Francois Geoffroy-Dechaume、Albert Feuerwerker、J. Cranmer-Byng、Morris Rossabi 等[5]。國內學者石之瑜、香港學者廖光生等也曾採此途徑進行研究[6]。

　　早期採用此研究途徑的學者多為歷史學者，他們利用歷史資料的分析，試圖從中國的歷史文化傳統，詮釋中共外交政策及行為，強調儒家思想、道家思想、佛教文化等中國傳統的信仰體系，仍是影響中共外交政策的主要根源；在方法論上早期的學者多採歷史分析與推論方法，後來的學者在行為主義的影響下，也引進行為科學研究方法，採用地緣政治學、文化心理學、政治心理學等科際整合方式進行研究。

---

[5] 參閱 John K. Fairbank ed., *The Chinese World Order* (Cambridge: Harvard University Press, 1968); John K. Fairbank, "China's Foreign Policy in Historical Perspective," *Foreign Affairs*, no. 47 (April 1969), pp. 449-463; Mark Mancall, "The Persistence of Tradition in Chinese Foreign Policy," *Annals of the American Academy of Political and Social Science*, no. 349 (September 1963), pp. 14-26; C. P. Fitzgerald, *The Chinese View of Their Place in the World* (London: Oxford University Press, 1964); Francois Geoffroy-Dechaume, *China Looks at the World* (London: Faber and Faber, 1967); Norton Ginsberg, "On the Chinese Perception of a World Order," in Tang Tsou ed., *China in Crisis*, vol. 2 (Chicago: University of Chicago Press, 1968); Albert Feuerwerker, "Chinese History and Foreign Relations of Contemporary China," *Annals of the American Academy of Political and Social Science* no. 402 (July 1972), pp. 1-14; J. Cranmer-Byng, "The Chinese View of Their Place in the World: An Historical Perspective," *China Quarterly*, vol. 53, no. 1 (January-March 1973), pp. 67-79; Morris Rossabi, *China among Equals: The Middle Kingdom and Its Neighbors* (Berkeley: University of California Press, 1983).

[6] 參閱石之瑜，《中共外交的理論與實踐》，台北：三民書局，1994；石之瑜（Chih-Yu Shih），*The Spirit of Chinese Foreign Policy: A Psychoculural View*（London: Macmillan, 1990）；廖光生，《排外與中國政治》，台北：三民書局，1988。

　　歷史文化研究途徑提供深層次的文化傳統分析層面,來解釋中共外交政策的具有中國傳統的持續性,從宏觀歷史發展的角度來看,此研究途徑說明了中共外交政策中「傳統中國文化」影響的重要性,也論證了傳統歷史文化即使歷經國家政權轉移,仍然對高舉馬列主義大旗的中共政權有一定的制約性。中共官方文件便常出現具道德色彩、反帝國主義等具中國傳統烙印的字眼。

　　但是,作為中國政權正統繼承人的中共,其建政以來官方的文件,以及領導人的談話中,都凸顯了中國共產黨所建立的政權,有意拋棄傳統中國文化的束縛,重建屬於中共的一套「無產階級專政」制度,關建自己的歷史[7]。從這樣的思路來看,縱然中共領導層不自覺地受到中國傳統文化與歷史經驗影響,但他們卻自覺地企圖走出中國傳統歷史文化。同時,此研究途徑也忽略了國際環境對中共外交政策的影響。因此,如果單自歷史文化研究途徑來解釋中共外交政策行為,似乎無法提供完整且更深刻的分析,例如,中共的參加韓戰、支援第三世界國家社會主義政黨發動革命等。而且,中共政治發展過程中,充滿非傳統中國文化的意識形態色彩,使得此項研究途徑的周延性受到學界的挑戰。

---

[7]中共建政以後便強調要求人民重新學習,改變舊思想,強調馬列主義的重要性,參閱中共中央黨史研究室著,胡繩主編,《中國共產黨的七十年》 (北京:中共黨史出版社,1991年);文化大革命初期,中共官方更提出破幾千年來毒害人民的舊思想、文化、風俗、習慣等「破四舊,立四新」運動,參閱《人民日報》(北京),1966年6月1日,第1版。

(二) 意識形態研究途徑

意識形態研究途徑主要是從中共高舉的馬列主義意識形態圖騰著手，在中共是一個全球最大的組織性意識形態國家的論證下[8]，他們企圖從中共所提出的馬列主義、毛澤東思想等意識形態脈絡中，探析中共外交政策行為的根源。此研究途徑主要是在一九五○年韓戰後興起，雖然中共發展歷史中一再強調意識形態的重要性，但早期西方學者仍相信，作為中國政權繼承者，中共難脫前述中國中心主義格局，然而，中共的參加韓戰，使許多學者認為，必須重視意識形態對中共政策的影響，而從意識形態角度來探析中共外交政策。其中一部分學者主張，中共外交政策的根源來自馬列主義，一部分則同時強調毛澤東對馬列主義的看法是中共外交政策的主要根源。

採用意識形態途徑來研究中共外交政策的學者中，主要的西方學者包括：Benjamin I. Schwartz、Harold C. Hinton、J. D. Armstrong、D. S. Zagoria 等[9]，國內學者尹慶耀也曾採此途徑說明中共外交政策[10]。

---

[8]　Franz Schurmann, *Ideology and Organization in Communist China*, 2nd ed. (California: University of California Press, 1968), p. 22.

[9] 參閱 Benjamin I. Schwartz, *Communism and China: Ideology in Flux* (Cambridge: Harvard University Press, 1968); Harold C. Hinton, *China's Turbulent Quest* (Bloomington: Indiana University Press, 1972); J. D. Armstrong, *Revolutionary Diplomacy: Chinese Foreign Policy and the United Front Doctrine* （Berkeley: University of California Press, 1977）; Donald S. Zagoria, "Ideology and Chinese Foreign Policy," in G. Schwab ed., *Ideology and Foreign Policy: A Global Perspective* (New York: Cyrco, 1978); Peter Van Ness, *Revolution and Chinese Foreign Policy*（Berkeley & Los Angeles: University of California Press, 1970）.

[10] 參閱尹慶耀，《中共的統戰外交》，台北：幼獅文化事業公司，1984。

意識形態研究途徑自中共高倡的馬列主義、毛澤東思想中，提供了一個共產黨政權對外政策行為的「社會主義理想」模式，透過馬克思有關國際關係的理論、列寧的帝國主義理論、毛澤東思想中的矛盾論、共產黨的統一戰線等意識形態理論，論證中共外交政策行為的根源係來自意識形態的指導，共產黨不只是高舉意識形態圖騰，同時，也試圖把這一套意識形態應用到外交政策上，不但作為中共外交政策的指導，還是外交行為實踐的方式。

這樣的研究途徑提供了吾人一個有別於傳統西方外交政策研究的方法，跳脫西方邏輯思維，來找尋中共外交政策中的特殊性，並解析中共外交政策行為中與傳統中國歷史文化不盡相同的理論根源，為中共進行的世界革命、反帝國主義外交政策提供了具說服力的解釋。

意識形態研究途徑以中共高倡的「理論」來詮釋中共外交政策，雖能說明中共外交政策中社會主義道德色彩，但是，作為國際社會主體的一員，中共顯然不是只單純受到意識形態的指導，且這套意識形態並非放之四海皆準，中共領導者對此意識形態擁有解釋權。準此而言，中共意識形態究竟是指導外交政策，或是為外交政策做辯護，其間的辯證邏輯關係仍值得進一步探究。因此，把意識形態作為中共外交政策的根源是否能夠周延地解釋中共外交政策，也受到質疑。

(三) 決策領袖個人研究途徑

決策領袖途徑主要是從中共外交政策決策領導人個人進行分析，他們認為作為一個高度極權的列寧式政黨國家，中共外交政策決策者個人行事風格及理念，才是決定中共外交政策的

根源,尤其是在毛澤東時期,中共重大決策多由毛澤東個人拍板定案,毛澤東個人的權威便制約著中共外交政策,他們企圖從毛澤東個人的理念、行事風格、個人認知等層面,去理解中共外交政策。

曾採用此研究途徑來解釋中共外交政策的學者中,主要的西方學者包括:金淳基 (Samuel Kim)、Michel Oksenberg、白魯洵(Lucian Pye)、John Gittings 等[11],國內學者葉伯棠也曾採用此研究途徑[12]。

此研究途徑提供決策領袖個人因素來詮釋中共外交政策的方法,對高度極權的中共政權而言,其外交決策過程中,最高領導者確實扮演著極重要的角色,尤其是在毛澤東高度權威領導模式下,透過對毛澤東個人扮演角色、性格、行事風格及其思想理念的研究,確可掌握中共外交政策的主要脈絡。

在高度極權的中共政治運作中,決策領袖研究途徑從個人層次著手來解析中共的外交政策根源,雖符合中共政權運作現況,不過,所面臨的問題是,在複雜的中共政治運作中,只透過對決策領袖個人及其思想著作來分析中共外交政策,似乎過於簡單化。國際現實環境因素與中共內部政局權力運作,決策

---

[11]參閱 Samuel S. Kim, *The Maoist Image of World Order*, World Order Studies Program Paper, Princeton University, 1977; Michel Oksenberg, "Mao's Policy Commitments, 1921-1976," *Problems of Communism*, vol. 25, no. 6 (November-December 1976), pp. 1-26; Lucian W. Pye, "Mao Tse-tung's Leadership Style," *Political Science Quarterly*, vol. 91, no. 2 (Summer 1976), pp. 219-235; John Gittings, *The World and China, 1922-1972* (New York: Harper and Row, 1974).

[12]參閱葉伯棠,〈論毛澤東的「革命外交路線」〉,見張雪艷主編,《葉伯棠先生中國大陸研究紀念文集》,台北:國立政治大學國際關係研究中心,1991,頁 119-149。

領袖雖是中共重大決策拍板者，但是否能夠完全體現其意志，
且其他因素對決策領袖個人的制約情形也值得深入探討。同
時，在毛澤東、鄧小平死後的中共政局，決策領袖個人要素是
否仍能持續解釋中共外交政策也令人質疑。因此，僅從決策領
袖個人來解釋中共外交政策的根源，可能出現過於簡單化的情
形，無法解釋整個中共外交政策全貌。

(四) 國家利益研究途徑

國家利益研究途徑主張中共就如同西方國家一般，必須綜
合考量國際社會敵對或同盟的超級強國的經濟及軍事權力，評
估哪些政策最符合其國家利益，然後再制訂其外交政策。此研
究途徑係受到現實主義思潮的影響，把中共視為一般國際社會
主體國家，是整個全球體系的一分子。前述三種研究途徑，主
要是從中共內部找尋其外交政策的根源，強調中共外交決策的
特殊性，而此研究途徑跳脫這樣的局限性，把中共外交研究納
入一般國際關係研究的體系，把中共外交政策的制定視為一個
理性決策過程，而不只是單純的、特殊性的傳統文化、意識形
態或獨裁權威的決策。

採用國家利益研究途徑進行中共外交政策研究的學者中，
主要的西方學者包括：Allen Whiting、Donald Zagoria、Thomas
W. Robinson、范乃思（Peter Van Ness）、I. C. Ojha、Michael
Yahuda 、 Melvin Gurtov 、 Byong-Moon Hwang 、 J. D.
Armstrong 、Robert G. Sutter 等[13]，國內學者李登科、大陸學者

---

[13] 參閱 Allen Whiting, *China Crosses the Yalu: The Decision to Enter the
Korean War* (Stanford, California: Stanford University Press, 1960);
Donald Zagoria, *Vietnam Triangle* (New York: Pegasus, 1967); I. C. Ojha,

謝益顯、石志夫等也從此途徑進行分析[14]。

國家利益研究途徑主張,中共的決策者是採取理性的態度來制定外交政策,中共的決策者主要是在中共國家利益的基礎上,決定其外交政策,國家安全與政經利益是中共外交政策的根源。學者把理性模式(Rational Model)研究途徑引進到中共外交的研究[15],中共外交決策就如同其他國家一樣,在符合國家利益的最高考量下,以理性的判斷何種政策最符合其國家利益,再決定採行何種外交政策行為。

此研究途徑從理性而廣泛的角度來研析中共外交政策,擺脫一種「反共」研究。同時,不以激烈的意識形態革命政權來看待中共,提高中共研究的學術性,也與國際關係研究主流相容,許多學者紛採此途徑研究中共外交政策。

Chinese Foreign Policy in an Age of Transition (Boston: Beacon, 1969); Thomas W. Robinson, "The View from Peking: China's Policies towards the United States, the Soviet Union and Japan," *Pacific Affairs*, vol. 45, no. 3 (Fall 1972), pp. 333-355; Peter Van Ness, op. cit; Michael Yahuda, *China's Role in World Affairs* (New York: St. Martin's Press, 1978); Melvin Gurtov & Byong-Moon Hwang, *China under Threat: The Politics of Strategy and Diplomacy* (Baltimore: John Hopkins University Press, 1980); J. D. Armstrong, op cit; Robert G. Sutter, "Prospects for Change in Peking's Contemporary Foreign Policy and Their Implications for the United States," in David S. Chou ed., *Peking's Foreign Policy in the 1980s* (Taipei: The Institute of International Relations, 1989), pp. 39-56.

[14] 參閱李登科,《冷戰後中共對中東地區的外交政策》,台北:正中書局,1995;謝益顯,《外交智慧與謀略——新中國外交理論和原則》,鄭州:河南人民出版社,1993;石志夫,《中華人民共和國對外關係史:1949.10-1989.10》,北京:北京大學出版社,1994。

[15] 理性模式假定決策者係基於理性,在處理議題時先界定本身的價值與目標,整理出可能的政策選擇,評估利弊得失後,再做出決策。參閱 Barry B. Hughes, *The Domestic Context of American Foreign Policy* (San Francisco: W. H. Freeman & Company, 1978), pp. 6-7.

　　此研究途徑使中共外交政策研究能走向更客觀的學術分析，提供更有價值的研究體系，然而，此途徑雖掌握到中共外交政策的共性，卻未能夠完全考量到中共外交政策所具有的特殊性，國家利益常隨時空與領導人而轉變其優先順序[16]，而即使能掌握國家利益，也可能陷入循環論證的危險[17]。同時，此途徑仍以國家整體爲主要研究範疇，似乎把中共視爲一個單一的行爲者，未能完全考量到中共內部組織結構、不同政治勢力對國家利益見解的差異性，過於強調國家中心主義。

(五) 戰略三角研究途徑

　　戰略三角研究途徑在一九七〇年代受到許多學者的重視，成爲中共外交政策的一個重要研究途徑。此途徑把中共、蘇聯與美國視爲世界三個主要強權，三強之間形成戰略三角關係，戰略三角關係的利害互動是制約中共外交政策行爲的主要根源。此研究途徑基本上是受到現實主義思潮的影響，他們把中共作爲一個整體看待，從中共與美國及蘇聯的戰略互動中，探析中共外交政策。

　　採用戰略三角研究途徑來研究中共外交政策的學者中，主要的西方學者包括：Ilpyong Kim、Herbert J. Ellison、Gerald Segal、Douglas T. Stuart、Strobe Talbott、Lowell Dittmer、李侃如（Kenneth G. Lieberthal）等[18]，國內學者則有陳明採戰略三

---

[16]Larry Wortzel, "China Pursues Traditional Great-power Status," *Orbis*, vol. 38, no. 2 (Spring 1994), p. 159.

[17]石之瑜，〈此路不通——論江澤民外交的民族信心前提〉，見中國大陸研究學會編印，《江澤民政權與兩岸關係》，台北：中國大陸研究學會，1996，頁15。

[18]Ilpyong Kim ed., *The Strategic Triangle: China, the United States and the*

角研究中美蘇關係[19]，大陸學者任曉等人也曾以戰略三角關係概念分析中美日三邊關係[20]。

　　戰略三角研究途徑將美國及蘇聯兩個超級強權，及作爲一個新興強權的中共當作國際戰略上的三個最主要國家，此三個國家掌控的資源龐大，彼此間形成的戰略互動關係便制約著彼此的外交政策，一九七〇及一九八〇年代，戰略三角研究途徑成爲國際關係研究上的一個重要研究模式。許多學者便將之引進到中共外交政策研究中，不過，戰略三角研究途徑卻一直未能成爲中共外交政策研究途徑的主流。

　　戰略三角從國際體系互動層面來探析中共外交政策，從而提供研究者一個不同的分析角度來詮釋中共外交政策，然而，戰略三角的概念一直受到學者的質疑，因爲對當時的國際現實而言，中共的實力遠低於美國與蘇聯兩個超強，中共最多只能算是個區域強權，把中共與美蘇並列爲世界三強來進行分析，

Soviet Union (New York: Paragon House, 1987); Herbert J. Ellison ed., *The Sino-Soviet Conflict: A Global Perspective* (Seattle: University of Washington Press, 1982); Gerald Segal, *The Great Power Triangle* (London: Macmillan Press, 1982); Douglas T. Stuart & William T. Tow eds., *China Factor* (Englewood Cliffs, N. J.: Prectice Hall, 1981); Lowell Dittmer, "The Strategic Triangle: An Elementary Game-Theoretical Analysis," *World Politics*, vol. 33, no. 4 (July 1981), pp. 485-515; Kenneth G. Lieberthal, *Sino-Soviet Conflict in the 1970s: Its Evolution and Implications for the Strategic Triangle* (Santa Monica, California: Rand Corporation, 1978).

[19] 陳明（Philip M. Chen）, "The Triangular Relations: Communist China's Policies toward the United States and the Soviet Union," in Peter Kien-hong Yu & Philip M. Chen ed., *Models & Case Studies on Washington - Moscow – Peking* (Taipei: Asia and World Institute, 1987), pp. 51-62.

[20] 任曉、胡泳浩等著，《中美日三邊關係》，杭州：浙江人民出版社，2002。

引起許多現實主義學者的質疑。此外，戰略三角研究途徑基本上主要是在解釋中共對外關係的互動，對中共外交政策分析的解釋強度較不夠。因此，戰略三角研究途徑雖然在一九七〇及一九八〇年代盛行一時，但卻未能成爲中共外交政策研究途徑的顯學。

(六) 國際體系研究途徑

國際體系結構研究途徑主張，中共是全球大環境下的一員，國際體系結構會制約中共的外交政策，國際體系本身便制約著中共的角色與地位，必須從國際體系結構的角度來理解中共外交政策根源[21]。此研究途徑受到系統理論的影響，帶有環境與結構決定論的色彩。

曾採用國際體系結構研究途徑對中共外交進行研究的學者中，主要的西方學者有：Michael Ng-Quinn、John Gittings、Jonathan D. Pollack、Edward Friedman 等[22]。

國際體系結構研究途徑把中共外交研究納入全球體系規範中，強調國際體系因素是制約中共外交政策的主要根源，他們強調中共是國際體系成員之一，在國際體系結構性制約下，中共外交政策受到國際體系結構的限制。此研究途徑凸顯國際體

---

[21] 參閱 Michael Ng-Quinn, "Effects of Bipolarity on Chinese Foreign Policy," *Survey*, vol. 26, no. 2 (Spring 1982), pp. 102-130.

[22] 參閱 Michael Ng-Quinn, Ibid; John Gittings, *The World and China,1922-1972* (New York: Harper & Row, 1974); Jonathan D. Pollack, "China in the Evolving International System," in Norton Ginsburg and Bernard A. Lalor eds., *China: The '80s Era* (Boulder, Colo.: Westview Press, 1984), pp. 353-374; Edward Friedman, "On Maoist Conceptualizations of the Capitalist World System," *China Quarterly*, no.80 (December 1979), pp. 806-837.

系對成員國的束縛，把國際層次的因素引入中共外交政策研
究，強調中共是國際體系下的一個普通成員，在國際體系的制
約下，中共外交政策只是在因應體系的變動。

　　國際體系結構研究途徑雖注意到國際體系對中共外交政策
的制約，說明作爲國際社會成員，中共外交政策必須反應國際
環境的限制，但由於其過分強調國際體系的影響與制約，而忽
略了中共國內政經互動的要素，以及中共打破現行國際體系束
縛的企圖，在解釋中共外交政策行爲時，似乎也有無法提供周
延解釋的質疑。

(七) 派系政治研究途徑

　　派系政治研究途徑興起於一九七〇年代，此途徑強調中共
內部派系的政治互動才是中共外交政策的根源。他們認爲，中
共高層權力菁英之間形成的派系，是制約中共外交政策的主要
變數。此研究途徑係源於中共內部政治研究，主張派系之間的
鬥爭對中共政策的重要性，必須透過此種派系互動才能夠理解
中共政策根源。

　　曾採用派系政治研究途徑進行中共外交政策研究的學者
中，主要的西方學者包括：Allen S. Whiting、Uri Ra'anan、
Michael Oksenberg、Steven Goldstein、Melvin Gurtov、何漢理
（Harry Harding）、Thomas Gottlieb、Roger Brown、范乃思（Peter
Van Ness）、John Gaver、李侃如（Kenneth G. Lieberthal）等[23]。

---

[23] 參閱 Allen S. Whiting, *Chinese Domestic Politics and Foreign Policy in
the 1970s* (Ann Arbor, Mich.: Center for Chinese Studies, 1979); Uri Ran'
anan, "Peking's Foreign Policy 'Debate,' 1965-1966," in Tsou, *China in
Crisis*, Ibid; Michael Oksenberg & Steven Goldstein, "The Chinese

　　派系政治研究途徑把中共外交政策研究拉回到中共國內政治互動的場域中，把中共內部的現實權力爭鬥作爲決策的根·源，企圖使中共外交政策的研究能夠與現實權力運作接軌。此研究途徑帶有西方外交決策模式中官僚政治模式（the Bureaucratic Politics Model）的印記[24]，以及政治學上利益團體（interest group）的概念，再配合中共內部權力角逐的現實，提出派系政治的概念來解析中共外交政策的根源。此模式考慮到實際運作，在外交是內政的延伸的前提下，越過決策領袖個人的一人決策模式，從政治菁英著手，提出中國特有的派系政治概念來作爲研究中共外交政策，使中共外交決策研究有更鮮明的行爲科學色彩。

　　派系政治把中共外交政策研究帶進更具現實政治互動的範疇中，可是，此途徑所提出的「派系」概念卻受到質疑，中共

Political Spectrum," *Problems of Communism*, vol. 23, no. 2 (March-April 1974), pp. 1-13; Melvin Gurtov & Harry Harding, *The Purge of Luo Jui-ch'ing: The Politics of Chinese Strategic Planning* (Santa Monica, California: Rand Corporation, Report R-548-PR, 1971); Thomas Gottlieb, *Chinese Foreign Policy Factionalism and the Origins of the Strategic Triangle* (Santa Monica, California: Rand Corporation, Report R-1902-NA, 1977); Roger Brown, "Chinese Politics and American Policy," *Foreign Policy*, no. 23 (Summer 1976), pp. 3-23; Peter Van Ness, "Three Lines in Chinese Foreign Relations, 1950-1983: The Development Imperative," in Dorothy Solinger ed., *Three Vision of Chinese Socialism* (Boulder, Colo: Westview Press, 1984); John Gaver, "Chinese Foreign Policy in 1970: The Tilt toward the Soviet Union," *China Quarterly*, no. 82 (June 1980), pp. 214-249; Kenneth G. Lieberthal,"The Foreign Policy Debate in Peking as Seen through Allegorical Articles, 1973-76," *China Quarterly*, no. 71 (September 1977), pp. 528-554.
[24] 官僚政治模式認為，外交政策是政府各次級部門或團體，在本位主義的考量下，互相折衝妥協後所得到的結果。參閱 Barry B. Hughes, op cit, p. 11.

政治運作中究竟有無派系的存在還需要進一步驗證，即使中共
政治互動中確有派系鬥爭的情勢，但此種派系鬥爭是否會影響
到外交政策也值得進一步驗證。雖然此研究途徑受到學界批
評，但是「派系」確已成中共研究中一個重要分析概念，一九
七〇及一九八〇年代此途徑在中共外交政策研究上成為一個重
要學派，且對當前中共外交政策研究仍有影響。

(八) 決策系統研究途徑

　　決策系統研究途徑主要是強調中共外交決策過程的重要
性，透過對中共外交決策有關機構組織結構，以及參與決策成
員對於其他國家或相關政策事務的認知的分析，據以論述中共
外交政策的根源。學者於一九八〇年代開始採決策系統研究途
徑研究中共外交政策，決策機構以及參與決策者的認知是決策
系統研究途徑兩個重要的研究面向。

　　決策機構研究主要是強調中共外交決策機構的重要性，透
過對中共外交決策有關機構組織結構的研究，分析中共外交決
策過程，據以論述中共外交政策的根源。

　　由決策機構研究面向從事中共外交政策的學者中，主要的
西方學者包括：包大可（A. Doak Barnett）、李侃如（Kenneth
G. Lieberthal）、Michel Oksenberg、Michael H. Hunt、Odd Arne
Westad、David L. Shambaugh、Douglas Murray、John W. Garver、
David Lampton 等人[25]。台灣旅美學者陳慶，大陸旅外學者陸寧

---

[25] 參閱 A. Doak Barnett, *The Making of Foreign Policy in China: Structure and Process* (Boulder: Westview Press, 1985); Kenneth G. Lieberthal and Michel Oksenberg, *Policy Making in China: Leaders, Structures, and Processes* (Princeton: Princeton University Press, 1987); Michael H. Hunt

（Lu Ning）、趙全勝（Quansheng Zhao）、喬治‧楊（George Yang），台灣學者許志嘉也曾採此途徑進行研究[26]。認知研究則是從不同層級的中共外交政策制定者、學者與專家的理念著手，來探析中共對外的認知，企圖透過中共外交決策結構中，分析決策過程各個環節參與者對中共外交事務的認知，以求找尋中共外交政策脈絡根源。以認知研究面向進行研究的主要西方學者包括：Gilbert Rozman、Allen Whiting、David Shambaugh、Michael Hunt、Banning Garrett、Bonnie Glaser、Yaacov Vertzberger、Gerald Chan 等人[27]。華裔旅美學者 Yong

---

& Odd Arne Westad, "The Chinese Communist Party and International Affairs: A Field Report on New Historical and Old Research Problems," *China Quarterly*, no. 122 (June 1990), pp. 258-272; David L. Shambaugh, "China's National Security Research Bureaucracy," *China Quarterly*, no.110(June 1987), pp. 276-304; Douglas Murray, *International Relations Research and Training in the People's Republic of China* (Standford: Northeast Asia-United States Forum on International Policy, 1982); David M. Lampton ed., *The Making of Chinese Foreign and Security Policy* (Stanford, CA: Stanford University Press, 2001).

[26] 參閱陳慶（King C. Chen），*China's War with Vietnam, 1979:Issues, Decisions, and Implications* (Stanford: Hoover Institution Press, 1987)，ch.4；趙全勝（Quansheng Zhao），*Interpreting Chinese Foreign Policy: The Micro-Macro Linkage Approach* (Oxford & New York: Oxford University Press, 1996)；Lu Ning（陸寧），*The Dynamics of Foreign-Policy Decision Making in China* (Boulder, Co.: Westview Press, 1997)；George Yang, "Mechanisms of Foreign Policy-Making and Implementation in the Ministry of Foreign Affairs," in Carol Lee Hamrin & Suisheng Zhao ed., *Decision-Making in Deng's China: Perspectives from Insiders* (New York: M. E. Sharpe, 1995), pp. 91-95；許志嘉，《中共外交決策模式研究》，台北：水牛出版社，2000。

[27] 參閱 Gilbert Rozman, *The Chinese Debate about Soviet Socialism, 1978-1985* (Princeton: Princeton University Press, 1987); Allen Whiting, *China Eyes Japan* (Berkeley: University of California Press, 1989); David Shambaugh, *Beautiful Imperialist: China Perceives America,*

Deng、Fei-Ling Wang 等多名學者，及大陸學者查道炯也都曾以認知研究途徑編寫專著[28]。

　　決策機構研究把中共外交政策研究帶向一個更趨實證研究的方向，透過對中共涉外機構、外交政策智囊、外交決策過程的研究與分析，探求中共外交政策的根源。這樣的研究顯然受到西方外交政策研究中的組織機構模式（Organization -Institutional Model）的啓發[29]，由於過去中國大陸長期對西方國家的封閉，中共外交決策體制向不被國外學者及一般研究者所知悉，隨著中共推行改革開放政策，學者的研究方能進一步走向實證研究路線，同時能夠得到較充足的資訊，進一步探究中共外交決策過程以及涉及外交決策的有關機構，使中共外交政策的研究不再限於少數決策者、意識形態等較傳統的研究範疇，而能透過中共外交決策的實際運作過程來理解中共外交政策的根源。

　　認知研究從政治心理學角度探討中共外交政策的根源，在

1972-1990(Princeton: Princeton University Press, 1991); Michael Hunt, "Mutual Images in U.S.-China Relations," *Wilson Paper*, no. 32(June 1988); Banning Garrett & Bonnie Glaser, "Chinese Estimates of the U.S.-Soviet Balance of Power," *Wilson Paper*, no. 33(July 1988); Yaacov Vertzberger, *Misperceptions in Foreign Policymaking: The Sino-Indian Conflict, 1952-1962* (Boulder: Westview Press, 1984); Gerald Chan, *Chinese Perspectives on International Relations: A Framework for Analysis* (London: MacMillan Press Ltd., 1999).

[28] 參閱 Yong Deng and Fei-Ling Wang ed., *In the Eyes of the Dragon: China Views the World* (Lanham: Rowman & Littlefield Publishers, Inc., 1999). Zha Daojiong, "Chinese Perspectives on International Political Economy," *Political Science*, vol. 49, no. 1 (July 1997), pp. 62-80.

[29] 組織結構模式認為，政府的組織或憲政結構對外交政策的制定有重大影響力，決策者並不易跳脫組織的束縛。參閱 Barry B. Hughes, op. cit., pp. 8-11.

從事中共外交相關決策者發表的談話、文件、著作中，分析中共對國際社會的認知，及中共對其他國家所形構的「形象」。這樣的研究融合了中共外交政策研究的歷史文化、意識形態研究途徑的特點，企圖從更深層的理念認知層次中，抽繹出中共外交政策的心理圖像，從中共外交政策制定的心理軌跡，進一步探索中共外交政策的根源，在研究的層次、深度上，提供中共外交政策研究一個更深刻的學術分析。

　　決策系統研究途徑確實是中共外交政策研究的一個重要里程碑，此研究途徑在一九八〇年代甚受學界的重視，同時也取得許多重要的研究成果。一九九〇年代此研究途徑仍受到許多學者的運用。不過，由於中共外交政策的決策仍然是高度機密，學者或可透過訪談、官方文件、有關部門功能、外交智囊及知識分子的認知等面向去分析中共外交決策，然而，中共外交政策實際決策運作時的影響，則仍待進一步的檢證，且在人治色彩濃厚的中共政壇，從外交決策機構及過程的研究是否能夠真確地探討中共外交政策的根源，也是一個尚待檢證的問題。

(九) 多元因素研究途徑

　　多元因素研究途徑主張從多層次、多面向著手，探究中共外交政策根源，學者認為，制約中共外交政策的因素錯綜複雜，僅以單一的因素來理解中共外交政策，恐怕未能真正理解中共外交政策的根源，必須從中共內外環境因素的互動來檢證中共外交政策的根源。

　　採取多元因素研究途徑的學者中，主要的外國學者包括：Gavin Boyd、V. P. Dutt、Harold C. Hinton、Allen S. Whiting、Harry Harding、Thomas Fingar、David Bachman、金淳基（Samuel

Kim）等[30]，曾採此研究途徑的有旅美學者陳慶、國內學者周煦、蘇起、趙春山、邱坤玄、朱新民、趙建民等[31]。

　　多元因素研究途徑在中共外交政策研究早期便受到學者採用，一直到目前仍受到許多學者的重視。此途徑強調中共外交政策的複雜性，他們透過系統性的分析，從國際、國內及個人

---

[30] 參閱 Gavin Boyd, "China's Foreign Policy: Domestic-International Linkage," in James C. Hsiung ed., *Beyond China's Independent Foreign Policy: Challenge for the U.S. and Its Asian Allies* (New York: Pareger Publishers, 1985), pp. 132-151; V. P. Dutt, *China and the World* (New York: Praeger, 1966); Harold C. Hinton, *Communist China in World Politics* (Boston: Houghton Miffin, 1966); Allen S. Whiting, "Foreign Policy of Communist China," in R. C. Macrids ed., *Foreign Policy in World Politics*, 8th ed. (Englewood Cliffs: Prentice-Hall, 1992), pp. 222-267; Harry Harding, "The Domestic Policies of China's Global Posture, 1973-78," in Thomas Fingar ed., *China's Quest for Independence: Policy Evolution in the 1970s* (Boulder: Westview Press, 1980), pp. 93-146; Thomas Fingar, "Domestic Policy and the Quest for Independence," in Thomas Fingar ed., Ibid, pp. 25-92 ; David Bachman, "Domestic Sources of Chinese Foreign Policy," in Samuel S. Kim ed., op cit., pp. 31-54; Samuel Kim, "New Directions and Old Puzzles in Chinese Foreign Policy," in Samuel S. Kim ed., op cit., pp. 3-30.

[31] 參閱陳慶，〈四十年來的中共外交〉，見雷飛龍、華力進主編，《海峽兩岸四十年》（上冊），台北：革命實踐研究院，1994，頁 261-324；周煦，〈六四事件後中共對美國的外交政策〉，見周煦主編，《後冷戰時期中共對外政策》，台北：政治大學外交學所，1994，頁 1-28；蘇起，《論中蘇共關係正常化（1979-1989）》，台北：三民書局，1992；蘇起，〈戰略三角關係和中國的對蘇政策〉，見倪孝銓、羅伯特、羅斯主編，《美中蘇三角關係（70-80 年代）》，北京：人民出版社，1993，頁 70-85；邱坤玄，〈「中共外交」教授教法之探討〉，發表於「中國大陸研究與兩岸關係」教學研討會，政大學術發展基金會、政大東亞所主辦，1997 年 1 月 24、25 日；朱新民（Chu Hsin-min）, "Communist China's Contemporary Foreign Policy, 1978-1984," in David S. Chou ed., *Peking's Foreign Policy in the 1980s* (Taipei: The Institute of International Relations, 1989): pp. 11-38；趙建民，〈中共的獨立自主外交政策〉，見趙建民，《兩岸互動與外交競逐》，台北：永業出版社，1994，頁 239-260。

等層次著手，對可能影響中共外交政策的因素進行推演，以求取得影響不同時期中共外交政策的主要根源。採多元因素研究途徑學者，有些是從中共內部因素為主著手，強調中共內部多元因素的互動制約其外交政策的制訂，有些則強調國際、國內因素互動的重要性，把國際、國家、個人等層次納入整體考量分析。總體而言，多元因素途徑是希望透過更廣泛的分析，來找尋出影響中共外交政策的主要因素。

多元因素途徑的研究可解決前述多數研究途徑僅偏向某一單一因素的重要性，避免落於過於簡單化，同時，更可透過系統性的分析，使中共外交政策的研究更有條理。不過，由於多元因素研究途徑把所有可能影響中共外交政策要素列入探討，使得研究變得複雜化，在強調中共外交政策研究走向科學化的同時，學者致力於找尋制約中共外交政策的最主要根源，化約過多的因素，以便使研究簡單化，而多元因素研究途徑雖顧及多數要素，卻使研究複雜化，未能走向科學化。

三、分析與展望

(一) 研究途徑的優缺點與未來發展

從前述介紹可知，中共外交政策研究具有多種途徑，這些研究途徑具有時代的變遷意義，也各發展出重要的研究成果，對於中共外交政策研究的科學化、系統化發展具有重要的貢獻，我們可以從前述的分析中，把這幾種主要的研究途徑的優缺點加以列表分析如**表** 1.1。

表 1.1　中共外交政策主要研究途徑優缺點

研究途徑	優　　點	缺　　點
歷史文化研究途徑	掌握中國外交傳統延續性	1.忽略中共強烈意識形態色彩 2.未顧及時勢變遷之影響
意識形態研究途徑	掌握中共強烈意識形態色彩	1.僅強調意識形態使研究過於簡單化 2.有時間上的局限性
決策領袖個人研究途徑	掌握中共最高領袖在決策上的主導地位	1.過於強調個人色彩使研究過於簡單化 2.研究有時間上的局限性
國家利益研究途徑	掌握中共追求國家利益的基本立場	未能顧及意識形態及歷史文化對外交決策的制約
戰略三角研究途徑	掌握國際層次因素對中共外交政策的制約	1.未能顧及內部因素對外交政策的決定性影響 2.戰略三角概念不完整
國際體系結構研究途徑	掌握國際體系對中共外交政策的制約	1.過分強調國際體系的束縛 2.未能顧及內部因素對外交政策的制約
派系政治研究途徑	結合西方利益團體與傳統中國文化研究	1.難以檢證派系對外交政策的影響 2.派系概念不完整
決策系統研究途徑	掌握外交決策過程及決策者心理認知符合實際政治運作	文件資訊不足不易檢證
多元因素研究途徑	掌握中共外交政策複雜性多層次分析	過於複雜化

　　從表 1.1 的說明可以發現，各種研究途徑都有其主要的優缺點，在不同的時空環境下，某些研究途徑可能有較強的解釋性，但卻不易成為普遍性的研究途徑，使得研究上具有時空的局限性，某些研究途徑雖能夠突破時空的局限性，從更廣泛的角度來理解中共外交政策，但無法掌握中共外交政策上的特殊性，使得解釋性無法全盤深入。

　　就研究途徑的針對性而言，歷史文化、意識形態及決策領袖個人等三種研究途徑，基本上是將中共作為一個特殊的對象

來進行研究，強調中共政權的特殊性，不論是具中國歷史文化的傳承、馬列主義高度意識形態色彩，或是毛澤東等獨裁領袖的獨斷決策等因素，前述研究途徑凸顯中共外交政策的特殊性，確能提供一個深入而獨到的面向來解釋中共外交政策根源。如果，在這些研究途徑的基礎上，擴大研究範疇，與一般國家外交政策的分析概念相結合，將可減少過於簡單化、特殊化的批評。戰略三角、國際體系結構與派系政治研究途徑，對

中共外交研究提供了國際與國內環境不同省思的層次，戰略三角與國際體系結構研究途徑強調了國際環境對中共外交政策的影響，而派系政治則把中共權力鬥爭互動引入外交政策的研究，都擴大了中共外交研究的視野，不過，兩者在概念上同遭質疑，且研究的切入點雖避免了特殊化的局限，但兩者同樣面臨對中共外交解釋性不夠周延的困境。但如果把此二研究途徑的思考面向與其他途徑相結合，將可使中共外交的研究更符合實際政治運作的原貌。

國家利益、決策系統研究途徑，在研究上提供了多層次的思維，國家利益研究途徑已明白指出，作為國際體系成員之一的中共政權，外交政策的制定仍在國家中心的思維下運作，決策者以理性的分析，採行最符合中共最大利益的政策；決策系統研究途徑，則把決策機構的角色與決策者對外在環境主觀認知的因素納入政策制訂的考量。在這樣的系統研究下，中共外交政策研究確已走向相對客觀的科學化、系統化研究，不過，上述二研究途徑若能結合其他研究途徑的優點，做進一步的補強，則可使外交政策研究走向巨型理論的方向發展。

多元因素研究途徑確實過於複雜，不過，在從事中共外交政策研究時，卻是一個很好的切入點，同時，可避免單一因素

造成的主觀評量或過於簡單化思維的困擾，因此，吾人在從事
中共外交政策研究時，可從多元因素研究途徑著手，在考量不
同時期外交政策的印證時，能夠再從中分析推演制約中共外交
政策的根源因素，使中共外交政策的研究走向更具科學性的途
徑。

(二) 中西方學者研究途徑的分析

　　一九五〇年代初期，中西方學者對中共外交政策研究的專
書並不太多，主要的出版品仍屬於介紹性的著作[32]，一九六〇
年代西方學者開始引用政治學、國際關係學的方法論對中共外
交政策進行分析，從學術觀點對中共外交政策進行研究，在質
與量的方面，西方學者，特別是美國學者，創造了豐富的研究
成果，也為中共外交政策的研究開拓了科學性的研究方向，各
種中共外交政策研究途徑的開拓者與耕耘者中，西方學者貢獻
了大量的成果。

　　台灣早期的中共研究基本上屬於「匪情」研究，在客觀環
境制約下，台灣的中共研究具有政治性，更具有資訊上的限制，
在早期兩岸敵對的氛圍下，要走向如西方學者一般的科學性研
究並不容易。雖然如此，但台灣學者從與中共長期的鬥爭經驗
以及長期對中共的觀察，對中共外交研究仍有獨到的見解，早
期台灣學者從意識形態、毛澤東個人思想路線主導及中共高層
權力鬥爭的研究方法，激盪了西方學者的研究[33]，對中共外交

---

[32]康培莊（John F. Copper），〈中共外交政策研究的現況〉，見國立政
　　治大學國際關係研究中心編印，《國際問題講演集》，台北：國際關係
　　研究中心，1983，頁 340。
[33]愛倫·懷丁（Allen S. Whiting），〈研究中共外交政策的方法〉，見國

政策的研究提供了啓發性的研究途徑。

　　隨著兩岸互動的發展，學者參與中共外交政策研究也增多，同時，在西方研究方法的衝擊下，以及大陸資訊取得增多的互動下，台灣學者對中共外交政策研究也日趨多元化，具科學實證研究的論著也日益增加，許多學者應用各種研究途徑，對中共外交政策研究做出頗多貢獻。

　　大陸學者對於中共外交政策的研究基本上仍以描述性的著作居多，早期大陸有關研究多受到政治上的限制，在研究的體例上也未能採用較嚴謹的學術著作格式，改革開放以後，學術性的文章與著作增多，不過，多數的著作多自中共官方角度來加以理解，在研究途徑上，近年來也日益受到大陸學者的重視。

　　以大陸的國際關係研究而言，國際關係學的研究起步較晚，一九八○年代以後研究的學術性與理論性較強，也逐步有較多的成果[34]。一般而言，大陸學者對於國際關係學門的政策性研究較多，學術性研究較少，動向研究較多，基礎理論研究較少[35]。部分大陸國際關係學者便稱，大陸的國際關係研究基本上仍處於「前實證」階段，缺少完整的理論體系，也沒有系統性的研究方法[36]。在中共外交政策研究方面，大陸學者已提

　立政治大學國際關係研究中心編，前揭書，頁 38-39。

[34]李石生，〈深入鑽研鄧小平理論推進中國國際關係理論的研究與建設〉，魯毅、顧關福、俞正梁、傅耀祖主編，《新時期中國國際關係理論研究》，北京；時事出版社，1999，頁 26。

[35]參閱梁守德，〈國際政治學在中國——再談國際政治學理論的「中國特色」〉，《國際政治研究》，1997 年第 1 期，頁 1-9。

[36]參閱秦亞青，〈中國國際關係研究現狀〉。
http://irchina.org/xueke/inchina/gaikuang/view.asp?id=8；
張睿壯，〈我國國際關係學科發展存在的若干問題〉，《世界經濟與政治》，2003 年第 5 期。

出愈來愈多的論著，特別是一九九〇年代中期以來，不論是質
與量方面，都有大量的著作出現，不只是中共外交史的論著，
大陸學者也採用西方理論對中共外交相關議題進行多方面的論
述。但總體而言，大陸外交學研究還處於譯介國外有關研究成
果、借鑑外來概念和研究方法討論問題的階段[37]。

　　一般而言，大陸學者雖未強調研究途徑的重要性，但多數
著作多從國家利益途徑著手，來詮釋中共對外政策。此外，實
際從事外交工作的大陸外交官員近年來出版許多回憶錄式的著
作[38]，也有助於中共外交的研究。不過，在中共外交決策模式、
決策機制的研究方面，大陸學界相關論述仍不多見[39]。從西方
學術角度來看，大陸中共外交研究起步較慢，但已逐步從過去
以馬列主義意識形態為主的論述方向，漸漸引進西方學術理論
與研究方法，充實中共外交研究的內涵與多元化。

　　總體來看，中共外交政策的研究中，美國學者長期的投注
與關心，在成果上確實是相當豐富的，不但在研究途徑上開創
或深化提出許多有意義的研究方向，同時，在研究的深度與廣
度上，也提供大量且具學術水準的著作。美國學者有傳統研究

---

http://irchina.org/xueke/inchina/gaikuang/view.asp?id=13
[37] 唐賢興、蕭佳靈，〈國際系統互動下的大國外交〉，唐賢興、蕭佳靈主編，《大國外交：理論、決策、挑戰》，北京：時事出版社，2003，頁1。
[38] 例如：錢其琛，《外交十記》，北京：世界知識出版社，2003；李同成主編，《中外建交秘聞》，太原：山西人民出版社，2003；李同成主編，《中國外交官在聯合國》，太原：山西人民出版社，2003；李同成主編，《中國外交官親歷重大歷史事件》，太原：山西人民出版社，2003；王炳南，《中美會談九年回顧》，北京：世界知識出版社，1985；伍修權，《往事滄桑》，上海：上海文藝出版社，1986。
[39] 楊潔勉，《後冷戰時期的中美關係：外交政策比較研究》，上海：上海人民出版社，2000，頁21。

方法論訓練的優勢，同時，對中共官方的訪談研究機會較大[40]，是其優點。台灣學者在研究方法論的訓練日益精進，也可在相對客觀的立場上，對同受中國傳統文化影響的中共政權思維與官方文件，有更深的理解。大陸學者對中共政權的運作有深刻的實證體驗，同時對中共的官方思維、決策運作也有一定程度的理解，雖受到政治因素的限制，但仍可提供不同面向的觀察，俾便學者做進一步的探究。

四、結　論

中共外交政策研究途徑的發展與國際關係學的研究方法及中共研究方法有密切的關聯性，前述幾個重要的研究途徑基本上都是在這些研究的啟發或引用的基礎上發展，由於西方國家對於政策內容及決策過程的資訊較為公開，在研究的資料來源上較為完備，而發展出許多極富價值的解釋途徑，不過，在引用到中共外交政策的研究上便受到限制。

中共向來就把外交當成一件極重要的工作來處理，周恩來便明白指出，外交如同軍事一樣，要有紀律，「一切都要事先請示、商討，批准後再做，做完後要報告」[41]，而中共外交界

---

[40] 美國學者包大可（A. Doak Barnett）一九八五年出版的名著《中共外交決策：結構與過程 》（*The Making of Foreign Policy in China: Structure and Process*）一書，便曾訪問到時任中共國務院總理的趙紫陽，此種對中共高層決策官員的直接訪談研究機會，至目前為止，兩岸中國學者似都未能有此機會。

[41] 周恩來，〈新中國的外交〉，見中共外交部、中央文獻研究室編，《周恩來外交文選》，北京：世界知識出版社，1990，頁 7。

常有的「外事無小事」、「外交官是不穿軍裝的士兵」等說法，
也說明了中共把「外交」視爲政治上最敏感、控制最嚴的領域
[42]，因此，資料取得的不易與不完全，使得中共外交政策的研
究更形困難。

　　從前述的分析可見，中共外交政策研究有客觀上的困難，
不過，學者們仍然試圖利用各種可行的研究途徑來解釋中共外
交政策與行爲，美國學者雖提供了大量而有價值的研究成果，
不過，海峽兩岸的學者在研究上，具有語言認知上的優勢，對
中共外交政策的研究應可透過有組織、有系統的研究取得更大
的成果，超越西方學者在此方面的成就。

　　在目前國內的中共外交研究上，如同前文介紹，許多學者
在國外研讀或透過更易取得的資訊從事中共外交研究，已利用
各種研究途徑對中共外交進行系統性研究，在未來的發展上，
可以利用語言的優勢、文化的優勢，再配合理論研究的訓練，
從整合研究的發展面向著手，以多元因素研究途徑作爲研究切
入點，透過歷史、實證資料的檢證分析，提出更具解釋效度的
研究成果，應是國內學者未來從事中共外交研究一個可行的方
向。

　　至於大陸學界對中共外交政策的研究，主要是以歷史研究
與政策說明爲主，改革開放以來，出現一些中共外交政策的學
術性研究，對於中共外交政策不再只是單純的辯護，也提出一
些反思批判的看法[43]，不過，值得注意的是，許多著作主要仍

---

[42]王緝思，〈國際關係理論與中國外交研究〉，《中國社會科學季刊》，
　1993 年第 1 期（1993 年 2 月），頁 85。
[43]近年部分大陸學者曾對毛澤東時期的中共外交政策提出不同的意見，參
　閱吳強，〈中國的「一邊倒」外交政策〉，見楊思正、俞冠敏主編，《社

以描述性的分析爲主，而且對當前中共外交政策的分析也以說明及闡述性著作爲主，但近幾年也有許多理論與政策結合的論著出現。

　　大陸學界對所謂「理論」的概念與西方不同，中共指稱的理論主要是爲外交政策提出一套思想依據，用以指導外交行爲[44]，此與西方學者把理論視爲解釋現象的看法有所不同，理論既具指導性，其「政治純度」便很高，因此，大陸學界對外交政策理論便多依循官方制定理論闡述，再加上中共對外交領域的嚴格控制，對此領域所能探討的問題範疇更受到限制；此外，大陸對西方國際關係學術性研究主要是從一九八〇年代開始[45]，大陸學界對國際關係學科的研究與交流，主要是從改革開放以後才有較明顯的發展，不過，由於時間較短，尚未能建立較完整的研究體系[46]。主觀的研究認知與客觀環境的制約都影響大陸學界對中共外交政策的研究。

　　但是，值得重視的是，大陸學界已廣泛引進西方學界有關的理論著述，並嘗試發展出一套「有中國特色」的研究成果，此外，近年來許多大陸留美學者、專家，以其在大陸的實務經

會科學爭鳴大系（1949-1989），世界經濟‧國際關係卷》，上海：上海人民出版社，1991，頁 521-525。

[44]著名大陸國際關係學者宦鄉提到國際關係理論時便曾表示，國際關係理論的首要問題是要用來指導外交行動，參閱上海市國際關係學會編，《國際關係理論初探》，上海：上海外語教育出版社，1991，頁 5-7。

[45]大陸最早出現介紹西方國關係理論的文章，可能是陳樂民的〈西方現代國際關係學簡介〉，見《國際問題研究》，1991 年第 2 期，頁 55-64；最早出版並大量發行的專著應該是陳漢文編著，一九八五年由四川人民出版社出版的《在國際舞台上》一書，參閱王緝思，前揭文，註 21。

[46]何方，〈世界格局的重大變化和中國的國際關係理論〉，見袁明主編，《跨世紀的挑戰：中國國際關係學科的發展》，重慶：重慶出版社，1992，頁 14-15。

驗，在美國學術界發表有關中共外交政策的研究論文，頗值得作為研究參考。

　　在這樣的條件配合下，中共外交政策研究也可望在中國大陸與海外取得良好的發展成果，在國內、西方與大陸學界朝向科學化、系統化研究的努力下，中共外交研究應可發展出更具解釋力的研究途徑，提供學界與現實國際社會更具參考價值的研究方法與成果。

第二章　中共「矛盾」世界觀與對美政策

一、前　言

　　隨著東歐及蘇聯共黨政權的解體，以意識形態對抗爲主的冷戰時代也隨之結束，後冷戰（post-cold war）時期世界局勢的發展遂成爲學者們探究的主要議題。

　　蘇聯共黨政權解組後，美國儼然成爲國際體系中的獨強[1]，中共則成爲全球最大的共黨國家，雖然後冷戰時期意識形態的重要性已大爲降低，中共也持續強化改革開放政策，提出「社會主義市場經濟」的理論路線，但對於美國等西方國家會運用武力以外的各種促使中共「非共化」的「和平演變」，大陸內部有相當長時期大力倡議「反和平演變」[2]。然而，隨著大陸經濟改革的深化，中共與美國的互動也日益增強，作爲不同意識形態體制的兩個大國，中美關係的互動備受關注，成爲影響國際局勢的重要議題。

　　中共是世界上最大的組織性意識形態國家之一[3]，因此，在分析影響中共外交政策的因素時，意識形態便是學者研析的一個重要研究途徑。

　　中共認爲「世界觀」是指在長期的社會實踐中所逐漸形成的對世界的基本看法，而這種世界觀和分析、觀察、解決問題

---

[1]Charles Krauthammer, "The Unipolar," *Foreign Affairs*, vol. 70, no. 1, (1990/91), pp. 23-33.

[2]參閱谷文康，《兩個社會的較量——兼談反對「和平演變」》，長沙：湖南出版社，1991。

[3]Franz Schurmann, *Ideology and Organization in Communist China*, 2nd ed. (California: University of California Press, 1968), p. 22.

的根本方法理論的「方法論」是一致的[4]。也就是說，中共的世界觀既是對國際情勢的基本看法，同時，也是中共藉以分析解決問題的根本方法，是分析世界事物的基本理念、認知和原則。因此，在分析中共外交政策時，「世界觀」的分析角度便是一個重要的分析要素，同時，世界觀的形成，幾與一個國家的意識形態有著極密切的關係，且對一個國家的領導人及整個社會對國際情勢的認知有著密切的相互關係，本文便嘗試從中共世界觀的角度來解析後冷戰時期中共的對美政策。

二、中共「矛盾」世界觀的意涵

(一) 中共對世界觀的基本認知

對中共而言，世界觀既是看待問題的基本方向，也是分析問題的方法，而作為馬列信徒的中共，其所謂的世界觀基本上就是指「馬克思主義哲學」[5]。馬克思主義哲學基本上可分為兩大部分：一部分是從唯物主義理論去思考自然、社會和思維發展的一般規律，列寧把馬克思主義哲學的這套體系稱之為「辯證唯物主義」[6]；另一部分是強調馬克思主義哲學的實踐性，從唯物主義理論去思索人類社會歷史發展的規律，此便是「歷史唯物主義」。因此，中共世界觀應包含辯證唯物主義與歷史唯

[4]景杉，《中國共產黨大辭典》，北京：中國國際廣播出版社，1991，頁1。
[5]陸劍杰、竇炎國、張文然、百根海主編，《科學世界觀和方法論》，南京：南京大學出版社，1987，頁1。
[6]列寧，《列寧選集》（第二卷），北京：人民出版社，1972，頁10、378。

物主義。

　　歷史唯物主義係馬克思及恩格斯把辯證唯物主義運用到對人類社會的認識而建立的[7]，據此而言，辯證唯物主義可說是共產黨世界觀的最基本部分。辯證唯物主義有三個基本規律：對立統一規律、質量互變規律及否定的否定規律；其中，對立統一規律則是唯物辯證法最根本的規律，毛澤東便曾明白表示，辯證法「只有一個基本規律，就是矛盾的規律」[8]。從毛澤東的談話可看出，中共將「矛盾」視為辯證唯物主義的中心規律，亦即對中共而言，中共的世界觀係馬克思主義哲學，而馬克思主義哲學則包含辯證唯物主義及歷史唯物主義，辯證唯物主義是其論證的基本方法，而這個論證的基本方法的核心規律則是矛盾律，因此，「矛盾」世界觀可謂是中共認知世界事物的一個最基本的核心思維。

(二)「矛盾」世界觀的基本意涵

　　矛盾的世界觀可說是中共看待世界的一個基本思維，中共對「矛盾」概念的認知是來自於馬列的著作，其所指稱的矛盾有別於一般形式邏輯的矛盾概念，在辯證唯物主義中，所謂矛盾是指「事物內部的對立面的諸因素之間的互相聯繫、互相排斥的關係」[9]。而對於矛盾概念的分析較為具體的論述應是毛澤東一九三七年發表的〈矛盾論〉一文[10]。此外，毛澤東復於一

---

[7] 艾思奇，《辯證唯物主義歷史唯物主義》，北京：人民出版社，1990，頁 195。
[8] 《毛澤東思想萬歲》，台北：國際關係研究中心，1972，頁 629。
[9] 景杉，《中國共產黨大辭典》，頁 8。
[10] 尹慶耀，《辯證法研究》，台北：中華民國國際關係研究所，國立政治大學東亞研究所，1991，頁 308-309。

九五七年發表〈關於正確處理人民內部矛盾的問題〉一文，對矛盾的性質進行補充說明，本文將以〈矛盾論〉及〈關於正確處理人民內部矛盾的問題〉這兩篇文章，作為分析中共「矛盾」世界觀的主要論證依據。

　　從毛澤東前述二文的論述，吾人可將中共對「矛盾」世界觀的基本意涵歸納成如下五點：

■矛盾具有普遍性與特殊性

　　矛盾的特性之一是「普遍性」，普遍性又可稱之為絕對性，其具有兩層意義：第一，矛盾存在於一切事物的發展過程中；第二，每一事物的發展過程中存在著自始至終的矛盾運動[11]。也就是說，矛盾是無所不在的。世界事物的發展運作過程中，矛盾是普遍存在的，即使是在最平穩的狀態時仍然有矛盾存在。

　　矛盾的另一個特性是「特殊性」，特殊性又可稱為相對性，即指各種物質運動形式中的矛盾都帶有特殊性，任何運動形式，其本身內部便包含著特殊的矛盾，而這種特殊的矛盾便構成一事物與他事物相區別的本質[12]。也就是說，世界事物皆有矛盾，但每一事物本身的矛盾又具有其特別的性質，使該事物能夠與其他事物相分別。

■矛盾的同一性與鬥爭性

　　每一事物的發展過程中都普遍存在著矛盾，而且存在著一個以上的矛盾，矛盾的同一性便是指，每一種矛盾都具有兩個

---

[11]毛澤東，〈矛盾論〉，《毛澤東選集》（第一卷），廣東：人民出版社，1991年，頁308-309。
[12]同前註。

面，而且這兩個面都是以與其對立的另一面的存在作爲自己存
在的前提，雙方共處於一個統一體中，而且矛盾的雙方，依據
一定的條件，各向其相反的方面轉化[13]。也就是說，每一矛盾
皆具有互相對立的兩個面向，其中一面特性較強而使該事物具
有此面向的矛盾特徵，同時，此二面向彼此共同處在一個統一
體中，但彼此仍依原來的特性發展著，且彼此往相反方向發展
相互轉化對方。

　　矛盾的鬥爭性是指，事物的發展採兩種狀態，一是相對地
靜止，一是顯著的變動狀態，矛盾的鬥爭便存在於此二狀態中，
使事物由前一個狀態轉化爲第二個狀態，並經過第二種狀態而
達到矛盾的解決[14]。也就是說，事物本身矛盾的兩個面之間會
彼此相互轉化、相互競爭。

■矛盾中的主要矛盾與非主要矛盾

　　在事物的發展過程中有許多矛盾存在，而其中必有一個是
主要的矛盾，由於此矛盾的存在和發展，便規定或影響著其他
矛盾的存在和發展[15]。也就是說，事物發展的過程中會存在著
許多矛盾，且這些矛盾中必有一個取得最重要地位，而能影響
到其他的矛盾，此矛盾便稱爲主要矛盾，其他矛盾則爲非主要
矛盾。

---

[13]同前註，頁 327。
[14]同前註，頁 333。
[15]同前註，頁 320。

■矛盾中的對抗與非對抗

對抗是矛盾鬥爭中的一種形式[16]，也就是說，事物中諸多矛盾的鬥爭具有不同性質，對抗是其中一種，但並非所有矛盾鬥爭都具有對抗性，有些鬥爭是不具對抗性的。

■人民內部矛盾與敵我矛盾

人民內部矛盾是指在人民利益根本一致的基礎上的矛盾，有對抗性與非對抗性的矛盾；而敵我矛盾則是人民與其敵人之間的矛盾，是一種對抗性的矛盾[17]。也就是說，矛盾的屬性可從利益上來分別，一種是符合人民利益的矛盾，此類矛盾又包含有對抗性與非對抗性質，而另一種是不符合人民利益的敵我矛盾，此類矛盾則是一種針鋒相對的對抗性矛盾。

由此看來，中共認為在世界事物的存在和發展過程中，矛盾是無所不在的，而且每一事物都具有許多矛盾，每一矛盾本身又具有兩種相互對立的面向彼此轉化、鬥爭，使矛盾不斷變動，透過不斷鬥爭以解決矛盾。而且存在於每一事物中的諸多矛盾又有不同的性質，其中必有一個是具有制約性質的主要矛盾，決定著事物本身及其他矛盾的性質；而這些諸多矛盾中，有些是具有某種敵意程度的相互對抗性，有些則否，即使在人民利益一致的基礎上，有些矛盾仍是具敵意的，至於那些與人民利益相違的，則是全然的具敵意的對抗性矛盾。

---

[16]同前註，頁 334。
[17]毛澤東，〈關於正確處理人民內部矛盾的問題〉，《毛澤東選集》（第五卷），上海：人民出版社，1977，頁 363-365。

三、冷戰時期「矛盾」世界觀與對美政策

　　學者 J. D. Armstrong 認為，中共是依照毛澤東的「矛盾論」來分析並評估國際情勢[18]，中共認為，國際情勢中存在著各種不同形式的矛盾，同時這些矛盾是不斷地在運動轉化著，國際矛盾不斷變化著的同時，這些矛盾又可依其性質分為主要矛盾與非主要矛盾、對抗性矛盾與非對抗性矛盾、人民內部矛盾與敵我矛盾等三類，而隨著矛盾的鬥爭轉化過程，國際間的矛盾性質也會隨著有所變動。

　　冷戰時期中共「矛盾」世界觀與對美政策的互動情形，可依中共對美國及蘇聯兩強的合縱連橫政策發展作為判準，將冷戰時期的中共對美政策分為下列四個時期[19]：

(一)「一邊倒」聯蘇反美時期

　　一九四九年中共建政以來至一九五〇年代末，中共將世界分為社會主義與資本主義兩大陣營，中共採行「一邊倒」向蘇聯為首的社會主義陣營的外交政策，而反對以美國為首的資本主義陣營。此時期，雙方不但在一九五〇年代初的韓戰中成為

---

[18]J. D. Armstrong, *Revolutionary Diplomacy: Chinese Foreign Policy and the United Front Doctrine* (Berkeley: University of California Press, 1977), pp. 48-56.

[19]參閱尹慶耀，《中共的統戰外交》，台北：幼獅文化事業公司，1984；李夢岩、秦懷洋主編，《當代世界政治經濟和國際關係概論》，北京：中國財政經濟出版社，1991，頁 188-191；馮特君主編，《當代世界政治經濟與國際關係》，北京：中國人民大學出版社，1993，頁 225-235。

交戰國，在政治上彼此也沒有邦交，同時在經濟上，雙方的經貿往來極少，中共對美國採取敵對的態度，在實質的經貿交往上，雙方亦處於一種互相排斥的狀態。

一九五三年，時任中共總理的周恩來指出，當前國際上的矛盾「主要表現在戰爭與和平、民主與反民主、帝國主義與殖民地以及帝國主義國家之間四個方面」[20]。也就是說，此時期中共認為國際上的基本矛盾有四個，其中尤以戰爭與和平為主要矛盾，而此矛盾便存在於資本帝國主義陣營與社會主義陣營之間，因此，中共必須堅決地倒向社會主義陣營，對抗以美為首的資本帝國主義以求自保，反應在對美政策上，便是採行以美為主要敵人的反美政策。

(二)「反美反蘇」時期

一九六○年代初至一九六○年代末，中共採行「反美反蘇」外交政策，也就是說，此時期中共同時反對美、蘇兩強，不過，基本上，中共視美國為其安全上的主要威脅，至於蘇聯，中共只是反對其對意識形態發展問題的看法，但隨著雙方對此議題歧見的加深，至一九六六年中蘇共黨的關係徹底斷絕[21]，對中共而言，美國是帝國主義，而蘇聯則是社會主義中的「修正主義」，在意識形態上，中共公開反對美、蘇兩國的主張，在經貿關係上，中共與美國的往來仍少，而對蘇聯的經貿往來在此

---

[20] 中華人民共和國外交部、中共中央文獻研究室編，《周恩來文選》，北京：中央文獻出版社，1990，頁 59。
[21] 石志夫主編，《中華人民共和國對外關係史》，北京：北京大學出版社，1994，頁 168。

時期亦明顯減少[22]，中共在政治上公開反美蘇，在經貿實質關係上亦顯示中共反對美蘇兩國的立場。

此時期，中共於一九六三年六月答覆蘇聯共黨的信件中曾指出，當時國際間的四個基本矛盾是：(1)社會主義陣營同帝國主義陣營的矛盾；(2)資本主義國家內無產階級同資產階級的矛盾；(3)被壓迫民族同帝國主義的矛盾；(4)帝國主義同帝國主義國家之間，壟斷資本集團同資本集團之間的矛盾[23]。

從中共的說法可以發現，在一九六〇年代初期中共並未明確地把蘇聯當作國際間的矛盾，此時，中蘇共間雖有矛盾，但只是意識形態發展的分歧、只是人民內部矛盾，資本帝國主義仍是中共國際間的主要矛盾。一直到一九六〇年代中，中蘇共之間的矛盾才漸由內部矛盾上升為敵我矛盾[24]，此時，中共與美蘇之間皆存在著敵我矛盾，不過，基本上中蘇共雙方的敵對主要還是言語上的衝突，而中共與美國不但有韓戰的直接武裝衝突經驗，且美國當時正「侵略」中共的社會主義兄弟國——越南，因此，資本帝國主義與社會主義之間的矛盾仍是中共所認知到的主要矛盾。

(三)「一條線」聯美反蘇時期

一九六〇年代末至一九八〇年代初，中共採行以蘇聯為對象的「一條線」外交政策（一稱反霸統一戰線），亦即與由日

---

[22] 一九六〇年中蘇共貿易額占中共對外貿易額的 44%，一九六一年則大幅下降至 28%，見《中國對外經濟貿易年鑑 1984》，香港：三聯書店香港分店，1984，頁 817、833-908。

[23] 人民出版社，《關於國際共產主義運動總路線的建議和有關文件》，北京：人民出版社，1963，頁 5。

[24] 石志夫主編，《中華人民共和國對外關係史》，頁 166。

本經中東到西歐，及南邊自澳大利亞、紐西蘭到美國這一條線周圍的國家改善關係，以反對蘇聯的擴張侵略。也就是說，此時期中共已將蘇聯當作主要敵人，對美國展開和緩的政策，改變以往的敵視態度，開始改善與美國的關係，打破以往與美國相隔絕的狀態，逐步與美國展開對話、接觸。此時期，中共與美國逐步改善關係，在政治上雙方高層會面，並發表聯合公報，在經貿文化上的往來也開始增加，在政治、經濟各方面，中共對美國開始採行拉攏合作的政策。

此時期初，在一九六九年中蘇共「珍寶島事件」衝突後，中共指出國際間的四大矛盾為：(1)被壓迫民族同帝國主義、社會帝國主義的矛盾；(2)資本主義、修正主義國家內部無產階級同資產階級的矛盾；(3)帝國主義同社會帝國主義之間，帝國主義各國之間的矛盾；(4)社會主義國家同帝國主義、社會帝國主義之間的矛盾[25]。此時，國際間的基本矛盾與以往有所不同，「社會帝國主義」成為國際間的矛盾對象，而中共所指稱的「社會帝國主義」就是蘇聯，這個新出現的矛盾對象也成為中共在國際間的「主要矛盾」，美國雖仍為國際上的矛盾對象，不過已非主要矛盾對象，成為非主要矛盾，在此種國際情勢認知下，中共採行聯美政策顯係依循「聯合次要敵人，打擊主要敵人」的統戰策略。

(四)「獨立自主」時期

一九八二年以後，中共採行獨立自主的和平外交政策，強

---

[25]林彪，〈在中國共產黨第九次全國代表大會上的報告〉，《人民日報》（北京），1969 年 4 月 28 日，第 4 版。

調和平共處原則，以及不與任一超級強國結盟的立場[26]。此時期，中共對美仍採合作政策，但此時的合作基本上不是聯合美國來對抗蘇聯，是一種以經貿利益為主而非戰略安全為考量的合作，因為，在蘇聯介入阿富汗戰爭後，中共認為美蘇兩強的奪權基本上是一種僵持的局面，中共與美、蘇任一國結盟或建立戰略關係，都會影響戰略平衡，不利於國際局勢的穩定[27]。此時期中共在政治上表示反對美、蘇等世界霸權[28]，凸顯中共不再與任何超級強國結盟的立場，主要的政策特徵就是不結盟，中共在政治上對美採取不結盟政策，但在經貿方面，則採取持續加強發展與美國關係的策略。

　　一九八〇年代中期以後，中共認為世界所面臨最主要的問題是和平與發展[29]，也就是說，中共認為，此時期國際局勢所面臨的兩項基本矛盾是和平與戰爭及發展與不發展的對立，對中共而言，干擾和平的是霸權主義，因此在國際上主張反霸，而發展問題的癥結在於貧富差距，因此，在國際上中共採取聯合第三世界國家的立場[30]。對中共而言，維持世界和平的一個重要因素是要使國內能夠積極發展經濟建設，是以，對中共而言，發展問題顯然是此時期世界的主要矛盾，而對美國等資本

---

[26] 韓念龍，《當代中國外交》，北京：中國社會科學出版社，1987，頁337-340。

[27] 田曾佩主編，《改革開放以來的中國外交》，北京：世界知識出版社，1993年，頁5。

[28] 鄧小平，〈目前的形式與任務〉，《鄧小平文選》（1975-1982），山東：人民出版社，1983，頁104。

[29] 鄧小平，〈和平和發展是當代世界的兩大問題〉，《鄧小平文選》（第三卷），天津：人民出版社，1993，頁104。

[30] 鄧小平，〈維護世界和平，搞好國內建設〉，《鄧小平文選》（第三卷），頁56。

主義國家，中共的立場是採取和平共處原則，強調發展經貿關係以解決主要矛盾。

　　從前文論證中，吾人發現，「矛盾」觀念的演變與中共對美政策的演變有著相當密切的關係，中共對國際局勢的認知卻可以「矛盾」的概念來加以劃分，隨著主要矛盾的演變似乎制約著中共對美政策的改變，吾人可就前述分析整理如**表 2.1**。

　　由**表 2.1** 的分析吾人可以發現，當美國成爲中共認知的主要矛盾時，中共對美便採強硬的對抗政策，將美國當作主要的敵人；而當美國成爲非主要矛盾時，若主要矛盾對象是國家（如蘇聯），中共對美國便採取聯合政策，如果主要矛盾對象不是國家，中共對美便採取溫和的合作政策。

　　據此觀之，冷戰時期中共在處理對外政策時，似乎是以「矛盾」世界觀作爲思維方式，一旦確立了主要矛盾對象，中共便以該對象爲解決的優先對象，反應在對美國的政策上，隨著美國的矛盾地位之演變，中共的對美政策便隨之而有強硬對抗、聯合或合作等基本政策方針的轉變。

表 2.1　中共對美政策與矛盾世界觀關係表

政策分期	一邊倒聯蘇反美	反美反蘇	一條線聯美反蘇	獨立自主
矛盾對象	資本帝國主義、戰爭、反民主	資本帝國主義、資產階級	社會帝國主義、資本帝國主義	發展、戰爭
主要矛盾的兩面	社會帝國主義 vs. 資本帝國主義	社會主義 vs. 資本帝國主義	社會主義 vs. 資本帝國主義	不發展 vs. 發展
主要矛盾的性質	敵我矛盾	敵我矛盾	敵我矛盾	人民內部矛盾
美國的地位	主要矛盾	主要矛盾	非主要矛盾	非主要矛盾
基本外交理論	兩個陣營	中間地帶	三個世界	和平與發展

四、後冷戰時期「矛盾」世界觀與對美政策

　　從「矛盾」世界觀的觀點來看，冷戰時期中共對美國的基本政策方針的持續與演變，與「矛盾」世界觀有著互動的關係，以下吾人將分析論證後冷戰時期中共「矛盾」世界觀的演變，以及中共對美政策之間的關係。

(一) 後冷戰時期中共的對美政策

　　依據大陸學者的研究，鄧小平於一九八九年天安門事件後接見美國前總統尼克森（Richard Nixon）時，所揭櫫的對美方針政策，在後冷戰時期基本上仍然具有重要的指導意義[31]，而鄧小平對美政策談話則可歸納為下列兩點基本方針：

■改善中共與美國的關係以支持國內經濟發展

　　鄧小平指出，中共與美國必須「以自己的國家利益為最高原則來談問題和處理問題」[32]。對中共而言，政治的穩定和發展經濟是最高的國家利益，而中美關係的發展有利於大陸的經濟發展，因此，在發展經濟利益的前提考量下，中共的對美政策於焉轉向主動改善與美國的關係。

　　其次，對中共而言，維持良好的對美關係有助於世界局勢

---

[31]楊瑟青，〈系統研究深入領會鄧小平外交戰略思想〉，《現代國際關係》（北京），1994年第4期（1994年4月），頁33。
[32]鄧小平，〈結束嚴峻的中美關係要由美國採取主動〉，《鄧小平文選》（第三卷），頁330。

的穩定[33]，而中共推行經濟改革正需要一個和平的國際環境，世界局勢的穩定有利於其國內經濟發展。因此，在經濟發展爲核心利益的考量下，中共對美政策的基本方針於是轉爲積極改善對美關係。

■反對美國干涉內政

　　改善與美國關係有利於中共發展經濟，然而美國企圖「和平演變」中共，對大陸的人權及民主等問題提出質疑，對中共而言，確保共黨統治、維持政治穩定係其最高國家利益，因此，中共要求美國勿干涉其內政。此外，在台灣問題上，美國長期以來對台灣的支持亦令中共引以爲憂，是以，在改善中美關係以促進國內經濟發展的同時，中共對美政策的另一基本方針，則是反對美國涉入中共認爲的內政問題——人權問題及台灣問題。

　　中共前國家主席江澤民亦明白指出，在後冷戰時期，國際局勢發生了很大的變化，然而「客觀現實仍需要中美之間加強和擴大互利合作，改善和發展中美關係對雙方都很重要」。中共與美國要「妥善處理分歧，求同存異，增加互信，減少麻煩，不要讓分歧來妨礙和損害兩國正常關係的發展」[34]。江澤民談話更清楚地點出，後冷戰時期中共對美政策基本上是要求改善對美關係，特別是要加強與美國的經貿關係，另方面則不希望美國以人權等問題來影響雙方的經貿關係。

　　江澤民於一九九四年十一月與美國總統柯林頓會面時強

---

[33] 鄧小平，〈中美關係終歸要好起來才行〉，《鄧小平文選》（第三卷），頁 350。
[34] 《人民日報》（北京），1993 年 3 月 9 日，第 1 版。

調,中共不會對美國形成威脅,希望與美國「增加信任、減少
麻煩、發展合作、不搞對抗」,推動中美關係向前發展[35]。這
樣的以合作為原則的對美政策,成為後冷戰時期中共對美政策
的基本方向。

(二) 中共對美政策的意涵

後冷戰時期中共領導人對美政策的基本方針,是要改善並
發展良好的對美關係以維持其經濟發展,同時亦反對美國對中
共內政問題的可能干涉。在此分析基礎上,為了更進一步理解
中共對美政策的意涵,吾人以美國學者郝思迪(K. J. Holsti)
所提出的分析架構[36],從外交政策取向、國家角色、目標及行
動等四個面向,進一步分析說明後冷戰時期中共對美政策的意
涵。

■外交政策取向——不結盟、不對抗、和平共處

從中共對美政策的宣示上來看,中共對美外交政策的取
向,基本上是避免與美國形成對抗關係,追求維持與美國的和
平、合作關係,但是,雙方的關係以經貿為主軸,而非軍事戰
略上的合作,因此,對美國採不結盟政策,同時要與美國和平
共處,而此種和平共處便建立在經貿合作的關係上。

後冷戰時期,中共對美政策除不結盟外,更強調不對抗的
層面,延續一九八九年六四天安門事件的衝擊,美國對中共採

---

[35] 劉連第、汪大為,《中美關係的軌跡——建交以來大事縱覽》,北京;
時事出版社,1995,頁470。
[36] K. J. Holsti, *International Politics: A Framework for Analysis*, 4th ed.
(Englewood Cliffs, New Jersey: Prentice Hall Inc., 1983), p. 97.

取一系列制裁措施，但中共並未對美國採取對抗政策[37]，在鄧小平韜光養晦的外交戰略下，中共未與美國採取強硬的對抗政策，以爭取有利於經濟發展的和平穩定國際環境。

■國家角色——和平維護者、經貿夥伴

中共面對美國時所扮演的國家角色，基本上是一個和平維護者和經貿夥伴，也就是說，中共希望與美國同時在世界上扮演起和平維護者的角色，中共認為不論從全球或區域的層面來看，中共均是和平穩定的一個重要力量[38]，因此，中共對美的國家角色之一，便是與美國共同扮演世界及區域和平維護者的角色。

其次，經貿關係原本只是中共與美國戰略關係的副產品，但隨著情勢的演變，後冷戰時期，經貿利益成為雙方關係最重要的一環，中共在經貿方面對美國的依賴日深[39]，在配合中共經濟利益的需求下，中共對美國所扮演的另一個國家角色便是經貿夥伴。

■目標——建立富強中國、維持共黨政權統治

中共對美政策的目標是要維護其最高國家利益，在後冷戰時期，中共政治方面是要維持其政權的穩定，避免同蘇聯及東歐共黨國家一樣被「和平演變」，同時在經濟方面則要發展成

[37]楊潔勉，《後冷戰時期的中美關係：外交政策比較研究》，上海：上海人民出版社，2000，頁99-100。
[38]倪世雄、盧義民，〈冷戰後中美關係初探〉，《中國外交》（北京），1993年第8期（1993年8月），頁8-22。
[39]吳心伯，〈轉換中的中美關係〉，《中國外交》，1993年第8期（1993年8月），頁8-24。

為一個富強的國家,因此,在對美政策上·,中共希望透過中美關係的穩定發展,確保美國對中國大陸經貿發展的支持,使中共持續發展經濟。

另方面,中共又要防止美國對其內部問題的干涉而造成大陸內部的「和平演變」。在此兩難的情況下,中共認為只要是經濟持續發展,人民生活逐步好轉,不論國際局勢如何,共黨政權統治便可確保[40]。因為,發展經濟既符合中共積極國家利益,又有利於政權穩定及國家統一的基礎,在對美政策上便以建立富強的中國為其最高目標。

■行動──加強與美經貿關係、反對干涉內政

中共對美政策基本上是以經濟為主軸,與美國加強關係符合其經濟利益,惟於政治層面,美國對中國大陸的人權問題、政治體制及其對台灣問題上的態度,對中共而言並不符合其利益。因此,中共在對美政策的行動上,亦可從經貿及政治兩方面來分析,在經貿上中共不斷加強與美國的實質經貿關係,要求美國給予最惠國待遇,藉以促進大陸的經濟發展;在政治方面,中共則不斷呼籲美國勿干涉中國大陸內部的人權及政治民主化問題,以避免中國大陸的「和平演變」,同時要求美國勿支持台灣的國際活動,以免影響中共的對台統一政策。

---

[40]鄧小平,〈國際形勢和經濟問題〉,《鄧小平文選》(第三卷),頁355。

(三) 後冷戰時期「矛盾」世界觀與對美政策的互動

■中共的「矛盾」世界觀

中共官方認為，後冷戰時期的國際體系已非兩極體系，世界正朝著多極化方向發展，國際體系處於走向多極體系的過渡階段[41]。也就是說，中共並不承認美國在後冷戰時期的國際戰略上具有獨霸的地位[42]，在這樣的認知下，中共主張建立新的國際政治秩序，而「這種新秩序就是要結束霸權主義，實現和平共處五原則」[43]。同時，中共亦認知到後冷戰時期，「經濟因素在國際關係中的作用日益突出」[44]，發展中國家與已開發國家之間的「南北矛盾」日深，因此，整個後冷戰時期的國際體系基本上仍有許多矛盾。

在這樣的前提下，中共認為後冷戰時期世界上仍有許多矛盾，而「和平與發展仍然是當今世界面臨的兩大主題，還需要各國人民繼續努力去加以維護和解決。霸權主義和強權政治的存在是造成國際局勢動盪的主要根源」[45]。也就是說，儘管世界格局仍在轉化中，但後冷戰時期世界的兩大議題仍舊是和平與發展，中共認為國際體系確實產生變化，但是，就其「矛盾」

---

[41] 劉山，〈轉換中的世界格局與我國對外關係〉，《中國外交》，1993 年第 1 期（1993 年 1 月），頁 1-4。

[42] 吳玉山，〈兩極體系的崩解與中共的外交政策〉，見江振昌主編，《國際新秩序的探索與中共》，台北：政治大學國際關係研究中心，1993，頁 170。

[43] 田曾佩主編，《改革開放以來的中國外交》，頁 15。

[44] 李鵬，〈政府工作報告〉，《人民日報》（海外版）（北京），1995 年 3 月 20 日，第 3 版。

[45] 《人民日報》（海外版），1992 年 4 月 6 日，第 2 版。

世界觀而言，中共仍認為世界最基本的矛盾是和平與發展，亦
即，後冷戰時期中共的「矛盾」世界觀並未產生重大變化，基
本上仍延續一九七〇年代末改革開放以來的看法。

■「矛盾」世界觀與對美政策之互動關聯

　　國際關係學者在分析一個國家對外政策的因素時，基本上
包括三個層次：國際、國家及個人[46]。後冷戰時期，影響中共
對美政策的三個層次因素中產生較大變化的是國際層次，國際
層次的因素則可分為國際體系及國際關係兩個層面[47]，在本文
的分析中，對中共而言，後冷戰時期的國際體系確實產生了很
大的變化，國際體系由兩極對抗逐步走向多極體系，在這樣的
論證下，中共的對美政策基本上便產生了變因。

　　後冷戰時期國際體系產生了重大的變化，中共也認知到這
個重大變化，然而，中共對美政策基本上並未因後冷戰時代的
來臨而發生重大的變化，也就是說客觀國際體系的改變，並未
對中共的對外政策造成決定性的影響，使得中共對美政策產生
轉變。

　　中共的世界觀在後冷戰時期並未改變，基本上，後冷戰時
期中共對國際局勢的看法仍維持一九七〇年代末以來的看法，
國際間的基本矛盾仍然是和平與發展的問題，中共在國際間的
主要矛盾對象並非國家，即使中共認為兩極體系崩解後，世界
矛盾仍然很多，民族矛盾等問題日形重要，然而，中共所認知

---

[46]Kennth Waltz, *Man the State and War* (New York: Columbia University Press, 1959.)

[47]Bruce Russet & Harvey Starr, *World Politics: The Menu for Choice*, 3rd ed. (New York: W. H. Freeman and Company, 1989), pp.11-17.

到的主要矛盾在此時期仍未改變。

(四) 後鄧小平時期「矛盾」世界觀與對美政策

　　作爲中共決策最高領導人，鄧小平的過世對中共的整體世界觀與對美政策理論上會產生一定程度的影響。不過，從中共總體政策路線來看，一九九七年九月鄧小平死後召開的中共十五大會議上，總書記江澤民報告的主題就是要「高舉鄧小平理論偉大旗幟」，強調堅持十一屆三中全會以來的路線，在提到國際形勢時，江澤民重申和平與發展是時代的主題[48]。此種延續鄧小平提出的「和平與發展」作爲世界主要矛盾的觀念，一直到二〇〇二年中共十六大新領導集體接班之後，仍然持續這樣的提法。

　　從中共領導人的談話和相關文件來看，後鄧小平時期中共的「矛盾」世界觀並未改變，仍然強調和平與發展作爲時代主題，是全球的主要矛盾。隨著改革開放的深化，在中共的政策宣示中，具高度意識形態色彩的矛盾概念已甚少出現在領導人的談話和政策文件中，對國際情勢的提法也更強調和平穩定、共同發展的概念，強調國際社會的合作面。不過，值得注意的是，二〇〇四年三月政府工作報告中，溫家寶明確提出要「反對霸權主義和強權政治，反對一切形式的恐怖主義」[49]。

　　具體來說，反對霸權主義和強權政治是傳統的說法，反對

---

[48] 江澤民，〈高舉鄧小平理論偉大旗幟，把建設有中國特色社會主義事業全面推向二十一世紀〉，中共中央文獻研究室，《十五大以來重要文獻選編》（上冊），北京：中央文獻出版社，2000，頁 41-42。

[49]〈溫家寶總理在十屆全國人大二次會議上的政府工作報告〉，《人民日報》，2004 年 3 月 6 日。
　　http://www.people.com.cn/GB/shizheng/8198/31983/32185/2376764.html

恐怖主義則是因應二〇〇一年美國發生九一一恐怖攻擊事件
後，全球推動反恐戰略佈局的提法。不論是霸權主義、強權政
治和恐怖主義，中共基本上並未明確指出哪些國家是霸權主
義、強權政治或恐怖主義，而且也未用矛盾概念來說明中共反
對對象的性質。事實上，在邁向二十一世紀之際，中共領導集
體特別提出二十一世紀中共的三大任務為：繼續推進現代化建
設、完成祖國統一、維護世界和平與促進共同發展[50]，新的三
大任務與鄧小平提出的三大任務基本上一致，但把反霸改為維
護世界和平，顯示中共在反對霸權主義方面的矛盾性質已大幅
減弱。

　　後鄧時期中共矛盾世界觀沒有重大變化，且在國際形勢與
外交政策的論述上也淡化了意識形態的色彩，在對美政策方
面，中共基本延續了鄧小平時期提出的外交政策方針，但值得
注意的是，在對美政策方面合作的架構比以往更強化，不對抗
的政策也比以往更強化。

　　後鄧時期，中共更積極強化與美國的關係互動，一九九七
年十月，中共國家主席江澤民訪問美國時與美國總統柯林頓
（Bill Clinton）共同宣布，雙方建立面向二十一世紀的建設性
戰略夥伴關係。中共與美國之間存在著相當多矛盾，也有共同
的利益，建設性戰略夥伴關係的建構顯示，中共希望能夠擴大
與美國的利益，透過對話減少與美國的矛盾和分歧[51]。對中共
而言，美國仍然具有霸權主義的本質，但並未對中共形成威脅，

[50]江澤民，〈在全國政協新年茶會上的講話〉，《人民日報》，2001 年 1
月 2 日，第 1 版。
[51]楚樹龍，《冷戰後中美關係的走向》，北京；中國社會科學出版社，2001，
頁 164。

也未影響中共的國家利益，相對地，與美國維持良好的互動有
助於中共發展經濟建設的核心利益，中共對美政策因而更傾向
合作的面向。

中美建設性戰略夥伴關係的建立意味著中共對美政策的新
里程碑，中共對美國採取合作而不對抗的政策已更成熟，後鄧
時期，這樣的合作而不對抗政策已成為對美政策的基本原則。
一九九九年五月，美國軍機「誤炸」中共駐南斯拉夫大使館，
引起大陸內部強烈反彈，在合作而不對抗政策下，中共透過外
交管道向美國抗議要求美方道歉，也克制內部高漲的反美情
緒；二○○一年四月中美發生軍機擦撞事件，中共損失一架軍
機及飛行員，同樣引起大陸內部強烈反應，但在合作而不對抗
政策下，中共仍然自我克制，緩和與美國的衝突。

二○○一年九月，美國發生九一一恐怖攻擊事件，中共對
美國提出的全球反恐戰略表達支持，二○○二年初美國進攻阿
富汗塔利班政權時，中共採取合作、支持政策，二○○三年美
國攻打伊拉克問題上，當俄羅斯、法國、德國表達強烈反對時，
中共只採取消極反對，雖未採取與美國合作政策，但仍極力降
低與美國的對抗。

就矛盾世界觀來看，中共已將和平與發展視為主要的矛
盾，且將經濟發展視為國家的核心利益與核心任務，因此，維
持與美國這個全球最大的經濟體的合作，有助於中共的核心利
益，與美國存在的其他矛盾只是次要矛盾，在解決主要矛盾的
前提下，縱使中美之間仍存有許多次要矛盾，但中共持續採取
與美國合作而不對抗的政策。

五、結　論

　　從本文的論證比較中，吾人發現，中共對美政策與其世界觀之間仍具有相當密切的互動關係，中共從國際間的主要矛盾著手，以解決主要矛盾作爲對外政策變動的主要依據，當主要矛盾是國家時，中共便聯合其他非主要國家以對抗主要矛盾國家，而當主要矛盾對象不是國家時，中共在國際間便不會設定明顯的敵人。因此，觀察中共認知的國際矛盾的轉變，可以發現中共對國際問題關注的焦點所在，而分析中共所認知的主要國際矛盾，便有助於吾人理解中共對外政策中對抗及聯合的策略重點。

　　從歷史的分析來看，隨著中共對國際主要矛盾認知的轉變，中共在國際上的聯盟合作對象便有所轉變，反映在對美政策上，當美國成爲中共國際間的主要矛盾時，中共便對美國採取對抗態度，而當美國成爲中共國際間的非主要矛盾時，美國便成爲中共所要合作的對象，中共對美便採合作政策。後冷戰時期，在中共看待世界基本矛盾不變的世界觀下，美國並非中共在國際間的主要矛盾，在主要矛盾決定非主要矛盾的原則下，中共與美國之間雖有矛盾，但因非主要矛盾，是以，國際體系的改變並未使中共對美政策隨之改變，主要矛盾的不變，使得中共對美仍持續以往的政策。

　　在穩定壓倒一切，經濟建設爲核心的前提下，追求和平的國際環境，以利於中共進行經濟發展，便成爲中共對外政策的核心利益。因此，在對美政策上，雖然中共認爲美國不斷干涉

中國大陸內政,對中共政權有「和平演變」的企圖,可能危及共黨政權的持續統治,阻礙中國的統一,然而,中共仍追求與美國維持合作關係,要求美國給予最惠國待遇,便在於追求解決主要矛盾——經濟發展。

對中共而言,一旦解決發展問題,中共的統治基礎便更形穩固,國際地位亦隨之提高,而與美國發展關係對中共所帶來的種種威脅亦可隨之迎刃而解,因此,在利害相權之下,中共仍以解決主要矛盾作為最高考量,進入後鄧小平時期,中共仍維持合作而不對抗的對美政策。

後冷戰時期中共對美國基本上仍採取合作政策,此政策是延續一九七八年底改革開放以來所制訂的方針,在國際體系大幅變動之後,中共對美政策並未因此重大轉變而做出大幅的變動,基本上,可從中共「矛盾」世界觀的演進推演出其關係,亦即中共把發展問題當作後冷戰時期國際局勢的主要矛盾,從國內外環境來看,中共皆以解決此矛盾作為第一要務,在國際上需要一個和平穩定的環境以便於發展國內經濟,因此,在對美政策上便採取合作政策,共同維持國際及區域的和平,並加強與美國的經貿關係以促進中國大陸的經濟發展。

另方面中共也持續要求美國勿干涉內政,但在經濟發展為優先考量之下,只要美國對中共內政問題的涉入不超過中共容忍底線,中共基本上皆採容忍的策略,不會大幅改變對美政策,降低雙方關係。因為,在國際局勢上,中共必須先求發展方能解決其他矛盾,在經濟發展過程中,美國是一個重要夥伴,中共非常需要這個經濟發展夥伴,是以,中共對美政策的彈性便較以往為大,更具容忍度,分析其根本原因,中共視發展為最主要的矛盾,以解決此矛盾作為第一優先課題,實係目前中共

對美採合作容忍政策的基本因素。

中共的「矛盾」世界觀與其對美政策確有重大影響,而中共似乎一直藉著「矛盾論」的思維模式來分析國際情勢,從矛盾是無所不在的立場出發,中共找出國際間的基本矛盾,再從中分析出主要矛盾,而在解決主要矛盾為優先考量的前提下制訂對外政策;而隨著主要矛盾的解決過程中,各個矛盾面會互相轉化,因此,主要矛盾也可能隨著變化,一旦主要矛盾變化,中共對外政策便會有重大的改變。因此,透過「矛盾」世界觀的演變,吾人確可自此來觀察中共對美政策的轉變,透過這樣的方式,也可解釋中共對美政策的持續與轉變。

雖然進入鄧小平時期以後,中共外交政策更趨務實,意識形態的色彩也更加淡化,但作為分析思考的基本方法,在分析理解中共外交政策時,「矛盾」世界觀的探討與分析,仍是一個值得重視的途徑。

第三章 後鄧時期外交政策與策略

一、前 言

冷戰結束後，中共成爲全球最大的社會主義國家。隨著大陸總體經濟成長率的快速提升[1]，中共已成爲世界第六大經濟體，若以世界銀行提出的購買力平價法（purchasing power parity; PPP）計算，一九九四年中共的國內生產總額已是僅次於美國的世界第二大經濟體，美國智庫蘭德公司（Rand Corporation）依購買力平價法推估的研究顯示，中共的國內生產總毛額將在二〇一〇年達到十一兆三千億美元，超越美國，成爲世界最大的經濟體[2]。

經濟力量的提升，代表軍事力量提升的潛力，再加上中共採行與西方國家民主主流政治意識並不一致的社會主義體制，「中國威脅論」從一九九二年以後更進一步成爲西方中國研究者的討論重點之一[3]。雖然，對於中共整體經濟力量的評估仍有

---

[1] 一九七八年底中共推動改革開放政策以來，大陸經濟成長快速，一九七九至一九九七年的年均成長率達 9.8%，大陸學者甚至認爲，大陸是繼美國與日本之後，第三個獲得經濟快速起飛機遇的國家。有關資料與論述請參閱中國科學院國情分析研究小組編著，《機遇與挑戰》，台北：致良出版社，1996，頁 40-42；胡凡、李大光，《大國的尊嚴：構築二十一世紀國家安全的堅固堡壘》，深圳：海天出版社，頁 389-390。

[2] Charles Wolf Jr. et al., *Long-Term Economic and Military Trends, 1994-2015: The United States and Asia* (Santa Monica, Calif.: Rand Corporation, 1995).

[3] 閻學通，〈冷戰後中國的對外安全戰略〉，《現代國際關係》，總 70 期（1999 年 8 月 20 日），頁 23。有關「中國威脅論」的相關論點可參閱 Richard Bernstein and Ross H. Munro, *The Coming Conflict with China* (New York: Alfred A Knopf, 1997).

爭議[4]，但後冷戰時期，經濟等「軟性力量」（soft power）已成為評估國家能力及國家之間競爭的重要指標，中共的整體經濟潛力、龐大的市場，再加上原本已有的世界第三大核子武力，聯合國安全理事會常任理事國的政治地位，中共在後冷戰時代的國際社會確實具有更重要的地位，此不僅體現在客觀的事實，且也表現在中共的主觀意願上。

　　關於中共的崛起，學界看法並不一致，有些學者認為中共正逐漸發展成大國，在數年內將成為全球最大的經濟體[5]；有些學者則認為，中共的國力被過度誇大，中共最多只能算是一個二級的中型強國，還算不上強權[6]。韓裔美籍學者金淳基（Samuel S. Kim）從經濟與軍事兩個面向分析中共的國力後認為，中共國力確實已逐步崛起，但只是一個區域性大國，而非一個完整的全球性強權，其國際影響力基本上仍然以亞洲為中心[7]。對於中共國力發展的論辯已持續相當長的時間，不論中共是否是一個全球性的大國，中共內部有多少問題，但就政治、經濟與軍

---

[4]部分大陸學者認為，以購買力平價法計算經濟能力，過於誇大了中共的國力。相關論述可參閱楚樹龍，〈中國的國家利益、國家力量和國家戰略〉，《戰略與管理》（1999年4月），頁15-17。

[5]認為中共國力逐漸增強，將成為具有世界強權實力的相關論述可參閱 Samuel S. Kim, "China as a Great Power," *Current History*, vol. 96, no.611 (September, 1997), pp. 246-251; Richard Bernstein and Ross Munro, *The Coming Conflict with China* (New York: Alfred A. Knopf, 1997); William H. Overholt, *China: The Next Economic Superpower* (London: Weidenfeld & Nicolson, 1993).

[6]有關中共國力發展並不那麼強大，甚至將面臨崩潰的相關論述可參閱 Gerald Segal, "Does China Matter?" *Foreign Affairs*, vol. 78, no. 5 (September-October, 1999), pp. 24-36; Gordon G. Chang, *The Coming Collapse of China* (New York: Random House, 2001).

[7]Samuel S. Kim, "China's Path to Great Power Status in the Globalization Era," *Asian Perspective*, vol. 27, no. 1 (2003), p. 64.

事力量評估，中共至少可算是一個東亞的區域大國，且在國際
社會的影響力也與日俱增。

　　對於中共的國際地位，已故的中共最高領導人鄧小平便曾
明確表示，「所謂多極，中國算一極。中國不要貶低自己，怎
麼樣也算一極」[8]。中共官方長期以來，也一直主張以和平共處
五原則為基礎，建立國際新秩序[9]。也就是說，從主客觀的條件
來看，中共在後冷戰時期的國際社會，都具有更重要的角色，
因此中共的外交政策也就更受到重視。

　　一九九七年二月鄧小平過世，對一個以「人治」為實際政
治體制運作主要特徵的中共政權而言[10]，是一個非常重要的變
化。從外交政策的結構層次分析來看，領導者個人層次是一個
非常重要的分析變項[11]。當家的「老爺子」鄧小平過世後，失
去最高領導人的中共政權，權力結構與決策方式出現了改變，
對中共外交政策是否產生影響，外交政策是持續還是轉變，持
續或轉變的內容與原因為何，都是值得注意與觀察的面向。

　　本文將先探文件分析法，對中共官方政策說明予以歸納分
析，分析鄧小平時期中共外交政策，再論述鄧小平過世後所謂
後鄧小平時期（post-Deng era）外交政策的基本內涵。接著，
再透過領導人出訪、對外貿易、對外締約等對外政治經濟行動

---

[8]鄧小平，〈國際形勢和經濟問題〉，《鄧小平文選》（第三卷），天津：
　　人民出版社，1993，頁 353。

[9]一九八八年鄧小平提出「以和平共處五原則為準則建立國際新秩序」的
　　說法後，中共官方一直在國際場合發表此種論調。

[10]蘇紹智，《中國大陸政治經濟的再認識》，台北：風雲論壇出版社，1995，
　　頁 40-48。

[11]Bruce Russet & Harvey Starr, *World Politics: The Menu for Choice* (New
　　York: W. H. Freeman & Company, 1989), pp. 14-18.

的具體指標進行量化統計，進一步論證後鄧時期中共外交政策的發展。

二、鄧小平時期外交政策

　　中共官方往往以「獨立自主的和平外交政策」一詞，概括指稱改革開放以來的中共外交政策[12]。但實際上，鄧小平時期中共外交政策基本上經過「獨立自主外交政策醞釀期」、「獨立自主外交政策發展期」，及「獨立自主的和平外交政策成熟期」等三個階段[13]。

　　鄧小平時期的外交政策係因應內外環境的轉變而逐漸形成，一九八二年中共十二大，時任中共總書記的胡耀邦首次正式揭櫫中共採行「獨立自主的對外政策」[14]。一九八六年，時任中共國務院總理的趙紫陽，在中共六屆人大四次會議提出「關於第七個五年計劃的報告」時，才首次明確以「獨立自主的和平外交政策」說明中共的外交政策，並在報告中正式闡述這項外交政策的主要內容和基本原則[15]。此後，中共官方與民間有

---

[12] 例如田曾佩主編，《改革開放以來的中國外交》，北京：世界知識出版社，1993，頁 1；唐家璇，〈在鄧小平外交思想指引下勝利前進——改革開放以來我國外交工作回顧〉，《求是》，1998 年第 20 期（1998 年 5 月），頁 33。

[13] 參閱許志嘉，《中共外交決策模式研究：鄧小平時期的檢證分析》，台北：水牛出版社，2000，頁 33-50。

[14] 胡耀邦，〈全面開創社會主義現代化建設的新局面〉，中共中央文獻研究室編，《十二大以來重要文獻選編》（上），北京：人民出版社，1986，頁 39-46。

[15] 趙紫陽，〈關於第七個五年計畫的報告〉，《中共年報 1987》，台北：

關外交政策的說明，便統一以「獨立自主的和平外交政策」來
解釋鄧小平時期中共的外交總政策。

(一) 外交政策的指導理論

作為全球最大的組織性意識形態國家[16]，意識形態在中共
政策具有相當重要的地位。對中共而言,理論是一種意識形態、
一種教條，用來指導政策行為。反應在外交政策上，理論就是
中共外交政策與國際行為的指導方針，獨立自主的和平外交政
策理論依據便是「和平與發展」[17]。

一九八四年五月鄧小平首次提出類似「和平與發展」的概
念，他指出，世界上有兩個主要問題，一是和平問題，二是南
北問題，中共對外政策的目標是爭取世界和平，在爭取世界和
平的前提下，一心一意搞現代化建設[18]。此時，內部經濟發展
與世界和平是鄧小平談話的兩個重要概念。

一九八五年六月，鄧小平正式使用「和平與發展」的說法，
強調「現在世界上真正大的問題，帶全球性的戰略問題，一個
是和平問題，一個是經濟問題或者說發展問題」[19]。此後，中

國防部軍事情報局，1987 年 3 月，頁 6-75 至 6-77。

[16]Franz Schurmann, *Ideology and Organization in Communist China*, 2nd ed.
(California: University of California Press, 1968), p.22.

[17]Wang Jisi, "International Relations Theory and the Study of Chinese
Foreign Policy: A Chinese Perspective," in Thomas W. Robinson & David
Shambaugh ed., *Chinese Foreign Policy: Theory and Practice* (New York:
Oxford University Press, 1994), pp. 483-486.

[18]鄧小平，〈維護世界和平，搞好國內建設〉，《鄧小平文選》（第三卷），
頁 56-57。

[19]鄧小平，〈和平和發展是當代世界的兩大問題〉，《鄧小平文選》（第
三卷），頁 105。

共開始強調和平與發展的重要意義，指稱這是鄧小平以辯證唯物主義和歷史唯物主義觀點，改變毛澤東世界戰爭不可避免的看法，對戰爭與和平問題做出新的科學判斷[20]。和平與發展成為中共強調的兩大全球性戰略問題，成為中共推動獨立自主和平外交政策的理論依據。

(二) 外交政策的基本意涵

一九八六年三月中共六屆人大四次會議，趙紫陽提出了「獨立自主的和平外交政策」，同時對這項外交政策總方針的主要內容和基本原則歸納為十個方面[21]：

1. 反霸、維護世界和平、發展各國友好合作與促進共同繁榮，是中國對外工作的根本目標；
2. 世界各國一律平等，世界事務由各國協商解決，中國絕不稱霸，也反對任何霸權；
3. 堅持獨立自主，一切國際問題依其本身的是非曲直決定中國的態度；
4. 中國絕不依附任何一個超級強國，不與任一方結盟或建立戰略關係；
5. 中國將以和平共處五原則發展對外關係；
6. 中國屬第三世界，加強與第三世界國家合作是中共對外工作的一個基本立足點，中共反對帝國主義、殖民主義和種族主義；

---

[20]錢其琛，〈深入學習鄧小平外交思想，進一步做好新時期外交工作〉，王泰平主編，《鄧小平外交思想研究論文集》，北京：世界知識出版社，1996，頁5。

[21]趙紫陽，〈關於第七個五年計畫的報告〉，前揭文，頁6-75至6-77。

7. 中國反對軍備競賽；
8. 中國堅持長期實行對外開放，在平等互利基礎上擴大
　　與各國的經濟、貿易、技術交流與合作；
9. 中國支持聯合國依據憲章精神所進行的各項工作；
10. 中國重視各國人民之間的交往，鼓勵民間各方面的交
　　流與合作。

　　一九八五年鄧小平正式提出和平與發展理論概念後，一九八六年趙紫陽在原先的獨立自主外交政策加上「和平」二字，形構了屬於鄧小平時期的外交政策理論與內涵。此後，獨立自主的和平外交政策主軸定案，大原則架構多依循一九八六年提出的十大原則。

　　一九八九年六四天安門事件發生，對中共政權結構而言是一項很大的變數，不但造成總書記趙紫陽下台，同時也造成了經濟改革腳步的放緩，以美國為首的西方國家更對中共進行制裁。

　　在國際社會制裁壓力下，中共面臨改革開放以來對外關係的一次重大挑戰和危機，面對不利於中共的國際情勢，中共最高領導人鄧小平提出「冷靜觀察，穩住陣腳，沉著應付，韜光養晦，善於守拙，絕不當頭，有所作為」的戰略方針[22]，在這樣的「二十八字方針」下，中共基本上採取維持既定外交政策的戰略因應變局，逐步化解國際社會的壓力。

　　當時的新任中共中央總書記江澤民七月便宣布，對外開放

---

[22]中共中央文獻研究室編，《江澤民論有中國特色社會主義》（專題摘編），
　　北京：中央文獻出版社，2002，頁527。

政策不變[23]。國務院總理李鵬也強調，獨立自主外交政策不變，以和平共處五原則處理對外關係不變[24]。一九九○年三月，鄧小平明確表示，「我們對外政策還是兩條，第一條是反對霸權主義、強權政治，維護世界和平；第二條是建立國際政治新秩序和經濟新秩序」[25]。從中共領導人的相關談話來看，面對內部政治變動引起的國際制裁壓力，中共採取穩定政策，維持既定的和平外交政策路線，並未選擇與國際社會對抗。

　　雖然政策總方針並未改變，不過，值得注意的是，一九八九年六四事件後，由於「七國集團」（G7）國家對中共採取經濟制裁，中共便將其反對霸權主義的說法加上「反對強權政治」一詞，所謂強權政治便是指稱這些制裁中共的已開發國家。此外，由於中共視此項經濟制裁是國際社會「干涉內政」，再加上此後西方國家屢次提案「譴責」中共侵犯人權，中共在宣示外交政策時，便時常凸顯和平共處五原則中所提到的不干涉別國內政的說法[26]。同時也時常強調要以和平共處五原則為基礎，建立國際政治經濟新秩序。

　　從獨立自主外交政策到獨立自主的和平外交政策，基本上

---

[23]〈江澤民、李鵬向駐外使節會議代表發表講話〉，《中國年鑑1990》，北京：中國年鑑社，1990，頁349。

[24]同前註。

[25]鄧小平，《國際形勢和經濟問題》，頁353。

[26]例如一九九○年三月中共七屆人大三次會議，李鵬發表政府工作報告時便提及此點，此後每年的政府工作報告與相關政府政策宣示，也常強調不干涉內政的說法。參閱李鵬，〈為我國政治經濟和社會的進一步穩定發展而奮鬥〉，中共中央文獻研究室編，《十三大以來重要文獻選編》（中），頁994；李鵬，〈關於國民經濟和社會發展十年規劃和第八個五年計劃綱要的報告〉，中共中央文獻研究室編，《十三大以來重要文獻選編》（下），北京：人民出版社，1993，頁1525-1534。

中共是逐步地建構鄧小平時期中共外交政策的總方針，這樣的
外交政策除了仍然維持一貫的社會主義道德色彩之外，這個時
期的中共外交政策顯得更現實、更注重國家利益[27]。也就是說，
鄧小平時期的中共外交政策具有更明顯的現實主義色彩。

（三）外交政策取向、國家角色與政策目標

■不結盟的外交政策取向

　　相較於過去的外交政策，獨立自主的和平外交政策所展現
的新特點是「獨立自主」和「真正的不結盟」[28]。也就是強調，
中共將擺脫毛澤東「三個世界」理論所訂下的「一條線」外交
政策，不再與美蘇任一個超強結盟。

　　值得注意的是，後冷戰時期中共與俄羅斯關係發展密切，
一九九四年雙方建立「建設性夥伴關係」[29]。一九九六年四月
二十五日，中俄雙方在北京簽署「中俄聯合聲明」，更進一步
建立「戰略協作夥伴關係」[30]。此後中共陸續與國際社會大國、
重要國際組織建立各種形式的「夥伴關係」，甚至也與美國建
立所謂「建設性戰略夥伴關係」。

　　中共致力推動的種種「戰略協作夥伴關係」，似乎與獨立

---

[27]Robert A. Scalapino, "In Quest of National Interest-The Foreign Policy of the People's Republic of China," in Yu-ming Shaw ed., *Power and Policy in the PRC* (Boulder: Westview Press, 1985), p. 137.

[28]蘇格，〈高舉鄧小平理論旗幟推進跨世紀中國外交事業〉，《現代國際關係》，1997 年第 11 期（1997 年 11 月），頁 41。

[29]〈中俄夥伴關係更具體化〉，《文匯報》（香港），1996 年 4 月 28 日，A3 版。

[30]〈中俄聯合聲明〉，《人民日報》（北京），1996 年 4 月 26 日，第 1 版。

自主外交政策強調的「不結盟」取向有所矛盾。針對這個問題，中共官方強調，夥伴關係並不等同於戰略關係，中共外交部長錢其琛在莫斯科舉行記者會時便強調，中俄雙方此種新型夥伴關係既不是對抗，也不是結盟，而是建立在和平共處五原則基礎上的長期穩定的睦鄰友好、互利合作關係[31]。至於一九九六年將關係提升為戰略協作夥伴關係，這是中共根據後冷戰時期普遍流行的各種夥伴關係，及俄美之間的戰略協作夥伴關係及中俄關係發展概況，再依據鄧小平外交思想，所確立的新型關係[32]。雖然中共強調夥伴關係非結盟，但其具體的意涵至少也與原先獨立自主和平外交十原則中提到的不建立「戰略關係」有所改變，也就是說，不結盟外交政策取向的具體內涵，在鄧小平時期的後期已逐漸轉變。

■國家角色

　　獨立自主的和平外交政策方針下，中共在國際社會所扮演的角色包括：和平倡議者、經濟發展者、第三世界權益維護者、霸權反對者及社會主義與共產主義理想維護者。

　　和平倡議者與經濟發展者基本上符合鄧小平「和平與發展」理論架構，所提出的世界兩大矛盾。而這兩個角色所凸顯的意義是，中共外交政策是在建立和平的國際環境，以配合內部經濟發展的需要，進而完成所謂的現代化建設。

　　至於第三世界權益維護者角色，雖然中共在文件宣示上一再強調此項角色，但從實際的外交行動來看，中共這項角色的

---

[31]宮少朋、朱立群、周啓朋主編，《冷戰後國際關係》，北京：世界知識出版社，1999年2月，頁411。
[32]同前註，頁415。

象徵性成分大於實質性意義[33]。而且，這項角色的宣示有相當
的成分是爲了提升中共國際地位，而非爲了盡國際義務[34]。也
就是說，中共雖然倡議維護第三世界權益，但他與第三世界國
家交往，時常是爲了自己的國家利益服務[35]。

　　霸權反對者及社會主義與共產主義理想維護者角色，可說
是中共建政以來就一直扮演的角色。至於所謂霸權則隨著中共
當時的戰略考量而發生轉變，一九八九年六四天安門事件後，
強權主義也納入了反對的行列。值得注意的是，社會主義與共
產主義理想維護者角色，在後冷戰時期對中共政權而言更爲重
要，因爲蘇聯東歐共黨政權垮台後，共黨意識形態與政治體制
面臨合法化的危機[36]，中共這項角色，主要也是符合內部政權
穩定的需要。

---

[33]Lucian W. Pye, "China's Self-Image as Projected in World Affairs," in Gerrit W. Gong and Bih-jaw Lin ed., *Sino-American Relations at a Time of Change* (Washington, D.C.: The Center for Strategic and International Studies, 1994), p. 164.

[34]Samuel S. Kim, "China and the Third World in the Changing World Order," in Samuel S. Kim ed., *China and the World: Chinese Foreign Relations in the Post-Cold War Era*, 3rd ed. (Boulder, San Francisco & Oxford: Westview Press, 1994), p. 161.

[35]一九八九年六四天安門事件後,中共連年遭受西方國家提案譴責人權狀況,中共均賴第三世界國家支持,以封殺譴責案;在台灣問題及有關「中國威脅論」等議題,中共也需要第三世界國家的支持。參閱 Peter Van Ness, "China and the Third World: Patterns of Engagement and Indifference," in Samuel S. Kim ed., *China and the World: Chinese Foreign Policy Faces the New Millennium* (Boulder, Colorado: Westview Press, 1998), pp. 158-161.

[36]Michael B. Yahuda, "Chinese Foreign Policy and The Collapse of Communism," *SAIS Review*, vol. 12, no. 1 (Win~Sum 1992), p. 130

■政策目標

中共外交政策宣示文件所揭櫫的外交政策目標,具有革命理想和現實利益相結合的辯證統一關係,中共當局在高唱世界和平、反霸的同時,也強調民族利益和國家安全。吾人可以核心利益、中程目標和長程目標來加以說明。

・核心利益

中共外交政策的核心利益主要是:政權穩定;維護領土與主權完整。

國家安全向來是所有國家最強調的核心利益,對中共而言,此目標也是一致的,尤其是歷經「六四天安門事件」,中共更是強調「國家的主權、國家的安全要始終放在第一位」[37]。由於中共的政治體制仍然是一黨獨大的黨國體制,維護國家安全,其實就是在維護中共政權的穩定,特別是在後冷戰時期,共黨政權的統治更是中共高層領導人關切的主要議題[38]。

國家領土與主權完整的維護是中共最核心的國家利益[39]。從中共對外執行過最激烈的軍事行動來看,中共最關切的國家利益之一,就是領土與主權的完整,一旦有國家可能威脅到這個目標,中共便會用武力行動來維護。

・中程目標

中共獨立自主的和平外交政策所追求的中程目標包括:建

---

[37]鄧小平,〈國家的主權和安全要始終放在第一位〉,《鄧小平文選》(第三卷),頁348。

[38]Denny Roy, *China's Foreign Relations* (London: Macmillan Press Ltd., 1998), p. 42.

[39]Quansheng Zhao, "Patterns and Choices of Chinese Foreign Policy," *Asian Affairs*, vol. 20, no. 1 (Spring 1993), p. 4.

設富強的現代化社會主義國家、收復固有領土、以和平共處五原則建立國際新秩序。

　　現代化建設是中共改革開放以來所努力的目標，反映在外交政策上，中共一再強調要有和平的國際環境和穩定的內部環境，十四大黨章特別強調要把中共「建設成為富強、民主、文明的社會主義現代化國家」，都顯示這項目標的重要性。

　　收復固有領土最主要是指中共認知中屬於中共的領土，但仍未能實際掌控主權的地區，鄧小平時期最主要的固有領土包括了香港、澳門與台灣，以及仍具主權爭議的南沙群島及釣魚台領土主權問題。這些地區不會影響中共本土安全的核心利益，但中共追求「收復固有領土」的企圖心並沒有降低，為了表達對這些地區主權的堅定主張，中共甚至不惜以軍事手段展示決心[40]。

　　相較於前兩項，以和平共處五原則建立國際新秩序所體現的是中共「逐鹿中原」、積極參與國際社會的企圖心。對中共而言，目前的實際力量及主權意願，都難成為全球性的超級大國，但追求參與國際社會政經互動的企圖仍然明顯，所以每次在國際場合上，中共代表總不忘強調中共所提出的和平共處五原則，作為建立國際新秩序的基礎[41]。

・長程目標

　　長程目標是屬於對未來的一種設想，對中共而言，這項目標的理想色彩較重。從中共官方宣示中所標榜的長程目標包

[40]John W. Garver, *Foreign Relations of the People's Republic of China* (Englewood Cliffs, New Jersey: Prentice Hall, 1993), p. 254.
[41]參閱李建松、丁軍、呂祖明主編，《當代世界與中國》，天津：南開大學出版社，1996年3月，頁244-247。

括：維護世界和平、反對霸權主義、促進人類共同繁榮。

　　作爲一個以建立共產主義天堂爲理想的共產黨政權，毛澤東時代，中共內外政策便具有濃厚的理想色彩，進入改革開放時期，雖然中共政策走向務實化，不過，這種社會主義國家道德色彩仍然是中共官方文件中，時常出現的主要概念，成爲中共追求的長程目標。

三、後鄧小平時期中共外交政策宣示

　　一九九七年二月中共最高領導人鄧小平去世，就外交政策體系結構而言，失去了最高領導人是一項很重大的轉變，從整個外交政策系統結構來看，吾人從領導人的談話等相關文件，進一步分析鄧小平的過世對中共外交政策宣示是否帶來改變。

(一) 重要領導人談話與文件宣示內涵

　　一九九七年九月令人矚目的十五大召開，這是鄧小平過世後中共最重要的一項會議，也是以江澤民爲核心的第三代領導集體首次在沒有最高領導人的情況下，決定重大人事與政策。中共總書記江澤民在大會進行報告的題目是：「高舉鄧小平理論偉大旗幟，把建設有中國特色社會主義事業全面推向二十一世紀」，從報告題目便可以發現，鄧小平理論仍然是這次會議最主要的指導思想。

　　江澤民在報告中強調，「要堅持鄧小平的外交思想，始終

不渝地奉行獨立自主的和平外交政策」[42]。這種類似華國鋒當年所提出的「兩個凡是」論點的說法，已明白顯示，江澤民在外交總政策方針方面，是繼續維持鄧小平時期的政策。

　　江澤民十五大報告中有關外交政策的重點包括：「和平與發展是當今時代的主題」、「霸權主義和強權政治仍然是威脅世界和平與穩定的主要根源」、「不同任何大國或國家集團結盟」、「要反對霸權主義，維護世界和平」、「致力推動建立公正合理的國際政治經濟新秩序」、「進一步加強同第三世界國家的團結合作」、「要在和平共處五項原則的基礎上，繼續改善和發展同發達國家的關係」、「堅持平等互利的原則，同世界各國和地區廣泛開展貿易往來」、「積極參與多邊外交活動，充分發揮我國在聯合國以及其他組織中的作用」[43]。

　　一九九八年三月，中共召開第九屆全國人大第一次會議，即將卸任總理職務的李鵬在政府工作報告中強調，「在新的國際形勢下，我們要一如既往地奉行堅持獨立自主的和平外交政策，進一步開創外交工作的新局面」、「和平與發展仍然是當今世界的兩大主題」、「在和平共處五原則基礎上，通過平等協商和平解決各種爭端，反對訴諸武力或以武力相威脅」、「國家之間的關係應該建立在和平共處五原則的基礎上」、「中國堅決反對任何形式的霸權主義，永遠是維護世界和平與地區穩定的重要力量」[44]。

[42]江澤民，〈高舉鄧小平理論偉大旗幟，把建設有中國特色社會主義事業全面推向二十一世紀──在中國共產黨第十五次全國代表大會上的報告〉，《人民日報》（北京），1997年9月22日，第4版。
[43]同前註。
[44]李鵬，〈政府工作報告〉，《人民日報》（北京），1998年3月21日，第3版。

　　一九九九年三月，中共九屆人大二次會議，總理朱鎔基在他就任後首次政府工作報告中，仍然重申奉行獨立自主的和平外交政策，他在報告中表示，「中國政府將繼續貫徹鄧小平外交思想，始終不渝地奉行獨立自主的和平外交政策，堅決維護我國的獨立主權、領土完整和民族尊嚴，反對霸權主義，維護世界和平。我們要堅定不移地把加強和鞏固同廣大發展中國家的團結與合作，作為外交工作立足點。繼續發展同周邊國家的睦鄰友好關係。」[45]

　　一九九八年八月，江澤民在北京接見中共使節會議代表時強調，「我國對外工作的首要任務是爭取和平，為我國社會主義現代化建設服務」[46]。江澤民的講法仍然延續鄧小平時期中共外交政策的核心理念，建構和平的國際環境來維持大陸的經濟發展。

　　九屆人大後新任中共外交部長唐家璇，以政策體系來形容獨立自主的和平外交政策，並歸納出此一外交政策的三大支柱：(1)堅持獨立自主；(2)維護世界和平；(3)促進共同發展。所謂堅持獨立自主，基本上還包括四個要點：(1)把國家的主權和安全始終放在第一位；(2)反對霸權主義；(3)真正的不結盟；(4)根本的問題是中國自身的發展。唐家璇還特別強調，「中國奉行和平外交，把爭取和維護和平作為對外政策的首要任務」[47]。

---

[45] 朱鎔基，〈政府工作報告〉，《人民日報》（北京），1999 年 3 月 6 日，第 4 版。

[46] 《人民日報》（北京），1998 年 8 月 29 日，第 1 版。

[47] 唐家璇，〈在鄧小平外交思想指引下勝利前進——改革開放以來我國外交工作回顧〉，《求是》，1998 年第 20 期（1998 年 10 月 16 日），頁 33-34。

在提到獨立自主的和平外交實踐面時，唐家璇以五個主要面向來論述中共的外交行動：(1)維護國家的獨立、主權、統一和尊嚴；(2)加強同廣大發展中國家的團結與合作；(3)積極推動建立國際新秩序；(4)構築大國關係框架；(5)積極開展多邊外交，在國際事務中發揮獨特的建設性作用[48]。

獨立自主的和平外交政策方針在二〇〇二年中共十六大，進行新老交替的接班之後，新的領導人基本上也採取這樣的路線方針。新任中共中央總書記胡錦濤在接任國家主席後發表演說時強調，「我們要繼續奉行獨立自主的和平外交政策，同所有國家保持和發展友好合作關係，同世界各國人民一道，努力推動建立公正合理的國際政治經濟新秩序，不斷促進人類和平與發展的崇高事業」[49]。新任總理溫家寶在訪問美國發表演說時也指出，當今世界的潮流是要和平、要發展。「我們已下定決心，爭取和平的國際環境和穩定的國內環境，集中精力發展自己，又以自己的發展促進世界的和平與發展」[50]。

從相關談話宣示來看，後鄧小平時期中共外交政策基本上仍持續鄧小平時期定下的基調，「和平與發展」仍然是中共外交政策的理論基礎，獨立自主的和平外交政策還是中共外交總路線方針。

---

[48]唐家璇，〈為了爭取和平與發展的國際環境——新中國外交的理論與實踐〉，《瞭望新聞周刊》，總 816 期（1999 年 9 月 27 日），頁 25-26。
[49]〈胡錦濤在十屆人大一次會議閉幕會上的講話〉，《人民網》，2003年 3 月 18 日。
http://www.people.com.cn/GB/shizheng/252/10307/10308/20030318/946229.html
[50]〈溫家寶哈佛演講 提出廣泛文明對話和文化交流〉，《人民網》，2003年 12 月 10 日。
http://www.people.com.cn/GB/shizheng/1024/2239366.html

(二) 外交政策意涵

從政策宣示面來看，後鄧小平時期，中共高層對於外交政策並未做出重大的調整，即使是中共十六大進行了新的人事佈局之後，外交政策基調也沒有大改變，從「和平與發展」的理論基礎，到「獨立自主的和平外交」總政策方針，中共仍然持續鄧小平拍板定案的外交政策方針。

從領導人的談話和文件宣示來看，後鄧小平時期中共外交政策意涵可概括為下列幾點內容：

■持續鄧小平時期獨立自主和平外交政策的總政策方針

和平與發展作為當今世界的兩大問題，仍然是中共外交政策的理論基石，中共仍然奉行獨立自主的和平外交政策。中共十六大以後，官方仍然強調外交政策不會變，將以和平共處五原則為基礎發展與各國關係，奉行獨立自主的和平外交政策，「核心就是維護世界和平，促進共同發展」[51]。

■不結盟的政策取向未變但內涵有所調整

後鄧小平時期，中共還是持續不結盟的政策取向，但值得注意的是，自一九九六年與俄羅斯建立「戰略協作夥伴關係」以後，中共官方文件說明雖仍提到不結盟，但內容有所改變，過去皆強調這種不結盟是不與任一超級強國結盟或建立戰略關係，但後來的官方說法則只強調不結盟，基本上已經不提「不

---

[51]〈中國的外交政策不會變──唐家璇答記者問側記〉，《新華網》，2003年3月6日。
　http://news.xinhuanet.com/newscenter/2003-03/07/content_762973.htm

建立戰略關係」的說法。

■政策目標原則上持續既定方向

中共官方文件宣示，仍然充滿了道德訴求和現實利益考量。不過，值得注意的是，除了延續鄧小平過去強調要把國家主權和安全放在第一位的說法外，中共更突出地強調，外交政策的首要任務是要維護世界和平，為社會主義建設服務，相當程度凸顯了外交為內政服務的意義。

■外交政策更強調民族尊嚴與主權

一九九九年六月發生北約誤炸中共駐南斯拉夫大使館事件後，中共決策高層似乎又出現以往帝國主義瘋狂性的提法[52]。體現在官方說法上，中共官方對霸權主義、強權政治的批判有所增強，更加強調民族尊嚴，中共外交部長唐家璇便提出「新干涉主義」一詞，來抨擊西方國家。

唐家璇接受訪問時明白指出，霸權主義和強權政治「以新的『炮艦政策』和新的經濟殖民主義為主要特徵的『新干涉主義』嚴重損害了許多中小國家的主權獨立和發展利益」[53]。從談話中似乎發現，中共對於民族尊嚴的重視更為加強，此種以「愛國主義」為出發點的政策宣示，是否會逐漸成為中共外交政策的主要內涵，值得進一步觀察。

此外，有關統一問題的談話，也更突出地放到中共外交政

---

[52] 譚青山，〈冷戰後的中國世界戰略思想和外交政策〉，《中國大陸教學研究通訊》，第 35 期，頁 6。

[53] 〈人民的理解與支持是搞好外交的強大後盾──採訪外交部長唐家璇〉，《世界知識》，1999 年第 19 期，頁 7。

策主管官員的談話中。二〇〇三年底,中共國務院總理溫家寶訪問美國時,正值台灣政府推動公民投票,溫家寶在對美國九個團體發表演說時,也特別提到台灣問題[54]。

總體來看,中共外交政策基調基本不變,但在具體的策略運作上,則是隨著當時的國內外環境而改變。

十六大以後的新領導人在外交政策的談話與宣示方面,基本上有兩個較值得注意的新發展。首先,在談話用詞方面新領導集體基本上較為緩和,也更強調中共與主流國際社會合作的提法,胡錦濤初任國家主席後對外演說中,未特別提及「反對霸權主義和強權政治」,此種凸顯中共與其他大國仍存有「敵對」意識的提法,新領導層似有意強化中共在國際社會扮演的合作角色。

其次,中共更肯定自己是大國的角色,為化解中國威脅論的衝擊,中共開始建構「和平崛起的中國」的概念。國務院總理溫家寶訪問美國,於哈佛大學演講時提到中共的定位時強調,「今天的中國,是一個改革開放與和平崛起的大國」,「明天的中國,是一個熱愛和平和充滿希望的大國」[55]。相較於以往多以「發展中大國」定位中共的國際地位,符合和平與發展理念基礎的「和平崛起」說,似也可能逐漸成為中共新領導人建構的獨立自主和平外交政策的重要內涵。

---

[54] 〈溫家寶在美演講 呼籲共同譜寫中美關係新篇章〉,《人民網》,2003年12月9日。
　　http://www.people.com.cn/GB/shizheng/1024/2238769.html
[55] 〈溫家寶哈佛演講 提出廣泛文明對話和文化交流〉,《人民網》,2003年12月10日。
　　http://www.people.com.cn/GB/shizheng/1024/2239366.html

四、後鄧小平時期中共外交行動

　　為了具體檢證中共外交政策宣示與實際行動之間的關聯性，本文將透過簡單的統計量化分析，對中共外交政策實踐面進行探討。主要的檢證數據將從政治、經濟等層面加以分析，分析的要項包括幾個面向：高層領導人的出訪、對外貿易及對外締結雙邊條約的情況。

(一) 高層領導人出訪

　　高層領導人出國訪問，是檢視雙方關係是否密切的一項重要象徵指標，訪問的次數愈多，出訪人員的層級愈高，表示愈重視該國的關係。

　　雖然一九八二年以後中共已不再強調毛澤東的「三個世界」理論，不過，審視中共的外交文件宣示，中共仍然強調已開發國家、第三世界的概念。因此，為了便於分析的歸類，本文將出訪的國家分類說明，分為已開發國家、共黨國家（含原共黨國家）及第三世界國家等三大類國家加以統計整理分析。已開發國家泛指西歐、美國、加拿大、日本、澳大利亞及紐西蘭，共黨國家泛指目前的共黨國家及以前被中共稱為兄弟邦的前蘇聯及東歐國家，第三世界國家則泛指亞非拉等地區國家。

　　至於所指稱的高層領導人，主要包括中共實權決策人物，包括黨中央書記處書記、中央政治局委員以上層級官員，政府的國務委員以上層級官員，以及代表象徵意義的全國人大常委會副委員長以上層級官員。

　　爲了與鄧小平時期中共外交行動進行對比，本文的分析從一九七九年一直到二〇〇二年的統計爲主，統計結果如**表 3.1**。

表 3.1　1979 年以來中共高層領導人出國訪問統計分析

年度	出訪國總數	美 國		俄 羅 斯（前蘇聯）		已開發國家（含美國）		共黨國家（含原共黨國家）		第三世界國家	
		次數	%	次數	%	次數	%	次數	%	次數	%
1979	27	2	7.40	0	0	14	51.9	4	14.9	9	33.3
1980	47	2	4.30	0	0	16	34.0	5	10.6	26	55.3
1981	38	2	5.30	0	0	13	34.2	2	5.3	23	60.5
1982	32	0	0	1	3.10	8	25.0	5	15.6	19	59.4
1983	52	2	3.80	0	0	19	36.5	5	9.6	28	53.9
1984	74	2	2.70	1	1.40	22	29.7	17	23.0	35	47.3
1985	95	3	3.10	2	2.10	24	25.2	22	23.2	49	51.6
1986	76	1	1.30	0	0	28	36.9	15	19.7	33	43.4
1987	55	2	3.60	1	1.80	19	34.6	12	21.8	24	43.6
1988	45	2	4.40	1	2.20	17	37.8	11	24.4	17	37.8
1989	52	1	1.92	1	1.92	8	15.4	9	17.3	35	67.3
1990	53	1	1.90	2	3.80	3	5.7	5	9.4	45	84.9
1991	66	0	0	1	1.50	20	30.3	13	19.7	33	50.0
1992	92	1	1.10	1	1.10	36	39.1	12	13.0	44	47.9
1993	80	1	1.30	1	1.30	17	21.2	16	20.0	47	58.8
1994	89	3	3.40	1	1.10	31	34.8	14	15.7	44	49.5
1995	115	1	0.90	1	0.90	30	26.1	24	20.9	61	53.0
1996	138	2	1.40	4	2.90	30	21.7	29	21.0	79	57.2
1997	108	2	1.90	3	2.80	22	20.4	22	20.4	64	59.3
1998	85	2	2.40	4	4.70	24	28.2	17	20.0	44	51.8
1999	84	1	1.20	2	2.40	20	23.8	17	20.2	47	56.0
2000	135	1	0.70	4	3.00	43	31.9	33	24.4	59	43.7
2001	106	1	0.90	5	4.70	21	19.8	24	22.6	61	57.6
2002	117	2	1.70	1	0.90	32	27.4	30	25.6	55	47.0

註：本表係作者依據統計資料來源整理。統計資料來源：
　　1.《匪情月報》，21 卷 7-12 期、22 卷 1-12 期、23 卷 1-6 期。
　　2.《中國年鑑》1981-1984、1987-1992。
　　3. *People's Republic of China Year Book 1985-1986.*
　　4.《中國外交概覽》1993-1995；《中國外交》1996-2003。
　　5.《中共研究》，33 卷第 2-12 期，34 卷第 1 期。

　　從**表 3.1** 的分析，我們可以發現，後鄧小平時期中共外交行動具有下列特點：

■高層領導出訪國維持相當高頻率

　　後鄧小平時期，中共高層領導人出訪國總次數仍然維持一九九〇年代以來的高頻次，雖然一九九八及一九九九連續兩年高層領導人出訪頻次呈現減少趨勢，不過隨後幾年，出訪次數仍維持一百次以上的高頻次。

　　從出訪的總次數來看，中共維持高頻率的出訪，利用領導人正式訪問形式，建立高層領導的互動，強化與邦交國關係。值得注意的是，高層領導基本上會到各有關國家訪問，並不一定依照區域作為出訪分工原則，高層領導會依需求到不同國家訪問。

■與已開發國家維持密切互動

　　從中共高層出訪已開發國家的次數比例來看，中共高層相當重視與已開發國家的互動，一九九七年以來出訪已開發國家的比例均在 20％以上，二〇〇〇年更高達 31.9％，與已開發國家僅占中共邦交國比例的 16.6％來看，幾乎達到兩倍。

　　此結果與中共強調加強與大國及發達國家的關係，顯然有正相關，中共對這些過去相敵對的「資本主義陣營」國家的關係，顯然相當重視。相對於鄧小平時期，事實上，中共自改革開放以來便極重視與已開發國家的互動，除了一九八九年與一九九〇年兩年，因受到六四天安門事件影響，中共與已開發國家互動大幅下降外，中共與已開發國家互動可說是維持鄧小平時期的主要方向。

■與美、俄等大國關係維持穩定發展

後鄧小平時期，中共高層領導人出訪美國的次數仍然維持以往的水平，並沒有特殊的增加。不過，值得注意的是，雖然出訪的量是相同的，但出訪的層級則相當高，一九九七年十月中共國家主席江澤民訪問美國，一九九九年四月朱鎔基訪問美國，都是歷史性的出訪，美國總統柯林頓（Bill Clinton）也於一九九八年六月訪問大陸，對雙方而言，此時期的實際政治互動關係比以往更為密切。

九一一恐怖攻擊事件後，美國總統小布希（George W. Bush）一年內就兩度造訪大陸，中共國家主席江澤民、國家副主席胡錦濤也先後往訪美國。中共十六大以後，新任國務院總理溫家寶也於二〇〇三年底訪問美國。

與俄羅斯的互動方面，中共與俄羅斯的外交互動日益密切，一九九六年中俄建立「戰略協作夥伴關係」之後，雙方確實開啟了更密切的往來，也建立了元首定期互訪的機制，雙方實質的政治互動關係確有相當大程度的提升。

與鄧小平時期相較，中共領導人出訪美國的情形沒有大幅變動，但層級卻大幅提升，顯示後鄧小平時期，中共對美國的關係推動是在穩定中求發展，雙方建立的「建設性戰略夥伴關係」似乎也具有此種意義。

與鄧小平時期相較，中共與俄羅斯政治關係的密切互動，顯然是一項相當大的不同。中共與俄羅斯互動頻仍，雙方元首已完成多次會晤，互動密切，可以說在後鄧時期，中俄關係有更大的前進。

■與第三世界國家的互動象徵意義大

後鄧小平時期,中共與第三世界的互動隨著出訪次數的減少
而減少,一九九七年還維持相當高的比例,一九九八年隨即大幅
下降,比例只有 51.8%,二〇〇〇年與二〇〇二年中共領導人出
訪第三世界國家比例更低於 50%,與中共第三世界邦交國比例達
65%相比,領導人訪問第三世界國家的次數確實少了許多。

與鄧小平時期相較,中共出訪第三世界的比重向來不是很
高,除了一九八九及一九九〇年六四天安門事件的影響,迫使
中共出訪重點放在第三世界外,第三世界在中共外交實際運作
上,仍然是象徵性的意義較大,中共以儀式性訪問爲主,而非
如中共與美、俄及已開發國家的互動般,是在建立各種密切的
合作關係具有實質的意義。

■與(原)共黨國家互動並不密切,但穩定發展

後鄧小平時期,中共與(原)共黨國家的互動關係仍然不
密切,如果扣除和俄羅斯關係加強的因素,中共與(原)共黨
國家的互動關係就更低了。似乎顯示,中共外交實踐上,對(原)
共黨國家的重視程度仍然不高。與鄧小平時期相較,這個趨勢
顯然是持續原來的政策。

(二) 對外貿易

國與國之間的貿易往來,是檢視彼此經濟互動關係是否密
切的一項重要指標,本文依據中共對外貿易經濟合作部發布的
官方資料爲基礎,對中共與不同地區國家的經貿互動情形進行
整理統計如**表** 3.2。

表 3.2　中共與不同國家貿易額比例　　　　　　　　單位：億美元

年度	外貿總額	美　國		俄羅斯(前蘇聯)		已開發國家(含美國)		原共黨國家(含俄羅斯)		第三世界(不含台港澳)	
		金額	%	金額	%	金額	%	金額	%	金額	%
1979	293.33	24.52	8.36	4.93	1.68	175.26	59.75	34.68	11.82	45.77	15.63
1980	378.22	48.13	12.73	4.92	1.30	225.20	59.54	38.69	10.23	62.59	16.53
1981	403.75	58.88	14.58	2.25	0.56	243.83	60.39	25.20	6.24	70.01	17.37
1982	392.97	53.36	13.58	2.76	0.70	221.32	56.30	27.97	7.10	75.78	19.30
1983	407.27	40.24	9.88	6.74	1.65	223.6	54.90	30.22	7.40	75.86	18.60
1984	497.72	59.63	11.98	11.83	2.38	279.29	56.10	36.55	7.30	79.17	15.90
1985	602.46	70.25	11.66	18.81	3.12	349.09	57.94	49.74	8.26	86.91	14.42
1986	600.97	59.94	9.97	2.64	0.44	326.48	54.33	67.17	11.18	88.37	14.79
1987	681.10	67.72	9.94	2.30	0.34	341.06	50.07	62.83	9.22	92.39	13.56
1988	804.90	82.62	10.26	29.02	3.61	382.78	47.56	73.95	9.19	106.14	13.18
1989	825.83	99.89	12.10	36.77	4.45	395.81	47.93	78.75	9.50	103.79	12.52
1990	1154.40	117.68	10.19	43.79	3.79	482.25	41.77	73.96	6.41	156.72	13.62
1991	1356.30	141.66	10.44	39.04	2.88	562.67	41.49	59.56	4.39	188.79	13.92
1992	1655.30	174.95	10.57	58.62	3.54	680.04	41.08	90.43	5.46	231.84	13.96
1993	1957.10	276.52	14.13	76.80	3.92	1022.10	52.22	126.24	6.45	333.19	16.94
1994	2367.30	354.32	14.97	50.77	2.14	1266.63	53.50	97.85	4.13	413.06	17.45
1995	2808.50	408.30	14.54	54.63	1.95	1494.75	53.22	107.39	3.82	622.50	22.16
1996	2899.00	428.41	14.78	68.46	2.36	1545.26	53.30	119.76	4.13	629.90	21.73
1997	3250.60	489.93	15.07	61.19	1.88	1651.26	50.80	118.40	3.64	737.94	22.70
1998	3239.20	549.37	16.96	54.81	1.69	1738.08	53.67	109.08	3.37	693.53	21.41
1999	3606.49	614.26	17.03	57.2	1.59	1976.98	54.82	118.29	3.28	789.87	24.30
2000	4743.08	744.67	15.70	80.03	1.69	2465.25	51.98	173.67	3.66	1187.39	25.03
2001	5097.68	804.85	15.79	106.71	2.10	2659.79	52.18	214.40	4.21	1240.41	24.33
2002	6207.68	971.81	15.65	119.27	1.92	3100.72	49.95	262.24	4.22	1546.08	24.91

統計資料來源：1.《中共對外經濟貿易年鑑》，1984-2001/2002。
　　　　　　2.中華人民共和國商務部，「進出口商品國家總值表（2003）」。
http://www.mofcom.gov.cn/article/200302/20030200070478_1.xml

　　從統計結果，我們可以對後鄧小平時期中共對外貿易情形
歸納出下列幾點：

■中共與美國貿易關係密切

　　後鄧小平時期，中共對美國貿易額逐年穩定增加，占中共
外貿總額比例也穩定增加，一九九九年甚至達到 17.03％，創
下歷年來的新高，顯示中共與美國的經貿關係愈來愈密切。雖
然雙方經貿關係仍存在智慧財產權、保護主義、貿易平衡等問
題，但整體來看，雙方經貿關係還是樂觀[56]。

　　相較於鄧小平時期，中共對美貿易採行的穩定中求成長的
情勢，其最大的不同點是，中共似乎更願意開放與美國貿易的
大門，從雙方談判多年的世界貿易組織（WHO）入會協議終於
取得妥協來看，中共在對美經貿政策上採取了比以往更為開放
的政策，也促使雙方貿易關係進一步提升。

■中共與俄羅斯的貿易關係仍不密切

　　中共與俄羅斯的經貿關係仍未顯著改善，雖然雙方貿易關
係有逐漸增強的趨勢，但成長的幅度仍然有限。此種情勢顯示，
中俄雙方政治關係雖然密切，但經貿關係仍然不密切，政治關
係的發展並未能大幅有效帶動經貿關係的發展。

　　與鄧小平時期相較，總體來看中共與俄羅斯的經貿關係反
而出現下跌的情形，雖然中俄雙方一再強調要加強雙方經濟關
係，但似乎沒有很大的作用，雙方在經貿關係上仍然相當疏遠。

---

[56] 參閱賈慶國、湯煒，《棘手的合作：中美關係的現狀與前瞻》，北京：
文化藝術出版社，1999 年，頁 136-167。

對於後冷戰時期強調經濟力量的國際社會而言，雙方要建立更密切的合作關係，顯然必須再加強經貿的互動。

■已開發國家是中共對外貿易主要對象

後鄧小平時期中共對外貿易重心仍放在已開發國家，顯示中共在經貿方面與已開發國家維持更多的互動和互賴。如果再加上中共對台港澳的貿易額，那麼中共對外貿易就有近三分之二是與已開發國家及台港澳的貿易[57]。

與鄧小平時期相較，中共對外貿易向來偏重已開發國家，除了六四天安門事件影響中共與已開發國家間之經貿往來外，中共與已開發國家的貿易比例大多維持在 50%以上。因此，就與已開發國家互動來看，中共確係推動其政策文件宣示中所強調的促進與發達國家關係，而此點亦係鄧小平時期政策的延續。

■中共與（原）共黨國家貿易額偏低

後鄧小平時期中共與（原）共黨國家貿易關係仍然不密切，一直維持較低的比率。與鄧小平時期相較，中共有愈來愈不重視（原）共黨國家經貿關係的趨勢，雙方經貿互動可說是每下愈況。後鄧小平時期這樣的趨勢並未改變，雖然二○○一及二○○二年兩年對（原）共黨國家貿易額有所成長，但成長幅度仍然有限，在強調全球化、與世界經濟接軌的同時，（原）共黨國家與中共的經貿互動似乎沒有具體的發展。

---

[57]以一九九八年為例，中共與已開發國家貿易額占 53.67%，台灣占 6.3%，港澳占 14.3%，三者合計 74.27%。

■中共與第三世界國家的貿易關係穩定中求成長

　　後鄧小平時期中共與第三世界貿易似乎是在穩定中求成長，一九九八年雙方貿易額有所下降，一項重要的原因就是亞洲金融危機後，亞洲國家的經濟不景氣連帶影響了雙方的貿易，當一九九九年亞洲經濟開始復甦後，雙方的貿易額開始增加。與鄧小平時期相較，中共仍努力增加與第三世界國家的經貿關係，以達成文件宣示強調的增進與第三世界國家關係，此項作法還是屬於持續性的具體政策作為。

(三) 對外締結雙邊條約

　　一個國家對外締結的雙邊條約顯示雙方有積極的往來，互動關係需要法制化，對於檢視雙方互動的情況提供了書面的佐證。本文根據中共外交部的官方資料整理出中共對外締結條約的情況如表3.3。

　　從表3.3有關中共對外締結條約情形的統計資料，吾人得到下列幾點發現：

■中共與俄羅斯維持密切的政治互動

　　後鄧小平時期中共與俄羅斯簽訂的條約數相當多，顯示雙方在法制化的互動上相當密切。值得注意的是，這樣的密切互動是隨著一九九六年雙方締結「戰略協作夥伴關係」而來的，雙方訂定了更多條約，且多數條約都是規範促進彼此的合作。

　　與鄧小平時期相較，當時中共確與俄羅斯簽訂一系列條約，但有很多是因應蘇聯解體而重新簽訂的條約。後鄧小平時期，雙方從各個層面加強政治互動，中共與俄羅斯在後鄧小平

表 3.3　1979 年以來中共與各國家、地區締結重要條約統計表

年度	締約總數	美國	俄羅斯（前蘇聯）	已開發國家（含美國）	（原）共黨國家（含俄羅斯）	第三世界國家	國際組織
1979	111	14	1	49	20	42	0
1980	126	9	2	42	31	51	2
1981	71	2	1	21	17	30	2
1982	137	6	2	38	29	63	7
1983	83	3	0	18	15	47	3
1984	93	6	3	28	25	38	2
1985	141	2	6	46	44	50	1
1986	89	0	1	21	20	36	12
1987	121	2	4	22	37	46	16
1988	140	1	7	22	25	78	15
1989	135	0	1	6	37	70	22
1990	129	0	9	8	25	87	9
1991	147	0	5	17	37	70	23
1992	207	1	12	10	102	77	18
1993	179	2	1	10	64	85	20
1994	222	2	14	16	85	88	33
1995	202	0	2	13	61	95	33
1996	294	2	14	31	59	170	34
1997	301	5	15	42	56	187	16
1998	210	2	5	21	46	114	29
1999	273	3	8	33	45	157	38
2000	192	3	17	17	45	117	13
2001	158	0	4	11	17	125	5
2002	187	0	4	17	33	133	4

統計資料來源：1.《中國年鑑》1981-1984、1987。
　　　　　　　2.《中國外交概覽》1988-1995。
　　　　　　　3.《中國外交》1996-2003 年版。
　　　　　　　4.《中共年報》1980-1981。
　　　　　　　5.*People's Republic of China Year Book*
　　　　　　　　1985-1986.

時期的政治互動可說相當密切。

■中共與已開發國家條約互動較少

　　後鄧小平時期，中共與已開發國家簽訂條約情形顯然並不十分密切，與前述領導人出訪及經貿互動相較，似乎在條約的法制化互動上，彼此政治互動似乎較少。

　　與鄧小平時期相較，此時期初期較以往有更多的互動，不過有不少條約屬已開發國家對中共的經濟援助性質，二〇〇〇年以後中共與西方國家簽訂條約數目減少，似也與已開發國家減少對中共的貸款等經濟援助案有關。

■中共與（原）共黨國家政治互動密切

　　中共與（原）共黨國家的互動表現在條約的締結上較為明顯，有較密切的互動，值得注意的是，這些互動的內容除了彼此的合作、換文之外，有許多是對這些國家的援助，以一九九八年為例，當年與（原）共黨國家締結的四十六項條約中，有七項是屬於對外援助（foreign aid），占彼此簽訂條約的 15%[58]。似顯示，隨著中共經濟實力的增強，中共也透過經濟援助方式增強與（原）共黨國家的互動。

■中共與第三世界國家政治互動密切

　　後鄧小平時期，中共與第三世界締結條約的情形相當密切，顯示中共與第三世界國家的互動，除了採取領導人出訪的方式外，就是透過條約規範彼此的互動合作。值得注意的是，

---

[58]參閱中華人民共和國外交部政策研究室主編，《中國外交》（1998 年版），北京：世界知識出版社，1999，頁 801-818。

雙方簽訂的條約中，中共對外援助條約占了相當大的比重，以一九九八年為例，當年中共與第三世界國家簽訂了一百一十四項條約，其中有三十五項是對外援助，占了 30.7%。

有趣的是，中共在一九九八年締結的二百一十項雙邊條約中，對第三世界與（原）共黨國家援助的有四十二項，同時，中共也接受來自國際組織與已開發國家的相關援助與貸款，此種條約也高達二十八項。顯示一個事實，中共一方面接受外來的援助，一方面則對其他國家伸出援手，形成強烈的對比。

五、政策的持續與策略的轉變

從官方宣示與實際行動的分析可以發現，後鄧小平時期中共外交政策基本上是持續鄧小平時期的基本政策方針路線，中共仍然在「和平與發展」的理論基礎上，繼續推動「獨立自主的和平外交政策」。

(一) 政策的持續面

■和平與發展仍是世界主要矛盾

為了追求內部的經濟成長，中共必須營造一個和平的國際環境，在一定的長時間內，大規模的戰爭是可以避免的。這樣的基本世界觀與理論基礎在後鄧時期並未改變，也就是說，中共仍然把經濟發展與和平視為國際互動的最重要議題。

■獨立自主的和平外交政策仍是最高的外交政策方針

中共仍然以獨立自主的和平外交政策爲最高指導方針,主要是展現中共要根據國內外環境獨立決定政策,且外交政策仍以和平爲原則,和平共處五原則仍是對外關係的基本原則。

■政權穩定與領土主權完整仍是中共最核心的國家利益

因應後冷戰時期的國際情勢,中共視和平演變爲最重要的威脅,爲避免被「蘇東波化」,中共外交政策仍將以維護政權的穩定爲最核心利益,領土與主權完整的維護則是中共作爲國家存在的基本。

■經濟發展、完成統一、和平共處五原則建立國際新秩序仍是中共中程目標

除了核心利益,中共最積極追求的是中程目標,其中尤以現代化爲最重要,經過多次衝擊,中共更清楚知道,必須本身富強才有更大的國際地位,維護自身的利益,追求自己的目標。

收復固有失土,在後鄧小平時期係以台灣爲主要目標,由於香港澳門的收回,中共收回失土的主要目標放在台灣,體現到外交政策上,便是強調「一個中國」原則,在國際社會上孤立台灣,此項目標顯然只有增強,不會降低。

至於建立國際新秩序似逐漸成爲口號,但中共仍然堅持這樣的宣示,以追求更大的國際地位,保持發言權。

■理想色彩的社會主義道德外交仍是中共對外宣傳的重點

社會主義道德外交主要就是中共標榜的世界和平、反霸、

保護第三世界利益等目標，這些對中共而言，主要是「口惠而實難至」的目標。以中共目前的實力，作為地區強權或有一定的實力，但要成為國際性的強權，則尚待努力，但作為一個有企圖心、意識形態掛帥的國家，此種道德外交訴求仍有助於其國際地位與國家利益。

■持續加強對第三世界國家的互動

中共仍將加強對第三世界的互動，而互動的主要形式仍然是以訪問與援助為主要手段。

■繼續推動睦鄰政策

中共仍推動與鄰邦的友好關係，維持既有的和平關係之外，持續改善與越南及印度等國家關係。

(二) 政策的轉變面

後鄧小平時期中共外交政策基本上並未轉變，與其說政策轉變，不如以策略轉變來說明更為妥當。其外交策略轉變可分析如下：

■不結盟外交政策取向擴散為「夥伴外交」

一九八六年確立的不結盟原則顯然有所鬆動，不結盟是比較消極的作法，但後鄧小平時期中共基本上是採取較積極的態度來看問題，也更願意用積極的行動參與國際社會。因此，在先前與俄羅斯簽訂「戰略協作夥伴關係」的基礎上，中共透過各種夥伴關係來強化其在國際社會的實力。

一九九六年四月，與俄羅斯建立「戰略協作夥伴關係」；

一九九七年五月，與法國建立「全面夥伴關係」；一九九七年
十月，與美國建立「建設性戰略夥伴關係」；一九九七年十二
月，與東南亞國協建立「睦鄰互信夥伴關係」；一九九八年四
月，與歐盟建立「健康穩定的建設性夥伴關係」；一九九八年
十月，與英國建立「全面夥伴關係」；一九九八年十二月，與
日本建立「和平與發展的友好合作夥伴關係」[59]。

　　從一九九七年積極推動後，中共短短兩年內便與主要大國
或國際組織建立了各種形式的「夥伴關係」，這種「夥伴關係」
的意義或許各有不同，但與原先不結盟的政策取向已經有了轉
變，從消極的外交政策取向邁向積極的「夥伴外交」。

■推動「大國外交」提升與俄羅斯的政治關係

　　雖然中共外交政策中有明顯的道德主義色彩，強調與第三
世界國家關係，但具體政策發展上，中共仍然以大國為主要交
往對象，這樣的互動到了後鄧小平時期更為明顯，不僅只體現
在政治、經濟的實際互動，也體現在正式的文件中。

　　在政治層面，中共與俄羅斯的戰略協作夥伴關係建構了全
面的政治互動架構，在經濟層面，美國成為中共最重要的出口
市場，在正式政策宣示方面，中共十六大政治報告提到國際情
勢時，闡述對外關係時，首次把與已開發國家的關係放在周邊
國家和第三世界國家關係之前，成為最先強調的對外關係[60]。

---

[59]邱坤玄，〈結構現實主義與中共大國外交格局〉，《東亞季刊》，第
　30 卷第 3 期（1999 年夏），頁 23-24；《人民日報》（北京），1997
　年 12 月 17 日，第 6 版。
[60]參閱〈全面建設小康社會，開創中國特色社會主義事業新局面——江澤
　民在中國共產黨第十六次全國代表大會上的報告〉，《人民日報》，2002
　年 11 月 8 日。

　　後鄧小平時期中共與俄羅斯關係發展，延續鄧小平時期便已展開的「戰略協作夥伴關係」推動，但是，在中共建構全面各式的「夥伴關係」之際，與俄羅斯的夥伴關係最具戰略意義。

　　雖然，中俄雙方還存有若干問題，且俄羅斯仍是中共安全的潛在威脅，但這幾年雙方關係不斷強化、增進，主要的原因是雙方對美國這個後冷戰時期唯一超強的認知相同，都有意制約美國超強地位的擴增[61]。此外，俄羅斯對中共軍事現代化的支持、雙方共同面臨的內部統合問題，尤其是一九九六年台海危機，讓中共體認到，一旦兩岸真的發生衝突，美國可能是潛在的敵國，而俄羅斯則是最好的合作同盟[62]。

　　值得一提的是，江澤民留學過俄羅斯的背景，通曉俄文，更有助於推動雙方互動的基礎。雙方關係進一步發展，具有國際體系層面、國內需要層面，還符合了領導者層面的考量，雙方會否更進一步提升關係，仍待觀察，但此種密切關係的維繫則將持續。

　　雖然中俄關係持續提升，二○○○年中俄貿易突破八十億美元，俄羅斯成為大陸第九大貿易夥伴，但貿易額仍遠遠低於中共對美、日、歐盟的貿易，中俄經貿關係仍不及政治關係[63]。在現實的國際經濟環境制約下，中俄雙方關係的加強仍無法延伸到經濟層面，雖然雙方都有此意圖，但實證分析顯示仍有待努力。

---

[61]Denny Roy, *China's Foreign Relations*, p. 131.

[62]John W. Garver, "Sino-Russian Relations," in Samuel Kim ed., *China and the World: Chinese Foreign Policy Faces the New Millennium*, pp. 129-131.

[63]李五一等著，《大國關係與未來中國》，北京：中國社會科學出版社，2002，頁169。

■推動大國外交，加強與美經貿關係與政治互動

中共與美國關係錯綜複雜，既有矛盾，又有需要合作之處[64]。舉凡台灣問題、人權問題、西藏問題、貿易摩擦、武器擴散、智慧財產權等問題，無一不是雙方可能的衝突根源，但雙方在經濟互動上卻日益密切，美國已成爲大陸最大的出口市場之一，大陸廣大市場也吸引美商的注意。

後鄧小平時期，中共與美國的經貿關係已更進一步加強，隨著中共可能進入世界貿易組織，與美國國會通過給予中共正常貿易關係來看，雙方經貿關係將會更加密切。

雖然雙方經貿關係愈形密切，但因爲北約誤炸中共駐南斯拉夫大使館事件而出現嚴重的齟齬，中共的反應非常強烈。美國在國內人權團體的壓力下，連年在聯合國人權會議提案譴責中共。雙方的政治互動似乎非常不協調，中美與中俄兩種不同的「戰略關係」似乎已成爲兩種典範：一種是中俄之間的政治關係密切，經貿關係疏遠；一種則是中美之間的經貿關係密切，政治關係待考驗。

中美雙方關係互動雖有諸多長期的問題，但九一一恐怖攻擊事件之後，美國爲建構全球反恐戰略，改善並加強與中共的關係，小布希總統一年內兩次造訪大陸，隨後，中共領導人江澤民、胡錦濤也應邀訪美；二〇〇三年美英攻擊伊拉克事件中，中共雖表達反對意見，但也未如俄、法、德一樣公開宣示會在

---

[64] 參閱 Steven I. Levine, "Sino-American Relations: Practicing Damage Control," in Samuel Kim ed., *China and the World: Chinese Foreign Policy Faces the New Millennium*, pp. 97-107. 徐滇慶，《世界格局與中國經濟發展策略——世紀之交的理論思考》，北京：經濟科學出版社，1998，頁 233-235。

安理會投下否決票，中美雙方的政治互動關係呈現良好的互動
走向，同年七月，美國國務卿鮑爾（Colin Powell）在接受《華
盛頓時報》（*The Washington Times*）訪問時便公開表示，中美
關係處於數十年來最好的時候[65]。

■強調民族尊嚴，強化台灣問題的國際壓力

後鄧小平時期，中共失去最高領導人的權威統治，中共日
益強調民族尊嚴，反映在實際對外關係問題上，北約誤炸中共
大使館事件引發的大陸示威抗議風潮，便是值得注意的現象。
相同的，隨著大陸經濟的持續成長，中共當局和大陸人民對自
我的自信心不斷提升，對於民族尊嚴也更為重視。

併合著民族尊嚴的強化，中共對台灣問題的關切似在提
升，在鄧小平時期，中共於一九九五年及一九九六年兩次試射
飛彈造成台海危機，卻引來美國航空母艦的關切，台灣總統大
選結果，中共大力批評的李登輝當選，使這種實際行動強力武
嚇的策略失敗。

後鄧小平時期，中共直接武力威嚇稍減，但卻增強對台飛
彈部署，持續維持武力威嚇的對台策略佈局。同時也對美國等
國際社會增加壓力，隨著各種「夥伴關係」推動，迫使國際社
會普遍承認「一個中國」原則，以確保台灣問題的內政化，美
國總統柯林頓在訪問大陸期間提出「三不」聲明即一顯例。二
○○三年十二月，中共國務院總理溫家寶訪美時，美國小布希
總統也表達了反對台灣推動公民投票的談話[66]。

---

[65]"Interview with The Washington Times Editorial Board," July 22, 2003.
http://www.state.gov/secretary/rm/2003/22687.htm
[66]"President Bush and Premier Wen Jiabao Remarks to the Press," December

六、結　論

　　總體來看，後鄧小平時期中共外交政策有政策的持續，也有策略的轉變。獨立自主的和平外交政策具有較少的意識形態包袱，較多的務實主義精神，後鄧小平時期，此種務實主義作風顯然有所延續。

　　中共外交政策總方針之所以不變，也不能變，固然是綜合了國內外環境的因素。但長期主管中共外交工作的國務院副總理錢其琛便曾明確表示，「外交是內政的延伸」[67]。吾人可從中共內部的決策體制進一步分析此問題。

　　獨立自主的和平外交政策，是作為中共最高領導人的鄧小平以「領袖主導決策模式」拍板定案的政策，失去最高領導人後的中共政權，只能以「領導集體決策模式」來制定政策，短期內中共實難出現如鄧小平一樣的最高領導人，來挑戰「鄧老爺子」拍板的政策[68]。在第三代領導集體核心江澤民以高舉鄧小平理論旗幟來確保政權穩定之際，獨立自主外交政策自有其持續的根本原因。

　　比較值得重視的是，中共內部日益增長的民族主義（或稱

9, 2003.
　http://www.state.gov/p/eap/rls/rm/2003/27184.htm
[67]"China's Important Role in World Affairs," *Beijing Review* (15-21 October 1990), pp. 11-12.
[68]有關「領袖主導決策模式」、「領導集體決策模式」請參閱 Chih-Chia Hsu, "Foreign Policy Decision-Making Process in Deng's China: Three Patterns for Analysis," *Asian Perspective*, vol. 23, no. 2(1999), pp. 197-223.

愛國主義）情緒。失去鄧小平的中共，高層領導爲了爭奪領導權，可能激發民族情緒，以打擊反對者，獲得支持[69]。對於此問題，學者已有許多討論，有些學者認爲民族主義失控，會使中共成爲侵略者，但有些學者則認爲，中共目前雖然以民族主義作爲政權合法化基礎，但不至於因而成爲侵略國家[70]。不論學者的觀點如何，大陸內部民族主義持續增溫，確已令人擔憂。

在刺激中共外交政策轉變的諸多因素中，中共內部菁英分子領導層的態度會扮演重要的角色，如果具國際主義的改革派繼續當權應該會使中共政策更趨自由主義與務實，但若由民族主義的改革派當權，那麼，過度強調民族尊嚴的中共，是否會進而引起區域安全的威脅，則有待時間的檢視。

學者認爲，中共第四代領導成員對政策的看法會比較有彈性，比較不會教條化[71]。相對於過去中共領導人較保守的提法，大陸學者指出，中共新領導人的外交思路更趨廣闊、更加靈活、更加務實[72]。

一九九〇年代中期以來，中共強化雙邊關係的發展，參與各種經貿和安全協議、深入參與重要多邊國際組織，種種的外交行爲顯示，中共已逐步接受國際社會的規範和體制，試圖扮演更重要的大國角色，以確保自己的利益，其外交政策已更透

---

[69]Allen S. Whiting, "Chinese Nationalism and Foreign Policy After Deng," *The China Quarterly*, no.142 (June 1995), p. 316.

[70]Erica Strecker Downs & Phillip C. Saunders, "Legitimacy and the Limits of Nationalism: China and the Diaoyu Islands," *International Security*, vol. 23, no. 3 (Winter 1998/99), pp. 145-146.

[71]Li Cheng, "Jiang Zemin's Successors: the Rise of the Fourth Generation Leaders in the PRC," *The China Quarterly*, no. 161 (March 2000), p. 39.

[72]阮宗澤，〈二〇〇三中國外交之和平崛起〉，《瞭望新聞周刊》。http://worldol.com/huanqiu/html/2003/12/20031216201943-1.htm

明，也已愈來愈融入以美國為主導的國際社會體系[73]。

　　事實上，二○○二年中共十六大以後，採取「親民政策」的第四代領導集體成員在外交政策上，仍然維持鄧小平時期的獨立自主和平外交政策方針，在政策宣示上比以往顯得更溫和，更強調國際社會的參與和中共欲扮演負責任的大國角色。在具體外交作為上，新任中共中央總書記胡錦濤同時也在首次出訪中，參加西方八國（G8）的周邊會議，這是中共領導人首次參加此種會議，江澤民過去則曾拒絕參加[74]。中共新領導人也在國際社會互動中強調與國際社會的和平互動，隨著中共經濟的逐步成長，中共開始承認自己的大國地位，並強調願意扮演負責任大國的角色。

　　新任國務院總理溫家寶二○○三年底訪問美國，在哈佛大學的公開演講中還強調中共是一個「改革開放與和平崛起的大國」[75]。「和平崛起」的提法被中共領導人首次公開在國際場合中使用，胡錦濤也在政治局學習會議中提到「和平崛起」概念，中共新領導集體的外交新思維逐步形成中，而這樣的新外交政策顯示中共趨向更務實、更融入美國主導的國際社會政治經濟新秩序，基本上的思路是，中共已經在這樣的國際秩序中成為既得利益者，扮演維護現狀的大國角色，基本上符合中共的國家利益，也有助於中共政權的穩定。

---

[73] Medeiros, Evan S. & M. Taylor Fravel, "China's New Diplomacy," *Foreign Affairs*, vol. 82, no. 6 (Nov./Dec. 2003), pp. 22-35.
[74] *New York Times*, 2003.8.28.
[75] 人民網，2003 年 12 月 10 日。
　http://www.people.com.cn/GB/shizheng/1024/2239366.html

第四章　新科技時代中共國際宣傳策略

一、前　言

　　大眾傳播事業發展與科技進步有密切關係，新科技的研發促使傳播工具的進步與創新。傳播科技的應用與推廣，快速地轉變人類的傳播活動，及社會制度的各個層面[1]。傳播科技的發展，逐步影響人類的生活，從印刷、無線電波、衛星，到電腦的發展，新傳播科技的發展快速地影響著人類的生活。

　　二十世紀末網際網路的快速發展，對人類社會帶來重大的科技革命。在傳播領域，僅短短五年，網際網路便繼報刊、廣播、電視之後被稱為「第四媒體」[2]，成為最新科技的新興媒體。

　　在全球化發展過程中，電腦科技的快速發展已成為全球化最強有力的工具之一[3]。網際網路的發展，縮短人與人之間的距離，促進全球化的進程，在國際社會的互動中，成為一個新興的工具，也對國際傳播的研究與應用，帶來新的挑戰與機會。

　　在國際關係的互動中，國際宣傳是一個國家重要的外交政

---

[1] J. V. Palvik, *New Media Technology* (Allyn and Bacon, 1996), p.315.

[2] 一九九八年五月，聯合國秘書長安南在聯合國新聞委員會召開的年會上，正式使用第四媒體一詞形容網際網路。依學者的說法，一種傳播媒體使用人口達到全國人口的五分之一時，可稱之為大眾傳播媒體，以美國為例，達此規模，廣播用了三十八年，電視用了十三年，網際網路只用了五年（1993-1998）。參閱劉繼南，《大眾傳播與國際關係》，北京：北京廣播學院出版社，1999，頁 116-117。

[3] Ali Mohammadi, "Communication and the Globalization Process in the Developing World," in Ali Mohammadi ed., *International Communication and Globalization: A Critical Introduction* (London: SAGE Publications, 1997), p. 68.

策工具之一，許多國家都會設置專門的國際宣傳機構，以便透過對外宣傳，塑造外國對本國政策形成良好的態度[4]。而隨著傳播科技的發展，國際傳播的影響力日益增加，國際廣播已達到全球範圍，似乎使得過去對權力政治的強調，有向形象政治轉變的趨勢[5]。前美國總統老布希（George Bush）便曾表示，他從 CNN 得到的資訊比中央情報局（CIA）還多[6]。美國前國務卿施萊辛格（James Schlesinger）便曾指出，美國對庫德族（Kurdistan）及索馬利亞（Somalia）的政策，就受到電視媒體傳送的悲慘畫面的影響[7]。

　　國際傳播媒體在一個國家的外交政策中扮演的角色愈來愈重要，特別是新科技傳播媒體，能夠穿透有形的國家疆界的限制，傳送的地區、人員更為廣泛且直接，以傳播方式試圖影響他國輿論及決策菁英意見，進而改變其他國家政策的所謂公共外交（public diplomacy），不但可影響一國的外交決策，便已成為許多國家重要外交工作方向，也是國際關係學者研究的一項新焦點。

　　網際網路的研發是從美國開始，但已快速在全球各地、各個領域產生重大的影響。作為共黨國家，中共向來將宣傳當作一項非常重要的工作，在中共統治體系的六大系統中，宣傳教

---

[4] K. J. Holsti, *International Politics: A Framework for Analysis* (Englewood Cliffs, New Jersey: Prentice Hall Inc., 1983), pp.193-194.

[5] Steven Livingston & Todd Eachus, "Humanitarian Crises and U.S. Foreign Policy: Somalia and the CNN Effect Reconsidered," *Political Communication*, no. 12, (1995), pp. 413-429.

[6] Lewis Friedland, *Covering the World: International Television News Services* (New York: 20th Century Fund Press, 1992), pp.7-8.

[7] 許志嘉、賴祥蔚，〈國際傳播與國際關係〉，張亞中主編，《國際關係總論》，台北：揚智文化公司，2003，頁 391。

育便是其中相當有力量的一個體系[8]，宣傳系統不僅負責對內的宣傳，在國際事務上，中共也非常重視國際宣傳工作，中共中央宣傳部等中共宣傳系統組織，在中共外交政策中，也扮演著政策執行的重要角色[9]。

國際傳播學者 Hamid Mowlana 在分析二十一世紀國際傳播值得深入分析的幾個重要議題時強調，新科技的發展對各個國家造成的影響，是國際傳播須加以研究的重要課題[10]。因此，網際網路的快速發展，是研究國際傳播者值得深入探討的議題。

網際網路時代的來臨，中共面臨無遠弗屆的網路傳輸資訊的挑戰，過去，中共可以透過各種資訊控制手段，掌控國內的資訊流通。但現在，來自全球各地的資訊，經由網際網路，正挑戰中共對資訊的控制，很可能打破中共宣傳系統的控制。另一方面，網際網路的快速發展，也提供了中共對內及對外宣傳的新工具，為向來強調宣傳工作的中共政權，提供更新、更便利的傳播媒介。

本文便希望透過政策法規文件，以及對中共國際傳播媒體的實際運作的分析，探討網際網路新科技的發展，對中共國際宣傳策略的挑戰，同時，討論中共如何應用新科技，進一步發展國際傳播工作。

---

[8]Kenneth Lieberthal, *Governing China: From Revolution Through Reform* (New York & London: W.W. Norton & Company Inc., 1995), pp. 197-199.

[9]許志嘉，《中共外交決策模式研究》，台北：水牛出版社，2000，頁 144-145。

[10]Hamid Mowlana, *Global Information and World Communication: New Frontiers in International Relations* (London: SAGE Publications,1997), pp. 229-230.

二、中共國際宣傳的媒體應用

隨著國際傳播媒體科技的進步，「媒體外交」（media diplomacy）已經成為國家行動與戰爭的一個重要組成部分，因為國際傳播媒體有能力可以合法化國家的政策[11]。透過國際傳播媒體的報導，一個國家可以對國際社會宣傳其外交政策，將其政策內容告知國際社會，取得國際社會的共識或認同。

一九九〇年波斯灣戰爭，美國及西方盟邦便利用國際傳播媒體，促使國際社會形成一種軍事對抗伊拉克的共識。事實上，美國及西方國家利用各種經濟及政治手段，爭取俄羅斯、中共及埃及等大國的支持，但透過國際傳播媒體，他們成功地將這場戰爭形塑成伊拉克總統海珊（Saddam Hussein）與國際社會之間的衝突[12]。

從國際傳播的發展來看，西方國家很早便利用國際傳播媒體作為外交政策工具，形塑國家形象，加強對外宣傳，第二次世界大戰期間就已大規模展開，二次大戰結束以後，兩極對抗體系下國際傳播的應用持續快速發展[13]，隨著科技的進步，美

---

[11]Bosah Ebo, "Media Diplomacy and Foreign Policy: Toward a Theoretical Framework," in Abbas Malek ed., *News Media and Foreign Relations: A Multifaceted Perspective* (Norwood, New Jersey: Ablex Publishing Corporation, 1997), p. 52.

[12] Bosah Ebo, "War As Popular Culture: The Gulf Conflict and the Technology of Illusionary Entertainment," *Journal of American Culture*, vol. 18, no. 3 (1995), p. 52.

[13]參閱 Robert S. Fortner, *International Communication: History, Conflict, and Control of the Global Metropolis* (Belmont, Calif.: Wadsworth Pub.

蘇兩方陣營都大量應用傳播媒體進行國際傳播。

(一) 中共國際傳播政策

　　對西方國家而言，使用宣傳一詞，似有負面意義，但對中共而言，宣傳一詞不但沒有負面意義，在國家黨政組織中，還特別強調宣傳部門的重要性，從中央到地方都有宣傳部門組織。因為從中國共產黨建立政權，一直到改革開放過程中，宣傳都扮演了重要的角色[14]。

　　對共黨國家而言，國際宣傳一直是一項重要的工作，中共建政以來，對國際宣傳工作也相當重視。據統計，毛澤東有關中共對外宣傳工作的批示就有數十次之多，周恩來則負責推動具體的對外宣傳工作[15]。一九五五年，毛澤東在談到新華社對外宣傳工作時還特別強調：「應該大發展，盡快做到在世界各地都能派有自己的記者，發出自己的消息。把地球管起來，讓全世界都能聽到我們的聲音。」[16]

　　早在建立政權之前，一九四一年中日戰爭期間，鄧小平對主管文化宣傳工作的共軍部隊談話時就曾提到：「大大地加強對外宣傳工作。要通過文藝作品、報告文學、新聞通訊、攝影、繪畫等，把我們真實的戰鬥生活反應到國際上去，流傳到華僑中去，傳播到大後方去。」[17]

Co., 1993).

[14]張錦力，《解密中國電視》，北京：中國城市出版社，1999，頁67。

[15]劉繼南，《大眾傳播與國際關係》，頁8。

[16]新華社新聞研究所編，《毛澤東新聞工作文選》，北京：新華出版社，1983，頁182。

[17]新華社新聞研究所編，《鄧小平論新聞宣傳》，北京：新華出版社，1998，頁68。

一九七八年底十一屆三中全會推動改革開放以來，中共對國際宣傳工作更加重視，鄧小平在談到外交政策時還特別指出，「現在樹立我們是一個和平力量、制約戰爭力量的形象十分重要」[18]。

中共前總書記江澤民在「全國對外宣傳工作會議」發表講話時也強調：「對外宣傳工作是黨和國家的一項具有重要戰略意義的工作，黨中央歷來很重視。毛澤東同志和鄧小平同志對外宣工作做出過許多重要論述，是我們做好這項工作的重要指導思想。」[19]

從中共高層的政策宣示來看，中共國際傳播政策包括：

■正面宣傳樹立良好國際形象

中共宣傳政策向來以正面宣傳為主要方針，在國際傳播方面，中共也強調從正面宣傳角，報導大陸各個領域的發展和成就、社會的穩定、經濟實力的增強、居民生活水準的提高[20]，透過正面宣傳方式，樹立良好國際形象。

依照中共領導人的說法，中共國際宣傳的基本方針就是以正面宣傳為主、以我為主，樹立良好的形象，而現階段的形象，主要就是要宣傳中共改革開放的成就，彰顯中共邁向現代化的形象，愛好和平的形象，展示政治穩定、經濟發展、社會進步、民族團結的局勢，凸顯大陸人民努力奮鬥的形象，顯示中共建

---

[18] 鄧小平，《鄧小平文選》（第三卷），天津：人民出版社，1993，頁128。
[19] 《人民日報》，1999年2月27日，第1版。
[20] 姚達添，〈1993年新華通訊社的對外報導〉，《中國新聞年鑑1994》，北京：中國新聞年鑑社，1994，頁42。

設社會主義法治國家的形象[21]。

　　從中共要凸顯的形象訴求來看，中共所要營造的國際形象，其實就是符合西方國家期待的角色，以降低西方國家的敵視，營造有利於中共推動經濟建設的國際形象。

■宣傳黨國政策促進國際瞭解

　　中共對外宣傳工作的主要目標和任務之一，就是要加大向世界全面介紹中國的力度，增進各國對中國的瞭解，向世界說明中共的改革開放政策，讓世界瞭解中國，說明黨和國家內政外交的方針政策，和對國際重大問題的原則立場，爭取更多的國際支持和幫助[22]。

　　對中共而言，促進與世界各國之間的相互瞭解，營造有利的國際環境，是外宣工作的重要任務之一，透過國際宣傳，將中共的內外政策向國際社會傳達，同時表達自己的立場，避免國際社會的誤會，說明並宣傳自己的政策，以作為與國際社會溝通的重要管道。

■形塑符合黨國利益的輿論

　　在外宣工作方面，中共強調要「維護國家利益，改善外部輿論環境」[23]，是對外宣傳的一項重要政策。

　　國際宣傳作為外交政策的工具的重要任務之一，是要影響國際社會的看法，形塑有利於國家利益的國際輿論。一個國家

---

[21]　〈江澤民在全國對外宣傳工作會議上強調站在更高起點上把外宣工作做得更好〉，《人民日報》，1999年2月27日，第1版。
[22]同前註。
[23]同前註。

的外交政策、一般民眾對國際事務及外交政策的看法，都會受到媒體報導的影響[24]，因此，讓國際社會形成對中共黨國利益有益的看法，是中共國際傳播的重要政策方向。

■運用各種傳播工具全面對外宣傳

中共強調，國際宣傳工作全黨都要做，領導幹部帶頭做，各級政府都要做，加大力量的投入。中共認為，中共在世界上的聲音還比較弱小，宣傳手段也較落後，宣傳辦法也不多，應努力改善此種情況[25]。因此，各種可以投入的宣傳媒體和人力，都應加以應用。

為了達到對外宣傳的成果，各種傳播媒體以及各級黨政幹部，都是中共國際傳播的重要工具，中共都會加以應用。

■對外宣傳要有政治性和政策性

中共對外宣傳工作的政治性和政策都很強，必須旗幟鮮明地維持國家利益、民族尊嚴和國家統一，在涉及國家主權、國家利益與民族尊嚴問題上，要堅持原則。要樹立堅定的國家意識和大局意識，服從和服務於黨和國家的工作大局，服從於整體外交戰略[26]。

---

[24]Philip M. Taylor, *Global Communications, International Affairs and the Media Since 1945* (London & New York: Routledge, 1997), pp. 59-60, 73-74.

[25]江澤民，〈宣傳思想戰線是我們黨的一條極其重要的戰線——在全國宣傳部長座談會上的講話〉，《中國新聞年鑑 1993》，北京：中國新聞年鑑社，1993，頁 3。

[26]〈江澤民在全國對外宣傳工作會議上強調站在更高起點上把外宣工作做得更好〉，《人民日報》，1999 年 2 月 27 日，第 1 版。

　　對中共而言，新聞媒體就是黨的「喉舌」，必須在黨中央的領導下，按照黨的路線、方針、政策工作[27]。新聞工作必須堅持黨性原則，所謂堅持黨性原則，就是要求新聞宣傳在政治上必須與黨中央保持一致[28]。

　　國際宣傳作為整體宣傳工作的一環，中共國際傳播政策也強調要有政治性和政策性，必須接受共產黨的領導，與共產黨的政策相一致，宣傳共產黨決定的基本路線、方針、政策。

■掌握主動權

　　在國際宣傳的行動部署上，中共強調掌握主動，不能被動採取因應姿態，必須有自己的立場。即使在一九五〇年代中共採取一邊倒外交政策時期，毛澤東也要求國際宣傳不能完全盲從蘇聯的調子；在提到《人民日報》國際宣傳工作時，毛澤東也曾指出，國際宣傳專欄不能只有與蘇聯一致的綱領[29]。

　　也就是說，對於國際重大事件或議題，中共在國際宣傳上，須掌握時效，主動表達立場，將中共的看法傳達到其他國家，凸顯中共在國際事務的立場與見解。

---

[27] 胡耀邦，〈關於黨的新聞工作〉，《新聞工作文獻選編》，北京：新華出版社，1985，頁 288。

[28] 江澤民，〈關於黨的新聞工作的幾個問題——在新聞工作研討班上的講話提綱〉，《論黨的新聞工作》，北京：人民日報出版社，1990，頁 6-7。

[29] 邊彥軍、張素華、吳曉梅，〈毛澤東和人民日報國際宣傳〉，《新聞戰線》，1994 年第 1 期（1994），頁 25。

(二)「傳統」媒體的應用

■印刷媒體

在中共國際宣傳史上，印刷媒體應用的時間最長，早在中共建政之前，就透過文藝作品、報導文學等方式，對外進行宣傳。

・期刊

一九四九年中共建立政權以後，於一九五二年七月成立外文出版社，負責發行各種對外宣傳刊物的出版事宜，在行政上由國務院國家出版總署領導，業務上則由黨的中央宣傳部領導。後來外文出版社改制為中國外文出版發行事業局，成為中共中央事業單位，由中共中央對外宣傳辦公室代管，成為負責黨和國家對外宣傳任務的專門新聞出版機構。中國外文出版發行事業局（中國國際出版集團）目前擁有《人民畫報》、《人民中國報導》、《中國文學》、《今日中國》、《人民中國》、《北京周報》，及《中國與非洲》等七份對外宣傳刊物，共三十二種外文版[30]。

除了中國外文出版發行事業局出版的對外宣傳刊物外，一九八○年以後，中共方面還出版了《中國旅遊導報》（英文周刊）、《中國西藏》（英文季刊）、《橋》（英、俄文季刊）及《華聲》（中英文月刊）等對外宣傳期刊。

・報紙

在對外宣傳報紙方面，英文《中國日報》（*China Daily*）

---

[30] 劉繼南，《大眾傳播與國際關係》，頁 10-11。

與《人民日報》海外版是負責中共國際宣傳的主要報紙。

　　創刊於一九八一年六月的《中國日報》是大陸唯一一份全國性英文報紙，主要宣傳對象是在大陸的外國人，讀者含括全球一百五十多個國家地區。由於《中國日報》是英文發行，許多外籍人士都透過該報紙來瞭解大陸情況，《中國日報》相關內容更常是外國媒體引述大陸訊息的主要來源之一。改革開放以後才發行的《中國日報》，扮演了向國際社會傳遞訊息的重要任務，也象徵著改革開放以後，中共積極開拓對外宣傳工作。

　　《人民日報》海外版係於一九八五年七月十六日創刊，主要對象是海外僑胞、外籍華人、台港澳地區及懂中文的外籍人士。由於係以中文發行，《人民日報》海外版的主要宣傳對象是海外華人社會。

■通訊社

　　新華社與中國新聞社是當前中共僅有的兩家通訊社。

‧新華社

　　新華社是直屬於中共國務院的國家通訊社，是大陸目前最大的新聞訊息採集和發布中心，在大陸各省市自治區設有三十二家分社，在海外一百個國家地區設有分社。每天二十四小時使用中、英、法、西、俄、阿、葡等七種文字，向海外一百三十多個國家提供新聞稿[31]。

　　新華社與《人民日報》分為國家與黨的機關喉舌，新華社前身是一九三一年在江西瑞金創建的「紅色中華通訊社」，一九三七年更名為新華社，中共建政以後成為中共的官方通訊

---

[31]「新華社簡介」（2000-2001）。http://202.84.17.73/xhjs/pic1.htm

社，新華社主要任務是宣傳、解釋馬列主義、毛澤東思想，以及中國共產黨的路線、方針、政策，是國家統一的新聞發布機構[32]。

中國新聞社

中國新聞社簡稱中新社，創立於一九五二年，隸屬於全國僑聯，以中文對外發布新聞與圖片，宣傳對象主要是海外華僑、台港澳地區及外籍華人，以及懂中文的外國人。中新社目前在大陸二十三個省市自治區設有分社，向海內外二十多個國家地區的兩百多家新聞媒體供稿。

對中新社而言，該社外宣工作的主要任務，是以愛國主義為基礎，向海外華僑、台港澳地區人民，介紹中共方針、政策，同時，協助外籍華人瞭解大陸情勢，增進與各國人民的友誼[33]。

從層級、規模、歷史、任務及發稿文字使用來看，新華社是中共官方主要國際傳播通訊社，對外宣傳工作範圍與對象涵蓋全球華人、外籍人士及政府，中新社的主要宣傳對象則是海外華人。

■廣播媒體

國際廣播是國際宣傳的一項重要工具，一九四一年中共建政之前，就已經利用延安新華廣播電台進行日語廣播。建立政權以後，中共設立中央人民廣播電台，同時負責對內與對外廣播工作，一九五○年四月，中共成立北京電台，專門負責對外

---

[32] 何川，《中共新聞制度剖析》，台北：正中書局，1994，頁 60。
[33] 行政院新聞局，《中國大陸大眾傳播事業及其管理概況》，台北：行政院新聞局，2001，頁 86-87。

廣播[34]。

　　一九七八年，北京電台更名爲中國國際廣播電台，改革開放以後，中共更加重視廣播電台的對外宣傳工作。目前，中國國際廣播電台對外廣播使用的語言達四十三種，包括三十八種外語、普通話及四種方言，國際廣播基本上已達成全球覆蓋。使用的外國語言包括英、日、西、德、法、義、俄、世界語、印尼、越南、土耳其等各種語言，對世界各地進行宣傳工作。其中，對華僑的宣傳工作，主要也是由中國國際廣播電台負責[35]。

■ 電視媒體

　　大陸電視產業起步於一九五八年，但利用電視媒體對外宣傳，則依賴衛星電視的發展，在發展衛星技術傳送節目之前，中共主要是利用寄送節目帶的方式，進行對外宣傳工作[36]。

　　中共有系統、有計畫地應用電視媒體進行國際宣傳，主要是從衛星電視發展開始。中共衛星電視對外宣傳工作，基本上包括四個階段：(1)將衛星電視「溢波」到東亞華人社會，爭取他們的向心力；(2)開辦以華人、華僑和懂中文的外國人爲對象的華語衛星電視頻道；(3)開辦以外國人爲對象的英語頻道；(4)開辦其他語種頻道，進入外國主流社會[37]。

　　負責中共電視媒體對外宣傳工作任務的主要是中央電視

---

[34] 劉繼南，《大眾傳播與國際關係》，頁 44-46。

[35] 許志嘉，〈大陸廣播概況簡介〉，《國際廣播雜誌》（*e-radio*），2000 年第 1 期。

[36] 趙宇輝，〈回顧與前瞻——關於電視對外宣傳的思考〉，《中國廣播電視學刊》，94 期（1998 年 12 月），頁 23-26。

[37] 呂郁女，《衛星時代中國大陸電視產業的發展與挑戰》，台北：時英出版社，1999，頁 341。

台，一九九二年十月，專門進行對外宣傳的頻道——中央電視台第四套節目開播，開始有系統地利用衛星傳播向國際發送節目；一九九三年，以中央電視台為首的全國電視系統與國外企業合作，創建的「美洲東方衛星電視」在美國芝加哥開播；一九九七年九月，以英語播送的第二個對外宣傳頻道——中央電視台第九套節目開播，至此中共利用八顆衛星，向全世界播送兩套對外宣傳節目[38]。

三、網際網路的發展與挑戰

網際網路的發展對全球傳播帶來了劃時代的革命，對中共而言，網際網路提供了新的國際宣傳工具，但同時也提供了外國媒體進入大陸的管道，網際網路新科時代的來臨，對中共國際傳播來了機會和挑戰。

(一) 網際網路的發展

從網際網路發展歷程來看，大陸網際網路發展開始於一九八七年，基本上，可以概分為四個時期：(1)開發探索時期（1987-1990）；(2)基礎建設時期（1991-1993）；(3)加速發展時期（1994-1996）；(4)全面發展時期（1997迄今）。

■開發探索時期（1987-1990）

一九八七年，錢天白教授與德國卡爾斯魯厄

---

[38]同前註，頁 342-343。

（KARLSRUHE）大學合作，發出大陸第一封電子郵件，開啓了大陸在網際網路虛擬世界與國際接軌的第一步。錢天白這次連線，主要是奠基在一九八六年北京市計算機（電腦）應用研究所的一個研究上[39]，透過這項與卡爾斯魯厄大學的合作研究案，大陸經由學術研究跨入網際網路世界。

對大陸而言，這個時期網際網路基本上是眾多科技研發項目之一，尚未受到中央政府的高度重視，大陸學界開始接觸網際網路，探索這個新的虛擬世界，電子郵件則是大陸與網際網路接觸、應用的第一個項目。

有了第一步接觸後，大陸中央級的學術機構開始重視網際網路發展，學術界更開始積極與外界聯絡，嘗試與外國的網際網路連線，同時也加強內部學術網路的建設。

一九八九年五月，大陸首次連接到國外的網際網路，一九九〇年十月，代表大陸的錢天白正式註冊取得代表中國大陸的網域名稱 CN。

此階段，大陸基本完成了網際網路的探索開發，初次接觸網際網路，與國際網路連線，並取得大陸的頂級網域名稱，正式邁向網際網路之路。

■基礎建設時期（1991-1993）

取得大陸網域名稱之後，大陸學界仍然同時從內部與外部加速發展網際網路，此時期，中共網路發展的重點有兩個大方向，一方面，加強大陸內部的學術網路基礎建設，另方面，試圖與掌控網際網路發展的美國取得連線，正式連接到全球網際

---

[39]「中國互聯網發展大事記」。http://www.cnnic.net.cn/internet.shtml

網路。

在與國外連線方面，一九九二年，大陸要求連線網際網路
（Internet），被美國拒絕，一九九三年，雖然大陸被允許連線
網際網路，但只能連接到能源網，其他網站仍然無法連結。

在內部的基礎建設方面，一九九二年，中國科學院、北大
及清華等單位學術網路建構完成，大陸基本完成學術網路的硬
體工程。

一九九三年，網路工程建設進一步得到中共高層的重視，
當時的國務院副總理朱鎔基主持的會議中，提出了「金橋工程」
計畫，中共開始規劃全國經濟資訊通信網。經過六年的發展，
中共中央開始大力開發網路工程。

此時期，大陸完成了學術網路工程，並在中共中央的支持
下，開始有系統、有計畫地發展全國性網路工程，為網路發展
提供了進一步的基礎工程，以及相關的政策支持，使網路工程
可以加速發展。

■加速發展時期（1994-1996）

在中共中央高層開始積極重視網路建設之後，大陸的網路
相關產業進入較快速的發展時期，網路相關資源產業開始發
展。更重要的是，一九九四年四月，大陸正式與網際網路連線，
成員全球網際網路家庭的一員。

此時期，大陸加快各項網際網路相關產業初步建設與發
展。一九九四年，大陸架設第一個 WEB 伺服器，也推出第一
個網頁，正式加入了全球資訊網的運作；一九九五年，大陸出
現第一家網路媒體，《神州學人》成為大陸第一個正式上網的
媒體；一九九六年，中國在線開通，大陸出現全國性的網路服

務提供者（Internet Service Provider; ISP），對全大陸提供網路
服務。

　　這個階段，大陸各項網路相關產業紛紛開辦，有了第一個
網頁、第一家電子媒體、第一個全國性的網路服務提供業者，
新的網路產業的出現，使大陸網際網路邁向更新更快的全面發
展階段。

■全面發展時期（1997迄今）

　　一九九七年以後，大陸網際網路發展更加快速，在內部四
大網路完成連線的基礎上，大陸網路事業全面性發展。

　　一九九六年底到一九九七年初，大陸的重要新聞宣傳單位
開始上網[40]，一九九七年中，大陸成立國家級的中國互聯網路
信息中心，規範管理相關網路使用情形，並定期公布大陸網路
使用調查報告。

　　一九九七年以後，大陸持續進行網路工程建設，軟體方面，
各項網站也快速開通，截至二〇〇一年底，大陸已有十個骨幹
網路[41]，上網電腦一千二百五十四萬台，三千三百七十萬上網
用戶，二十七萬七千一百個全球資訊網（World Wide Web）網
站[42]，大陸網際網路全面快速發展。

[40]趙啓正，〈中國網路新聞事業發展現狀和趨勢〉。
　　http://eastday.com/epublish/gb/special/class000000178/hwz277871.htm
[41]〈二〇〇五年我第四媒體用戶將達到兩億人口普及率 15%〉，《中國
　　青年報》，2001 年 11 月 4 日。
[42]CNNIC，〈第九次「中國互聯網路發展狀況統計報告」〉（2002 年 1
　　月 15 日）。http://www.cnnic.net.cn/develst/2002-1/

表 4.1　大陸網際網路發展概況

時　間	網際網路發展重要事件	意義與影響
1987.9.20	負責 CANET（Chinese Academic Network）國際聯網專案的錢天白教授，發出大陸第一封電子郵件「越過長城，通向世界」，經由義大利 ITAPAC 和德國 DATEX—P 分組網，與德國卡爾斯魯厄（KARLSRUHE）大學連接	揭開大陸使用網際網路（Internet）的序幕
1988.12	清華大學校園網採用胡道元教授從加拿大 UBC 大學（University of British Columbia）引進的電子郵件套裝軟體，通過 X.25 網與加拿大 UBC 大學相連	開啓大陸電子郵件的應用
1989.5	中國研究網（CRN）通過當時郵電部的 X.25 試驗網（CNPAC），與德國研究網（DFN）連線	大陸首次連接到網際網路
1990.10	錢天白代表大陸，正式在國際網際網路資訊中心的前身 DDN-NIC 註冊登記大陸的網域名稱	大陸正式註冊取得 cn 的網域名稱，使用電子郵件服務
1991	中國科學院高能物理研究所，以 X.25 方式連入美國史丹佛線性加速器中心（SLAC）的利弗莫爾（LIVERMORE）實驗室	開啓電子郵件應用
1992.6	大陸代表被告知，由於網上有很多美國的政府機構，中共接入網際網路有政治障礙	中共被拒絕連上網際網路
1992	中科院院網（CASNET）、清華大學校園網（TUNET）和北京大學校園網（PUNET）全部完成建設	大陸完成內部學術網路硬體工程
1993.3.2	中國科學院高能物理研究所租用美國電話電報公司（AT&T）的國際衛星，接入美國史丹佛線性加速器中心的 64K 專線正式開通	大陸經專線連接網際網路，但只能進入美國能源網
1993.3.12	副總理朱鎔基主持會議，提出和部署建設國家公用經濟資訊通信網（簡稱金橋工程）	中共開始規劃全國性網路工程
1994.4.20	NCFC 工程通過美國斯普林特（Sprint）公司連入網際網路的 64K 國際專線開通，與網際網路全功能連接	中共正式與網際網路連線

續表 4.1　大陸網際網路發展概況

時　間	網際網路發展重要事件	意義與影響
1994.5.15	中國科學院高能物理研究所設立大陸第一個 WEB 伺服器，推出大陸第一套網頁	大陸開始啓動網際網路軟體應用
1994.5.21	中國科學院電腦網路資訊中心完成中國國家頂級功能變數名稱（CN）伺服器的設置	中共CN頂級功能變數名稱伺服器首次置於大陸內部
1994.6.8	國務院辦公廳下發〈國務院辦公廳關於「三金工程」有關問題的通知〉	網際網路硬體工程建設全面展開
1994.9	中國電信與美國商務部簽定中美雙方關於國際互聯網的協定，規定中國電信將通過美國斯普林特公司開通兩條 64K 專線	中共網路（CHINANET）建設開始啓動
1995.1	中國電信分別在北京、上海接入美國的 64K 專線開通，並且向社會提供網際網路接入服務	大陸網際網路應用擴大到社會，提供全面服務
1995.1	國家教委主辦的《神州學人》雜誌，經中國教育和科研電腦網（CERNET）進入網際網路	大陸第一份中文電子雜誌出現
1995.6	CHINANET 正式啓用，提供中文化的網路資訊	大陸開始系統性提供中文化資訊
1995.8.8	中國教育和科研計算機網（CERNET）上的水木清華 BBS 正式開通。	大陸出現第一個網際網路上的 BBS
1996.1	CHINANET 全國骨幹網建成並正式開通	大陸完成全國網路基礎建設
1996.2.11	國務院第發布《中華人民共和國計算機信息網路國際聯網管理暫行規定》	大陸制定第一份有關網際網路管理法規
1996.12	中國公眾多媒體通信網（169 網）開始全面啓動	大陸開啓網際網路多媒體軟體應用網站
1996.12	中國在線（China Online）開通	大陸出現全國性的網際服務提供業者
1997	中國公用計算機互聯網（CHINANET）中國科技網（CSTNET）、中國教育和科研計算機網（CERNET）、中國金橋資訊網（CHINAGBN）互連互通	大陸內部四大網路完成連線
1997.6	設立國家級中國互聯網路信息中心（CNNIC）	全國性網路信息中心成立

續表 4.1　大陸網際網路發展概況

時　間	網際網路發展重要事件	意義與影響
1999.1	中國教育和科研計算機網（CERNET）的衛星主幹網全線開通	大陸使用衛星科技加快網際網路連線速度
2000.1	中國互聯網路信息中心推出中文域名試驗系統	大陸開始測試中文域名
2000.7	「企業上網工程」正式啓動	大陸開始推動企業上網
2000.9	清華大學建成中國第一個下一代互聯網交換中心 DRAGONTAP	大陸與國際下一代網際網路交換中心連線
2000.12	人民網、新華網、中國網、央視國際網、國際在線網、中國日報網、中青網等獲批准進行登載新聞業務	大陸開始推動重點新聞網站
2001.12	中國十大骨幹互聯網簽署互聯互通協定	十大骨幹網路完成互連
2002.8	新聞出版總署和信息產業部制訂〈互聯網出版管理暫行規定〉正式實施	大陸規範網際網路出版
2002.9	〈中國互聯網路域名管理辦法〉開始實施	大陸規範網路域名
2002.11	〈互聯網上網服務營業場所管理條例〉開始施行	大陸規範網路服務業

資料來源：1.「中國互聯網發展大事記」，
　　　　　　　http://www.cnnic.net.cn/html/Dir/2003/09/22/0358.htm
　　　　　2.歐陽新宜，〈中共網際網路的發展及其管制的困境〉，《中國大陸研究》，第 41 卷第 8 期（1998），頁 45-49。
　　　　　3.余紹逖，〈大陸網際網路與跨國資訊流通〉，《中國大陸研究》，第 39 卷第 10 期（1996），頁 85-86。

（二）網際網路傳播的挑戰

　　新傳播科技的發展往往對人類生活造成重大的影響，這些影響甚至遠超過發明這些傳播新科技的人[43]。對一個國家而

---

[43] 參閱 D. McQuail, *Media Performance: Mass Communication and the Public Interest*, London: Sage Publications, 1992.

言,新傳播科技帶給人們更直接、更豐富、更正確的資訊,對許多政權造成挑戰,促使他們轉變得更爲民主[44]。

網際網路的發展被視爲二十世紀末的重大資訊革命,作爲第四媒體,與傳統媒體相較,網際網路具有資訊雙向流通、即時、普及、分眾等特性[45],提供了更爲豐富、更爲直接、更即時、互動性更強的資訊給閱聽眾。

對中共而言,網際網路是中共面對世界,完成世紀三大中心任務之首「經濟建設」的重要媒介,就國際宣傳而言,網際網路是提供其對外宣傳的重要工具,中共可藉網際網路加快與國際社會的溝通。但與此同時,網際網路卻也可能成爲國際社會對中共進行「和平演變」的重要管道。

網際網路資訊流通的更加自由化,對於長期以來透過各種策略和技術控制傳統媒體的中共而言,無疑地,面臨著對新科技網際網路資訊監控的嚴格挑戰[46]。如何加強網際網路的監控,並善用網際網路加強對外宣傳,成爲中共當局重大的挑戰。

傳播科技的發展,對中共傳播體制的挑戰至少包括五項[47]:

1. 打破官方對外來資訊的封鎖;
2. 傳播技術多元化,使大陸傳播向繁泛化發展,打破大一統的原有傳播模式;

---

[44] 參閱 J. Wasco & V. Mosco ed., *Democratic Communications in the Information Age* (Toronto: Garamond Press, 1992).

[45] Robert S. Fortner, "Excommunication in the Information Society," *Critical Studies in Mass Communication*, vol. 12, no. 3(1995), pp. 133-154.

[46] Yu Huang, Xiaoming Hao, and Kewen Zhang, "Challenges to Government Control of Information in China," *Media Development*, 1997/2, p. 21.

[47] 郝曉鳴、李展,〈傳播科技對中國大陸傳媒體制的挑戰〉,《新聞學研究》,69 期(2001 年),頁 99-105。

3. 提供受眾更多選擇，擴大受眾決定傳播內容的權力，使以宣傳爲主的單向傳播朝向多向傳播；

4. 官方難以控制的人際傳播可以輕易地以大眾傳播方式出現；

5. 國內與國際傳播界限日益模糊，造成官方檢查和管理上的困難。

　　對中共而言，中共最擔心的是，美國等西方國家透過網際網路等新傳播科技，「和平演變」中共。中共雖然明知有這些挑戰，但在邁向新世紀的同時，爲追求經濟成長，中共無法自外於國際社會，中共必須追求網際網路發展，但與此同時，中共一方面必須強化管制國際資訊的流入，以執行其「政左經右」路線，確保中共政權的穩定；另方面，中共也須強化網路傳播科技的應用，加強對國際社會資訊的輸出，使網際網路成爲其對外宣傳的重要工具。

　　改革開放以來，中共利用傳播媒體的新聞宣傳開啓大陸與世界溝通的窗口，同時，又透過種種方式試圖限制大陸民眾對世界的認識與瞭解[48]。但網際網路的發展，已對中共官方的這項企圖形成了挑戰。

　　事實上，網際網路確實已成爲穿透中共媒體控制封鎖的一個重要媒體管道，大陸民運人士主辦的地下刊物《小參考》，早已透過網際網路發送消息到大陸網民手中[49]。一九九八年六

---

[48] Tsan-Kuo Chang, Jian Wang and Chih-Hsien Chen, "News as Social Knowledge in China: The Changing Worldview of Chinese National Media," *Journal of Communication*, vol. 44, no. 3 (1994), p. 66.

[49]〈網路──大陸民運人士新利器〉，《中國時報》，1998年6月4日，14版。

月四日，教廷官方媒體信仰通訊社也正式宣布，設立梵諦岡的國際電腦中文網站，向全世界特別是大陸民眾介紹天主教和大陸教會的發展情況[50]。

透過電子郵件、全球資訊網，世界各地的訊息就在虛擬的網路世界上，讓網民點閱，中共的媒體控制受到挑戰，國際宣傳工作事實上也受到挑戰。面臨新傳播科技發展，中共一方面要規範網際網路的應用，另方面也要加強應用網際網路。

除了政治上面臨「和平演變」的挑戰外，中共發展網際網路傳播的另一項重要挑戰，則是相對落後的資金、技術與人才[51]。為了因應網際網路時代的來臨，中共仍須投注大筆的資金，以開發技術、培養人才，發展網際網路。

此外，在網路傳播內容方面，傳統媒體有新聞宣傳經驗，卻不一定有網路傳播概念，而新興的網路媒體雖有新科技背景，但不一定有新聞傳播經驗，如果兩者無法有效整合，或仍採用傳統內容空洞的宣傳方式，無法與市場結合，大陸網路傳播媒體很難在眾多的網際網路媒體中，取得更多網民的支持[52]。

四、網際網路傳播政策與規範

新傳播科技發展對中共傳媒監控與宣傳帶來新的挑戰，為了因應新的情勢發展，中共對網際網路傳播制定新的政策，同時也制定新的規範與體制，以管制網際網路傳播。

---

[50]《聯合報》，1998年6月7日，第13版。
[51]趙啟正，〈中國網路新聞事業發展現狀和趨勢〉。
[52]李希光，《網絡記者》，北京：中國三峽出版社，2000，頁199。

(一) 網際網路傳播政策

　　網際網路的快速發展在中共對外宣傳體系也產生了影響，中共前總書記江澤民一九九九年二月在大陸「全國對外宣傳工作會議」講話中，首次公開談到中共中央對網際網路的國際傳播政策，江澤民強調，「信息傳播業正面臨著一場深刻革命，以數字壓縮技術和衛星通訊技術為主要標誌的信息技術的發展，互聯網的應用，使信息達到的範圍、傳播的速度與效果都有顯著的增大和提高。世界各國爭相運用現代化信息技術加強並改進對外傳播手段。我們必須適應這一趨勢，加強信息傳播手段的更新和改造，積極掌握和運用現代傳播手段。」[53]

　　在江澤民首次針對網際網路傳播講話之後，中共宣傳部門也開始部署網路新聞宣傳的策略，二○○○年一月，中共中央特別召開「互聯網新聞宣傳會議」，會中發布〈國際互聯網路新聞宣傳事業發展綱要〉，對網際網路新聞宣傳工作做出原則性要求[54]。

　　中共網際網路宣傳的基本方針是由江澤民提出的二十四字方針，「積極發展，充分運用，加強管理，興利除弊，發揮優勢，形成合力」[55]。

　　在江澤民提出的網際網路宣傳總方針政策下，中共制定相

---

[53]〈江澤民在全國對外宣傳工作會議上強調站在更高起點上把外宣工作做得更好〉，《人民日報》，1999 年 2 月 27 日，第 1 版。

[54] 許中田，〈大力加快網路建設切實做好網路宣傳〉，《新聞戰線》，2000 年第 9 期。http://www.peopledaily.com.cn/GB/paper79/1824/294420.html

[55] 趙啓正，〈進一步做大做強，搶占互聯網新聞宣傳的制高點〉，《新聞戰線》，2001 年第 6 期。
http://www.people.com.cn/GB/paper79/3593/447138.html

關的網路新聞宣傳政策，基本上，中共網際網路宣傳政策，就是要充分運用網際網路，積極發展相關科技、網站，在中共黨政組織加強控管的基礎下，發揮媒體原有優勢，相互合作，建構有力的網路宣傳媒體。

　　從中共相關文件來看，中共網際網路宣傳政策可概括如下：

■掌握並加強資訊傳播手段鞏固新陣地

　　作為第四媒體，網際網路傳播無遠弗屆，中共將宣傳工作視為重要的政策與教育工具，對於新傳播科技也相當重視。中共認為網際網路是開放的，資訊龐雜多樣，網際網路已成為思想政治工作的一個重要陣地[56]，必須從政治的觀點，加強資訊傳播手段應用，積極爭取網路傳播陣地。

　　網路宣傳要按照「積極發展，充分運用，加強管理，興利除弊，發揮優勢，形成合力」的方針，掌握網路特點，講究宣傳藝術，提高時效性，擴大覆蓋面，增強吸引力、影響力和戰鬥力，使其成為中共政治思想工作新陣地，對外宣傳新管道[57]。

■增強網路正面宣傳和影響力

　　對中共而言，網路宣傳與其他宣傳部門工作方針一樣，必須以正面宣傳為主，牢牢掌握正確輿論導向，努力掌握網路宣傳的主動性。發揮媒體影響力，進行有利於中共的正面宣傳。

　　中共國務院新聞辦公室主任趙啓正便強調，網際網路新聞宣傳工作是黨的宣傳工作的重要組成部分。要充分利用這一傳

---

[56]許中田，〈大力加快網路建設切實做好網路宣傳〉。
[57]〈丁關根要求鞏固網路新聞思想陣地〉，中新社，2001年2月8日。

播手段，「宣傳社會主義建設成就，宣傳黨的正確領導，宣傳科學理論，傳播先進文化，塑造美好心靈，弘揚社會正氣，使其真正成爲思想政治工作的新陣地，對外積極全面地介紹中國，使其成爲有效的新管道。」[58]

　　網際網路資訊相當多，有許多有利於中共統治的資訊，但也有不少「反動」、迷信的內容，不但須在網際網路爭取陣地，同時要把有益於中共政權的資訊傳遞出去。因此，中共強調要主動出擊，增強網路的正面宣傳和影響力[59]。

■加強網路建設與管理

　　大陸網際網路發展相對較落後，爲了達成網際網路的宣傳工作，中共中央要求相關宣傳部門，必須加快發展網路新聞事業，盡快建成有規模、有影響、有中國特色社會主義網路新聞宣傳體系[60]。

　　中共中央要求宣傳部門，必須加強對網際網路的管理，建設一個政治意識強、新聞素質高、熟悉網路技術、有一定外語水準的專業隊伍[61]。

■加強黨對網際網路新聞宣傳的領導

　　和各級運作體系一樣，堅持黨的領導是宣傳部門的重要基本原則，中共中央也明確要求必須加強黨對網際網路宣傳的領導。

---

[58] 趙啓正，〈進一步做大做強，搶占互聯網新聞宣傳的制高點〉。
[59] 許中田，〈大力加快網路建設切實做好網路宣傳〉。
[60] 〈丁關根要求鞏固網路新聞思想陣地〉，中新社，2001 年 2 月 8 日。
[61] 許中田，〈大力加快網路建設切實做好網路宣傳〉。

網際網路和其他媒體一樣，作為中共宣傳工具，但其影響與傳播層面更廣，更須受到黨的領導，以確保中共強調的爭取這塊新陣地後，取得這塊新陣地的主導權。

■充分利用網際網路主動引導輿論

江澤民在二〇〇一年中共中央宣傳工作會議上講話時特別強調，現代社會各種媒體，特別是資訊網路化迅速發展，輿論的作用和影響愈來愈大，愈來愈需要加強引導。要高度重視互聯網的輿論宣傳，積極發展，充分運用，不斷增強網上宣傳的影響力和戰鬥力[62]。

中共官方認為，網際網路的基本特點是時效快、容量大、互動性強。因此，必須利用時效性，打好主動仗，利用時效快，先入為主，才能引導輿論；利用容量大的特性，增加深度報導，增強新聞報導的說服力；利用互動性，辦好各種「論壇」，以引導群眾輿論方向[63]。

■集中力量建立重點網站

大陸網路新聞與西方國家相比，實力相差仍大，美國已有55%雜誌推出網路版，大陸報刊上網率10%，全球80%以上的網路資訊和95%以上的資訊由美國提供[64]。與西方國家網路資源相較，大陸網路傳播實力落後相當大。

網際網路國際宣傳是全球性的競爭，為了拉近與西方國家，特別是美國的差距，中共必須集中力量，建立一批重點網

---

[62]行政院新聞局，《中國大陸大眾傳播事業及其管理概況》，頁306。
[63]趙啟正，〈進一步做大做強，搶占互聯網新聞宣傳的制高點〉。
[64]趙啟正，〈中國網路新聞事業發展現狀和趨勢〉。

站，以強化競爭力。中共認為，這批重點網站的信息量要大、覆蓋面要廣、服務功能要強、知名度要高，其中須包括外文為主的網站，為國內外訪問者尋找大陸所有新聞單位的網頁，提供搜尋引擎，給予導航服務，還要為駐外使館提供資訊資源[65]。

（二）網際網路控制與規範

為了確保網際網路宣傳陣地，中共透過法律的規範，政府體系及工程系統的控制等方法，對網際網路新聞傳播加以控制，以確保這塊新陣地。

■法令規範

在有關網際網路相關法規方面，中共於一九九六年二月首度制訂第一部規範網路的法規〈中華人民共和國電腦資訊網路國際聯網管理暫行規定〉，至二〇〇三年為止，相關的政策法令規範已超過十二部[66]。在相關政策法令規範中，二〇〇〇年十月通過的〈互聯網電子公告服務管理規定〉，及二〇〇〇年十一月發布的〈互聯網站從事登載新聞業務管理暫行規定〉，與網際網路傳播的關係較密切。

依照兩個規定的相關內容來看，中共透過法令規範網際網路新聞傳播的基本方式包括：

‧限制新聞單位建立網站

中共控管新聞網站的第一個方法，就是限制新聞單位建立網站的層級。大陸傳統媒體的家數非常多，但依〈互聯網站從

---

[65] 同前註。

[66] 參閱〈中國計算機信息網路政策法規〉。http://www.cnnic.net.cn/policy/

事登載新聞業務管理暫行規定〉第五條,只有中央新聞單位、中央國家機關各部門新聞單位以及省、自治區、直轄市和省、自治區人民政府所在地的市直屬新聞單位,依法建立的互聯網站,經批准可以從事登載新聞業務[67]。

也就是說,只有省級以及省會所在地的直屬新聞單位,才可以建立網站,其他新聞單位不能獨立建立網站,如果要上網,只能掛靠在這些新聞單位建立的網站下。透過建立網站的單位層級,中共由省會一級以上的單位來嚴加控管上網的新聞媒體,確保新聞內容的控制。

‧新聞網站與電子佈告欄的建立須由主管機關批准

為了確保宣傳部門對新聞網站的控管,所有有資格建立新聞網站的單位,還必須取得主管機關的批准才能建立新聞網站。

依照〈互聯網站從事登載新聞業務管理暫行規定〉第六條:新聞單位建立新聞網站(頁)從事登載新聞業務,應當依照規定報國務院新聞辦公室或者省、自治區、直轄市人民政府新聞辦公室審核批准。

而不論中央、省、省會各級的新聞網站,最終都必須送交國務院新聞辦公室批准或備案,亦即大陸新聞媒體網站的總歸口管理單位是國務院新聞辦公室。

〈互聯網電子公告服務管理規定〉第五條:網路業者從事電子佈告欄業務者,必須經過專項申請或專項備案後,才可提供相關服務[68]。

---

[67] 〈互聯網站從事登載新聞業務管理暫行規定〉(2000 年)。
　 http://www.cnnic.net.cn/annual/law2.shtml
[68] 〈互聯網電子公告服務管理規定〉(2000 年)。
　 http://www.cnnic.net.cn/policy/21.shtml

· 非新聞單位只能轉載新聞

　　除了新聞單位以外，其他單位建立的網站，基本上要符合相關規定，再經批准後，才可以轉載新聞單位的新聞，本身不得登載自行採寫的新聞。

　　〈互聯網站從事登載新聞業務管理暫行規定〉第七條：非新聞單位依法建立的綜合性互聯網站，經批准可以從事登載中央新聞單位、中央國家機關各部門新聞單位以及省、自治區、直轄市直屬新聞單位發布的新聞的業務，但不得登載自行採寫的新聞和其他來源的新聞。

· 限制網站內容

　　為了確保新聞網站內容符合中共的要求，除了嚴格限制新聞單位可以架設網站外，中共還明文禁止九種新聞內容，不得刊載在網路新聞中。

　　〈互聯網電子公告服務管理規定〉第九條，以及〈互聯網站從事登載新聞業務管理暫行規定〉第十三條，均規定電子佈告欄及網站登載的新聞不得含有下列內容：(1)違反憲法所確定的基本原則；(2)危害國家安全，洩漏國家秘密，煽動顛覆國家政權，破壞國家統一；(3)損害國家的榮譽和利益；(4)煽動民族仇恨、民族歧視，破壞民族團結；(5)破壞國家宗教政策，宣揚邪教，宣揚封建迷信；(6)散布謠言，編造和傳播假新聞，擾亂社會秩序，破壞社會穩定；(7)散布淫穢、色情、賭博、暴力、恐怖或者教唆犯罪；(8)侮辱或者毀謗他人，侵害他人合法權益；(9)法律、法規禁止的其他內容。

· 刊載境外新聞須得到批准

　　為了確保新聞內容，中共還規定，連結國外網站新聞，必須報國務院辦公室批准後，才可以連線。

〈互聯網站從事登載新聞業務管理暫行規定〉第十四條：
互聯網站鏈結境外新聞網站，登載境外新聞媒體和互聯網站發
布的新聞，必須另行報國務院新聞辦公室批准。

■黨政體系的政治控制

雖然一九七八年底十一屆三中全會以來的改革開放，大陸
媒體也隨著社會主義市場經濟路線方針的發展，進行改革[69]，
然而，在宣傳任務的要求下，中國共產黨對媒體的控制仍然沒
有減少[70]。

中共黨政體系對網際網路宣傳的控管主要分為兩大部分：
宣傳內容與網路系統。網際網路新聞宣傳方針、政策、規範由
黨的宣傳系統負責，網路系統的控管則由國務院的信息產業部
系統統籌。

在黨宣傳系統方面，中共黨的中央政治局及其常委會向來
是中共最高權力核心[71]，負責黨的總路線、方針、政策的擬訂，
中共國際宣傳基本方針，便是由江澤民為核心的第三代領導集
體制定，而後下交中共中央宣傳部等相關單位研擬政策與策略。

在黨的政治局及其常委會之下，成立於一九八〇年的中共
中央對外宣傳小組，負責中共對國際、台港澳及海外僑胞宣傳

---

[69]參閱 Leonard L. Chu, "Continuity and Chang in China's Media Reform," *Journal of Communication*, vol. 44, no. 3 (1994), pp. 4-21.

[70]Kevin Latham, "Nothing but the Truth: News Media, Power and Hegemony in South China," *China Quarterly*, no. 163 (2000), p. 653; Joseph Chan, "Media Internationalization in China: Processes and Tensions," *Journal of Communication,* vol. 44, no. 3 (1994), p. 86.

[71]Kenneth Lieberthal, *Governing China*, p. 161.

的協調策劃[72]，在對外宣傳政策、實際工作有爭議時，相關部門透過外宣小組機制進行協商討論，中央政治局及常委會也可透過此機制，下達有關對外宣傳政策。

負責主管宣傳工作的中共中央宣傳部的職責之一，便是要組織並檢查黨的對外宣傳工作，研究並提出中共中央宣傳、文化、出版單位的具體方針、政策[73]。因此，作爲對外宣傳主管機關，中共中央宣傳部負責研擬政策，並監督有關下級宣傳部門的政策執行。

在網際網路宣傳方面，一九九七年起，中共中央便指定國務院新聞辦公室爲網路新聞宣傳的主管機關[74]，負責推動網際網路對外宣傳執行工作，國務院新聞辦公室主任趙啓正多次針對網路宣傳新聞工作發表相關談話。

二○○○年四月，國務院新聞辦公室設立網路宣傳管理局，該局的主要任務和工作就是：規劃並實施網路宣傳事業建設的總體佈局，擬定網路新聞宣傳管理的方針、政策及法規；將對開辦新聞宣傳網站或欄目進行資格審核，組織搜索網路重要信息，防範網路中有害信息的思想文化滲透；研究網路輿情動態，把握網際網路新聞宣傳的輿論導向[75]。

當然，宣傳體系下的各級宣傳部門、新聞媒體都是執行網路對外宣傳的相關單位，從體制來看，整個網路新聞對外宣傳

---

[72] 郭瑞華，《中共對台工作組織體系概論》，台北：法務部調查局共黨問題研究中心，1996，頁128。

[73] 景杉，《中國共產黨大辭典》，北京：中國國際廣播出版社，1991，頁215。

[74] 行政院新聞局，《中國大陸大眾傳播事業及其管理概況》，頁306-307。

[75] 郭崇武，〈大陸動態：二○○○年四月〉，《共黨問題研究》，第26卷第5期（2000年5月），頁132。

內容的控管體系，是由黨的宣傳部門執行。

　　至於網路系統控管方面，國務院是主管網路系統政策運作的部門，一九九八年新成立的信息產業部則負責資訊產業政策的研擬，發布有關資訊產業、軟體業等資訊相關產業法規，並監督政策的執行[76]。

　　信息產業部之下，則是中共所謂的四大骨幹網路，分別是：教育部所屬的中國教育和科研計算機網（CERNET），中國科學院所屬的中國科技網（CSTNET），信息產業部主管的中國公用計算機互聯網（CHINANET）及中國金橋資訊網（CHINAGBN）。四個骨幹網路受上級主管機關監督，同時則負責批准並監督所屬的網路服務提供者（ISP）。

　　中國教育和科研計算機網主要是批准並監控大學及各級學校的網路服務提供者，中國科技網則負責批准並監控研究單位的網路服務提供者，中國公用計算機互聯網與中國金橋資訊網則負責批准並監控地方部門及商業單位的網路服務提供者。

　　眾多的網路服務提供者一方面要受到四大骨幹網路及其監管政府部門的批准與控管，還要負責管理其下的終端用戶，與此同時，大陸公安部門也已組成網路警察部隊，負責監控所有的商業與非商業用戶[77]。

　　一九九七年十二月中共發布的〈計算機資訊網路國際聯網安全保護管理辦法〉第三條明文規定，公安部計算機管理監察

---

[76]國務院辦公廳秘書局、中央機構編制委員會辦公室綜合司編，《中央政府組織機構》（1998），北京：改革出版社，1998，頁278。

[77]Zixiang Alex Tan, "Regulating China's Internet: Convergence toward A Coherent Regulatory Regime," *Telecommunications Policy*, no. 23(1999), pp. 270-272.

機構，負責網路國際聯網的安全保護管理工作。從事網際網路業務的單位和個人，都應接受公安機關的安全監督、檢查和指導[78]。

　　一九九九年公安部成立「公安信息網路監察局」，負責網路的管理與監督，網路警察的編制至二○○○年底，已擴編到三十萬人，透過警察系統，嚴格加強網路的安全與控管[79]。

(三) 網路工程系統控制

　　從網際網路工程控制角度來看，大陸內部有四個相互連結的主要網路：中國公用計算機互聯網、中國科技網、中國教育和科研計算機網、中國金橋資訊網，這四個網路又有許多網路服務提供者相連結，形構了大陸內部網際網路的基本架構。

　　只有前述四個網路被中共允許與全球網際網路連線，但四個網路都必須透過中國電信的通路與全球網際網路連線，中共不允許他們建立自己與全球網際網路連線的硬體設備，亦即，只有透過中國電信，大陸的網路才能與全球網際網路相連結[80]。

　　大陸共有三個與國際連結的閘道器（gateway），分別設在北京、上海和廣州，這些閘道器實際上都由中國電信控制。中共便利用控制閘道器的機制，以防火牆、伺服器、過濾軟體（filtering software），以及其他各種監視方法，控制閘道器。經由防火牆的控制，中共便能夠將全球網際網路與大陸內部網

---

[78]〈計算機資訊網路國際聯網安全保護管理辦法〉。
http://www.cnnic.net.cn/policy/7.shtml
[79]《中央日報》，2000 年 12 月 9 日，第 9 版。
[80]Zixiang Alex Tan, "Regulating China's Internet", p. 272

際網路相隔離[81]。

　　中共中央政府透過防火牆來管制進入外國網頁的方法，至少包含三個層次：鎖位址（IP）、傳輸控制協定（TCP）及鎖網域名稱（Domain）等方式，第一及第三種方法，是從硬體著手管制，第二層次方式則是透過軟體的管制。

　　一九九〇年代中期，中共便透過鎖住特定位址的方式，限制大陸網民進入外國網頁，有時候，西方批評大陸的新聞媒體網頁會被鎖住，例如《紐約時報》（New York Times）、《華盛頓郵報》（Washington Post）、《時代雜誌》（Time Magazine），中共同時也利用鎖位址的方式來鎖住大陸內部的網路內容提供者（ICP）。此外，色情網站、反政府宣傳網站和賭博性網站，也是中共官方封鎖的對象[82]。

　　一九九六年，中共甚至進一步要求網路服務提供者的客戶們，在開啓帳戶時必須向警察部門先註冊登記，以嚇阻網路使用者。同時，中共有關部門還透過種種更複雜的方式，來控制網民到國外瀏覽[83]。

　　一九九六年九月，中共政府曾經封鎖全球資訊網上的一百個網站，這些被封鎖的網站包括美國新聞網站、西藏流亡人士網站、台灣政府網站、《花花公子》及《經濟學人》（Economist）的網站[84]。

---

[81]Ibid, p. 273.

[82]Eric Harwit and Duncan Clark, "Shaping the Internet in China: Evolution of Political Control over Network Infrastructure and Content," *Asian Survey*, vol. 41, no. 3 (2001), p. 397.

[83]Ibid, p. 398.

[84]C. Millard, "Local Content Filters and the 'Inherent Risk' of the Internet," *Intermedia*, vol. 23, no. 1 (1997), pp. 21-22.

中共雖然透過種種網路工程系統來控制閱覽外國網站，但這些努力並不是十分成功。因為，網友還是可以透過流灠國外的一些匿名網站，然後透過這些網站的連結，進入中共禁止進入的網站，但中共控管系統卻無法察覺。此外，中共指稱的所謂國外「反動」網站，也可以透過變更網址的方式，或讓中共控管系統無法追查到位址的方法，避免中共的封鎖[85]。

五、網際網路的應用

在網際網路的中文應用上，全球性的第一份中文電子雜誌是一九九一年三月，一群留學生在美國創刊的《華夏文摘》，一九九五年七月，由美國報業傳播機構總社創辦的《環球電子日報》，則被視為網際網路上的第一份中文電子報[86]。

大陸網路媒體起步相對比較晚，一九九五年才出現第一份網路媒體，但隨後，在中共中央政策支持下，網路媒體快速發展。

(一) 大陸網路媒體發展

大陸的網路媒體發展是從一九九五年一月十二日，教育部（當時稱國家教育委員會）下屬的《神州學人》雜誌首開大陸內部刊物上網的先河；一九九五年四月，中國新聞社香港分社成為第一個上網的大陸通訊社；一九九五年十月二十日，《中

---

[85]Daniel C. Lynch, "Dilemmas of 'Thought Work' in Fin-de-Siecle China," *China Quarterly*, no. 157 (1999), pp. 196-197.

[86]杜駿飛，《網絡新聞學》，北京：中國廣播電視出版社，2001，頁53。

國貿易報》則是大陸內部第一家上網的報紙;一九九六年十月,廣東人民廣播電台建立了廣播電台網站;一九九六年十二月,中央電視台建立網站,成為大陸電視台上網的先驅者[87]。

　　一九九六年以後,大陸重要新聞媒體陸續上網,截至一九九九年底的統計資料顯示,全大陸建立獨立功能變數名稱的新聞媒體已經有七百多家[88],已上網的大陸報紙近三百家,有一百家左右的廣播電台、電視台已建立自己的網站,期刊方面,龍源中文電子期刊網站提供三百種科技期刊在線閱覽,中國期刊網則蒐集三千五百多種期刊,三百萬篇全文文獻[89]。

　　大陸網路媒體發展相當快,但礙於前述相關法規限制,只有傳統媒體可以設立網站,因此並沒有合法的網路原生媒體。基本上,大陸網路媒體有兩大類型,一是傳統媒體的網路版,例如:人民網、新華網等;另一種則是「聯合艦隊型」的網路媒體,也就是區域內眾多新聞媒體聯合起來,共同創建的大型網站傳播平台,例如:北京市十一家媒體聯合成立的千龍網、上海市九家媒體共同建立的東方網[90]。

　　大陸傳統媒體相當多,但在網路媒體的發展上,上網比率仍然不夠高。

　　中共官方調查顯示,大陸報刊上網率只有 10%,與美國雜誌 55% 推出網路版的比率相較,差距相當大。除了上網比率偏低外,大陸網路媒體的品質也有待提升,大陸 70% 新聞宣傳網

[87]閔大洪,〈中國網路媒體的發展〉,2000。
　http://eastday.com/epublish/gb/special/class000000178/hwz277881.htm
[88]郭樂天,〈前瞻二○○○新聞傳媒走勢〉,《新聞出版報》,2000 年 1 月 26 日,第 2 版。
[89]劉繼南,《大眾傳播與國際關係》,頁 119-120。
[90]杜駿飛,《網絡新聞學》,頁 65。

站的資訊更新速度，基本上與母媒體同步，少數網站甚至落後於母媒體，只有 9%的網站資訊更新速度比母媒體快。多數媒體網站屬於大陸俗稱的「翻牌網站」，也就是網路媒體發布的新聞內容只是傳統新聞媒體的拷貝，僅有10%的網站對資訊進行重組和充實[91]。

大陸網路媒體發展空間仍然相當大，且仍有市場需求，根據大陸中國互聯網路信息中心第九次網路使用調查結果顯示，截至二○○一年底，大陸已有網民三千三百七十萬戶，受訪的用戶中，74％上網經常查詢的資訊是新聞方面的資訊[92]，高居所有查詢資訊種類的第一位。

由此調查可以發現，大陸網民對於新聞資訊需求相當高，大陸網路媒體發展仍有相當大的空間與市場。

(二) 六大國際宣傳網站

雖然大陸網路媒體發展仍有相當大的成長空間，但就國際宣傳而言，在宣傳體系的控管下，中共外宣政策就是要搶占網路這塊政治思想新陣地，因此，在政策規劃下，中共中央政策性支持了六大重點對外宣傳網站：中國網、新華網、中國國際電台網、人民網、中國日報網、央視國際。

為了增強對外宣傳的任務，六大重點網站內容，基本上都朝多語種同時上網方向建置，國際在線（中國國際廣播電台網站）有九種語文，新華網和中國網有八種語文，人民網有七種語文，中國日報網和央視國際網則各有兩種語文。為了提高對

[91]趙啟正，〈中國網路新聞事業發展現狀和趨勢〉。
[92]CNNIC，〈第九次「中國互聯網路發展狀況統計報告」〉。

外宣傳輸出功能，中共中央對外宣傳辦公室還特別在美國架設五個鏡像站（mirror site），將國外造訪這些網站的速度提高二至三倍[93]。

■ 中國網

中國網（www.china.org.cn）是中國互聯網新聞中心（China Internet Information Center; CIIC）下屬的網站，由國務院新聞辦公室主管，中國外文出版發行事業局主辦，始建於一九九七年初，是中共國家重點媒體網站之一。

中國網於二○○○年八月三日進行全新改版，目前已有簡體中文、繁體中文、英文、法文、德文、日文、西班牙文、阿拉伯文、世界語共八種語言九個文版（中國網網站上原有九種語文版，但截至二○○二年三月十二日止，俄文版仍在建構中，因此未予計算）。

中國網主要是蒐集大陸各地新聞媒體文章，轉載在網站上，提供外界瞭解中國大陸情況。除了設有新聞中心提供即時新聞、分類新聞外，中國網還開闢特別播報、獨家專題等單元，針對特定新聞主題，提供即時與深度分析報導。

在其他功能方面，中國網還提供搜尋功能，同時開闢認識中國的欄目，提供外界瞭解大陸概況，此外，還提供中國地方新聞網、服務中心、中國對外傳播、友情鏈接等與其他網站連結的功能。

---

[93] 趙啓正，〈進一步做大做強，搶占互聯網新聞宣傳的制高點〉。

■新華網

　　新華網是由大陸最大的新聞資訊採集和發布機構——新華通訊社主辦的大型新聞資訊發布平台，是具有全球影響力的新聞網站。

　　新華社係中共國家通訊社，一九九七年十一月七日，新華社網站（www.xinhua.org）成立，將新華社編採的新聞資訊與網路通信技術相結合，在網路上提供新聞資訊等服務。二〇〇〇年三月十日，新華社網站正式更名爲新華網。

　　目前新華網同時擁有中（簡體、正體）、英、法、西、俄、阿、日等八種語文版本，提供各類新聞，其中，中文與英文版新華網站的新聞是二十四小時提供新聞，其他語文網站也每日更新新聞，透過多種語文對外進行新聞傳播。

　　在對外宣傳方面，以英文版爲例，英文版的資訊就沒有中文版豐富，不像中文版有相當多的內容與連結。不過，英文版新華網仍然提供了即時新聞的服務，包括大陸新聞、國際新聞、體育新聞等各類型新聞，同時也提供特別報導，提供特定議題的深度報導內容，內容架構以介紹大陸相關資訊爲主，至於對外連結部分，提供的連結主要是六大網站。

■國際在線

　　國際在線（CRI Online, www.cri.com.cn）是由負責中共對外廣播的中國國際廣播電台（China Radio International; CRI）主辦的多語種、多媒體集群網站，包括中、英、法、俄、德、日、韓、西、葡等九種語言的子網站，提供新聞和文化、經濟、體育、旅遊等多方面信息。

　　國際在線雖只提供九種語言版本網站，但因中國國際廣播電台本身使用三十八種外語以及漢語普通話和四種方言（廣州話、潮州話、閩南話和客家話）向全世界廣播，網站也提供網上收聽服務，亦即，網路雖只有九種文字版，但可收聽的語言則可多達四十三種。

　　網站設計以提供新聞及網上收聽廣播為主，相較於其他網站，國際在線雖然也提供各類型新聞，也有新聞專題，但內容比較不多樣化。在外語版本網站方面，以英文版為例，網站設計相當簡單，主要是提供線上收聽及有關國內外新聞，在資訊的提供與功能的多樣化方面，則較不突出。

■人民網

　　人民網（www.people.com.cn）是由《人民日報》主辦的網站，前身是《人民日報》網路版，於一九九七年一月一日正式進入全球網際網路，二〇〇〇年七月，《人民日報》成立網路中心，十月，人民網正式啟用新功能變數名稱 people.com.cn。

　　人民網擁有中、英、日、法、西班牙、俄、阿等七種語言版本，並在日本、美國設立鏡像站，近千名記者遍布全球七十多個記者站，合作媒體超過五百家。為了便於網民瀏覽、查詢、回饋資訊，人民網還提供個人化電子報紙訂閱、免費郵件、資料庫檢索、在線調查等八種功能性的服務。

　　由於人民日報社擁有龐大的新聞資源，人民網的訊息與新華網一樣都相當豐富，不但有即時新聞、各類型新聞，也提供多種連結，也有豐富的資料庫與新聞專題，且是六大網站中，唯一提供電子報免費訂閱寄送服務者。

　　在外文版方面，各個版本雖不如中文版一樣豐富，但都提

供相當多且更新的新聞內容。以英文版為例，有即時新聞、新聞回顧、各類型新聞，還有今日頭條專欄，同時特別開闢專門單元介紹大陸情況，提供中共政府組織、《鄧小平文選》、政府白皮書等多種資料，不過，並未提供相關網站連結，也無訂閱免費電子報服務。

■中國日報網

中國日報網站（www.chinadaily.com.cn）建置於一九九五年十二月，是中共六大重點媒體網站之一，是大陸極具代表性的國際交流網站，也是六大網站中唯一一個以英文版為主體的網站。目前網站擁有英語新聞、中文國際新聞和圖片新聞三大子網站，以及每日經濟快訊、翻譯點津、IT中國、留學中國、城市生活等五個單元和上百個專題。

與其他網站相較，以英文版為主體的中國日報網，英文版網頁設計較豐富，提供多元的新聞內容，也提供印刷版《中國日報》及其他英文子報瀏覽服務，除了有中國大陸各類新聞、頭條新聞、相關大陸情況介紹及新聞專題之外，還提供除了六大網站之外，許多大陸網站的連結功能。對英文使用者而言，中國日報網相對是較好的入口新聞網站。

■央視國際

央視國際（www.cctv.com）是由中共中央電視台主辦的網站，前身為中央電視台國際互聯網站，於一九九六年十二月建立，定位為「以資訊服務為主的綜合媒體網站」。一九九九年一月一日網站全面改版正式運行對外發布，二〇〇〇年十二月二十六日，正式更名為「央視國際網路」，簡稱「央視國際」。

　　央視國際網頁設有十一個單元，主要提供新聞與相關節目瀏覽，其中，《新聞聯播》、《新聞三十分》、《晚間新聞》欄目與電視同步在網上直播。中央電視台四套、九套等兩個對外宣傳電視頻道，則通過 http://cctv.hownew.com，以合作方式在北美地區實現網上直播。

　　以央視國際英文版來看，網頁設計遠比中文版簡單，主要是提供新聞閱覽、線上收視、電視節目表及介紹中國大陸情況。目前主要功能，顯然以提供新聞及相關節目線上收視爲主，大陸相關新聞及國情介紹爲輔。並未提供相關網站連結等功能。

六、結　論

　　網際網路的發展，迅速衝擊著全球，也正加速改變中國大陸[94]，因應網際網路資訊革命帶來的衝擊，中共一方面透過種種方式，對網際網路傳播進行控管，從法令政策的規範、黨政體系的控制，一直到網路工程軟硬體的監控，試圖阻擋來自國外的各種「不受歡迎」網站的資訊。

　　但另一方面，中共又企圖利用新科技帶來的政治思想新陣地，加強對國際社會的宣傳工作，透過重點大型網站的建置，集中力量發展特定對外宣傳網站，希望在最短的時間，建立一批可以追上世界先進國家水準的新聞媒體網站，以求在新傳播科技時代中取得一席之地，爲中共建立良好國際形象、提供其政策辯護平台、製造有利中共的國際輿論、搶占國際傳媒陣地。

---

[94] 參閱陳炎，《Internet 改變中國》，北京：北京大學出版社，1999。

中共向來強調宣傳的重要性，在外交政策的執行上，也相當重視國際傳播媒體這個外交政策工具，因應網路時代的來臨，多位大陸學者都呼籲中共當局必須正視網際網路對大陸帶來的挑戰[95]，中共官方也要求宣傳部門要加強攻占這塊新陣地。

六大重點網站的建置顯示中共對宣傳工具的重視，中共網際網路宣傳工作起步雖慢，但發展速度卻相當快。六大重點網站不但推出多種語文版本，且網站內容更新速度都相當快，不同語文版本也都有新聞更新的功能，而非用固定版本內容，充作外文版本。

從六大網站的初步分析來看，以資訊的量而言，中國網、新華網與人民網的訊息量最大，新聞的內容最多，外文的版本也最多，相關單元也較多，整體設計也較複雜。主要原因是，中國網透過連結大陸內部相關媒體網站，資訊來源多，資訊量也大，人民網與新華網是大陸提供資訊最權威、規模也較大的新聞機構。

英文《中國日報》訊息量雖然較少，但英文版面的設計相對頗為完整，對於英文使用者而言，是一個相當不錯的入口網站，也是英文版中提供連結較完整的網站。

至於央視國際與國際在線則是依託在原有媒體的基礎上建構，扮演了將母媒體推向網路的角色，雖然資訊量與連結提供都較不完整，但將原對外宣傳的管道推向網路線上直播，就對外宣傳而言，已能發揮母媒體結合網路的特性，進行國際宣傳。

透過這樣的大型網站建置，確實有助於國際社會對中共立場的瞭解，將中共基本政策立場，以「中國特色」的觀點，用

---

[95]參閱李希光，《網絡記者》。

多種語文向世界各國發布,在以美國為首的西方傳播帝國架構下,發出屬於中共自己的聲音。雖然不一定能夠迅速改變西方對中共的觀感,但長期下來,研究或欲瞭解大陸的外籍人士,將逐漸重視或依賴大陸媒體提供的線上資訊[96],不再像以往一樣,要透過西方國家的媒體來解讀大陸情勢,中共的觀點,將隨著資訊的公開化向外散布,基本上,是有利於中共所要達到的對外宣傳任務。

就另一個角度來看,中共集中力量建置六大網站,希望在最短、最快的時間內,追上全球最先進的國家水準。這種類同先富起來的觀念,是大陸開放經濟改革成功的基石之一,大陸確實也走向經濟快速成長之路,但虛擬的網路世界仍有很大的空間,如果中共沒能在新科技方面有更多、更廣的研發,沒能在實際的政治改革上有更符合民主的機制,再多的宣傳也無法改變極權國家的形象。

不過,值得一提的是,六大網站還是持續強化對外宣傳任務,結合大陸各地網站積極推動外宣工作。中國網便與北京千龍網、上海東方網、天津北方網等二十八家大陸新聞網站簽署〈共同構建全國外宣網路平台協議書〉,彼此共用資訊資源,在中國網的平台上構建「網上中國百科全書」,以多種語言向世界介紹中國大陸[97]。這樣致力於對外宣傳的努力,還是可以清楚看見,中共強調宣傳的基本方針。

---

[96] 參閱 Fravel M. Taylor, "Online and on China: Research Sources in the Information Age," *China Quarterly*, no. 163 (2000), pp. 821-842.

[97] 李道佳,〈二十八家新聞網站共建全國外宣平台〉,《新聞戰線》,2002年第 2 期(2002 年 2 月)。
　http://www.people.com.cn/GB/paper79/5498/566030.html

第五章　美國的一個中國政策

一、前　言

　　一九九九年七月九日，中華民國前總統李登輝接受德國媒體訪問時，提出「特殊國與國關係」來界定兩岸關係，使得有關「一個中國」議題再次引發爭議。不但國內出現各種不同意見，國際社會也出現不同看法，中共更是反應激烈，要求回到一個中國立場，宣布延遲海協會會長汪道涵訪台，更進一步關閉海協會與海基會協商的管道。

　　二○○○年總統大選，首次政黨輪替，陳水扁政府上台後，中共強調「聽其言，觀其行」，要求新政府「回到一個中國」立場。在中共堅持下，一個中國原則成為兩岸恢復協商的重要關鍵，也成了新政府的重要議題。

　　對於一個中國問題，中共一度以海基、海協兩會一九九二年曾有過「一中共識」，要求新政府承認一中原則。對於所謂的「九二共識」，兩岸與台灣方面有不同的解讀。不過，新政府以「九二精神」回應，強調兩岸之間並無所謂中共所稱的「一中共識」，也無所謂的「一中各表」共識，只以「九二精神」來說明當時兩岸首次辜汪會晤達成的「看法」。

　　中共雖以承認「一中原則」、「九二共識」，作為台灣方面要求恢復兩會協商的前提。新政府的「九二精神」回應，與中共要求的落差更大，因此，雖然新政府開放小三通，希望帶動兩岸的互動，但兩岸關係仍停滯不前。

　　事實上，除了對台灣施壓之外，中共在國際社會上也以一個中國原則，作為處理外交關係與兩岸問題的重要原則。長久

以來，中共在對外關係的建立與外交文書的締約上，往往會加上一個中國原則的論述，以「中國只有一個，台灣是中國的一部分，中華人民共和國是代表中國的唯一合法政府」這樣的三段式論述，向國際社會表明中共對兩岸問題的立場。

在國際社會方面，長期以來，中共官方認定美國是造成台海兩岸分立、阻止兩岸統一的最主要外國勢力[1]，因此，解決台灣問題的重要阻礙之一，就是美國的干預。對台灣而言，美國的支持是台灣免於中共武力統一威脅的重要力量[2]，美國的中國政策對兩岸關係發展與台灣的前途扮演至關重要的角色。

二次大戰結束以後，美國與蘇聯成為國際社會兩大超級強權，後冷戰時期，美國更成為國際社會的唯一超級強權[3]。在美國扮演世界強權角色的半個多世紀中，兩岸的分立與美國有非常重要的關係，在超強地位的支持下，以及中美台三角關係的密切互動，美國的中國政策對兩岸關係發展扮演相當決定性的地位。

美國扮演的「關鍵」角色，在「特殊國與國關係」論述提出後，中共一方面向台灣施壓，另方面也向美國質疑，要求美

[1] 中共中央台灣工作辦公室、國務院台灣事務辦公室，《中國台灣問題》，北京：九洲圖書出版社，1998，頁 44-50。

[2] 美國軍售台灣便被許多學者視為是確保台灣免於中共武力威脅統一的重要因素。參閱 John P. McClaran, "U.S. Arms Sales to Taiwan: Implications for the Future of the Sino-U.S. Relationship," *Asian Survey*, vol. XL, no. 4(July/ August 2000), pp. 623-640.

[3] 中共以一超多強來說明後冷戰時期的國際關係格局，美國是這種多元體系的唯一強國。參閱官少朋、朱立群、周啟朋主編，《冷戰後國際關係》，北京：世界知識出版社，1999，第 2 章；中國現代國際關係研究所編，《全球戰略大格局——新世紀中國的國際環境》，北京：時事出版社，2000，頁 3-33。

國政府信守一個中國原則，便可看出。

　　值得注意的是，特殊國與國關係提出後，中共向美方抗議，柯林頓政府隨即重申美國主張一個中國政策，反對「兩個中國」的立場[4]。與此同時，美國國會卻傳達出與美國政府不同立場的聲音。參議院外交關係委員會主席赫姆斯（Helms）指出，特殊國與國的論述創造了打破束縛美國對台一個中國政策桎梏的機會；眾議院國際關係委員會主席吉爾曼（Benjamin Gilman）也隨即致函美國總統柯林頓（Bill Clinton），要求他正視華府視包含台灣在內的「一個中國」的首都是北京，這項政策是個錯誤的觀念，強調美國不能接受中共一個中國的論述[5]。

　　美國國內對「特殊國與國關係」反應的大相逕庭，正代表著美國長期以來對「一個中國」政策的分歧，究竟美國對中國的「一個中國」政策內涵為何，是關心兩岸互動者值得深入分析的問題。本文便試圖透過歷史文件分析的方式，將兩岸分立以來，美國政府的一個中國政策內涵做進一步的系統整理分析，透過美國官方文件的解析，探討美國一個中國政策的發展。

---

[4]Department of State, Press Briefing by James Rubin, July 15, 1999; Secretary of State Madeline Albright's remarks on visit of Israeli Prime Minister Ehud Barak, July 20, 1999. 參閱 Shirley A. Kan, *China/Taiwan: Evolution of the "One China" Policy-Key Statements from Washington, Beijing, and Taipei* (CRS Report for Congress, March 12, 2001), p. 1.

[5]Mary Dalrymple, "Taiwanese President's Comment Inspires GOP to Renew Attack on Clintion's 'one China' Policy," *Congressional Quarterly* (July 24, 1999); Letter from Representative Benjamin Gilman to President Clinton, Sep. 7, 1999.

二、搖擺不定的一個中國政策（1945-1949）

　　一個中國原本並不該是個議題，但二次大戰結束後隨即展開的國共內戰，卻使得原本不是問題的問題成了問題。

　　國共內戰的結果，美國支持的國民政府節節敗退，最後退守到台灣，蘇聯支持的共產黨則掌控了大陸，國際上出現了兩個各自宣稱代表中國的政權，因此，所謂一個中國的爭議自然出現，那就是誰才是歷史上傳統中國的合法代表？

　　對國民政府與共產黨而言，一個中國爭的是正統地位，一個中國本身是無庸置疑的，重要的是，誰是正統，誰才是真正的歷史中國的繼承者。然而，對於國際社會，這個問題卻沒有這麼簡單，因為，國民政府退守的台灣有極特殊的歷史背景與地理位置，使得這個原被視為單純的內戰問題，出現了國際化的空間。

　　台灣，二次世界大戰時還是日本的殖民地，戰後由國民政府從戰敗的日本政府手中接收，但國共內戰使得「中日和約」遲遲無法簽訂，也使得台灣地位出現了討論的空間。

　　因此，美國政界出現了所謂的「台灣問題」（Taiwan issue）的爭論，「兩個中國」、「一中一台」、「台灣地位未定論」、「台灣獨立」、「一個中國，兩個政府」等各種界定或主張紛紛出現，中共將這些問題統統視為「兩個中國」[6]，認為都是兩

---

[6] 王緝思，〈論美國「兩個中國」政策的起源〉，資中筠、何迪編，《美台關係四十年》，北京：人民出版社，1991，頁57。

岸分裂、「背離祖國」的主張。

　　對美國而言，這就是一個中國政策論爭的起始。探究其根源，國共內戰期間，杜魯門（Harry Truman）總統與行政幕僚們就出現了不同的看法。

(一) 援華法案——持續援助與放棄國民政府的論辯

　　二次大戰結束後，國共內戰隨即展開，一九四六年一月，在美國的調停下，國共雙方取得停戰協議，但停戰協議僅維持半年，同年七月國共內戰再起，一九四七年，國民政府軍隊尚能採取攻勢，但至下半年，戰局的主動權已轉移到共軍[7]。

　　一九四八年初，國共內戰戰局逐漸明朗，中國共產黨取得政權似乎只是時間的問題。對美國而言，形勢迫使杜魯門政府面臨著兩難困局，應該繼續援助必敗的國民政府，還是放棄國民政府，轉而與即將成立的新政府打交道。從一九四八年中一直到一九五〇年六月韓戰爆發，杜魯門政府的東亞政策就面臨著這樣的兩難局面[8]。

　　關於美國對國民政府援助問題，美國白宮、國務院、國會都有不同的意見。對國民政府的援助案，最初是由當時的國務卿馬歇爾（George C. Marshall）所提出，對馬歇爾而言，他的東亞政策是要確保美國的國家利益，但不讓美國捲入中國的內戰[9]。

---

[7] 王建民，《中國共產黨史：第三編・延安時期》，台北：漢京文化事業，1988，頁 558-566。

[8] June M. Grasso, *Truman's Two-China Policy: 1948-1950* (New York: M. E. Sharpe Inc., 1987), p. 4.

[9] Memorandum of Conversation by Marshall, 11 June 1948, *Foreign Relations of the United States (FRUS)*, 1948, vol. 8, p. 91-99.

　　然而，這份援華法案的草案，並不等同於當時援助歐洲馬歇爾計畫，援歐計畫是要全面打敗共產黨，但對國民政府的援助主要是用於經濟援助，而非打敗中國共產黨，包括駐華大使司徒雷登（John Leighton Stuart）在內的許多美國官員，都曾質疑這個法案的有效性[10]。

　　在所有給予行政部門的壓力中，防止蘇聯介入中國內戰是最有力的說服點，也是駐華大使館等相關支持大力援助國民政府部門官員的立場，不過，這些立論並未被國務院接受。在強調確保美國在東亞利益的前提下，整個援助政策及政策的執行，事實上是由杜魯門總統與國務卿馬歇爾所做的決策，也反應了他們的立場[11]。

　　雖然行政部門的意見不同，國會部門也有爭議，經過國會的論辯，一九四八年四月，美國國會通過了援華法案（The China Aid Act），決定給國民政府四億六千三百萬美元的援助。

（二）保衛台灣的戰略考量──台灣問題的出現

　　法案的通過，似乎顯示美國政府並未放棄國民政府，仍然採取持續支持國民政府的立場，繼續給予援助。不過，值得注意的是，到一九四八年底，共產黨在國共內戰中掌握優勢，美國政府開始考慮檢討這項援華法案。

---

[10]當時美國駐華大使司徒雷登便曾警告，這項計畫恐不能有效執行；美國國家安全會議執行秘書索爾斯（Sidney Souers）曾警告，國務院的援華計畫恐將造成美國失去中國；國務院遠東事務局局長巴特渥斯（Walton Butterworth）也曾警告馬歇爾，援華法案不如援歐法案，很可能會失敗。參閱 Stuart to Marshall, 29 January 1948, *FRUS*, 1948, vol. 8, pp. 465-467; Butterworth to Marshall, 24 January 1948, *FRUS*, 1948, vol. 8, p. 460.

[11]June M. Grasso, *Truman's Two-China Policy*, p. 15.

　　當美國國內對於援華法案進行再論辯的同時，台灣問題成爲國務院內部討論的焦點。台灣的戰略、在台灣建立美國海軍基地等問題被提出來探討，美國參謀聯席會議強調，如果台灣落入共產黨政府的控制，將會對美國的戰略安全造成嚴重的威脅，因爲一個不友善的台灣政府控制的鄰接海域，會威脅到美國在日本、琉球群島、馬來半島及菲律賓的利益。因此，參謀聯席會議建議，美國用外交或經濟手段，確保台灣政府對美國保持友善[12]。

　　因爲戰略地位的重要性，台灣在美國的中國政策論辯中被視爲重要議題，這個議題的提出，基本上，在一定程度上解釋了美國所謂的「兩個中國」或「一中一台」政策的戰略依據。在國家利益與戰略安全的前提下，美國的中國政策除了思考是否繼續援助國民政府之外，也開始思考如何確保台灣由一個對美國友善的政府管轄。

　　一九四八年底，台灣問題與援華問題在美國政府部門間開始討論，有的主張取消援華物資的運送，有的主張繼續運送作業，有的認爲應將物資運到台灣，甚至出現提供大量經濟與軍事援助給台獨團體的建議[13]。與此同時，國民政府也提出將援華物資運送到台灣的要求[14]。

　　在政策論辯後，一九四八年十二月三十日，杜魯門決定繼續執行援華法案，不過，未運至中國大陸的物資將轉運到其他

[12]Memorandum by the Joint Chiefs of Staff to Forrestal, 24 November 1948, *FRUS*, 1949, vol. 8, pp. 305-306.
[13]June M. Grasso, *Truman's Two-China Policy*, pp. 33-34.
[14]June M. Grasso, *Truman's Two-China Policy*, p. 33.

地點[15]。此後，美國援華物資開始運往台灣。

　　至此，美國「保衛台灣」政策已然確定，不過，這個政策旨在防止台灣落入一個支持蘇聯的共產黨政權之手，以確保美國的利益。此時的美國政府並未確定保衛台灣是否意味著保衛撤退到台灣的國民政府。

(三) 放棄國民政府──矛盾的中國政策

　　一九四九年初，國民政府戰情持續失利，美國政府再次檢討援華法案，新上任的美國國務卿艾奇遜（Dean Acheson）所代表的美國國務院認為，持續對國民政府進行經濟與軍事援助，無助中國的戰情，反而造成美國經濟的負擔[16]，因此，主張檢討援華方式，但國會支持國民政府的力量，仍然通過援華法案修正案，持續對國民政府提供援助。

　　這項法案雖然旨在援助位於大陸的國民政府，但杜魯門政府則將這筆經費用以支持「保衛台灣」的計畫。情勢演變成美國國會支持援助國民政府對抗共產黨，國民政府則將物資運往台灣，認為國民政府必敗的杜魯門政府，則設法讓台灣不落入國民政府和共產黨之手[17]。

　　對台灣方面，美國國務院於一九四九年初擬訂「關於美國對台灣立場」的報告，報告指出，美國的基本目標是不讓台灣和澎湖落入共產黨之手，因此，最實際的方法是在不公開承擔單方面義務和施加單方面壓力的情況，把這些島嶼和中國大陸

[15] Butterworth to Lovett, 30 December 1948, *FRUS*, 1948, vol. 8, pp. 667-668.
[16] Lovett to Truman, 14 January 1949, *FRUS*, 1949, vol. 9, p. 267.
[17] June M. Grasso, *Truman's Two-China Policy*, p. 43-44.

隔離開，杜魯門於同年二月批准這項報告。美國政府當時考慮
的行動方案包括：(1)根據日本投降條款，直接出兵占領；(2)
支持台灣的國民政府，承認他們是中國政府；(3)支持當地非共
黨人士控制台灣，做好台灣自治運動的準備；(4)探索通過聯合
國對台灣採取行動的可能性[18]。

　　在這些選項中，美國軍方反對直接出兵占領，台灣的自治
運動當時又未成氣候，英法等國也無意介入台灣問題[19]。

　　美國政府既無意對大陸的國民政府持續援助，其結果自然
無法避免共產黨打敗國民政府，取得中國大陸的統治權；但另
一方面，杜魯門政府又把台灣視爲重要的反共基地。如此一來，
美國必然要面對兩個宣稱代表中國政府的政權同時存在的事
實，一個是事實控制大陸絕大多數領土的中共，一方面，美國
政府又把援助送往台灣，事實上協助成立一個與中共敵對的政
府[20]。因此，美國政府在保衛台灣但又放棄中國大陸的政策下，
讓台灣問題逐步浮現，大陸與台灣出現兩個「中國政府」已儼
然成形。

　　事實上，一九四九年杜魯門政府的中國政策內容基本上是
相互矛盾的。一方面，將大量物資運往台灣，援助有意撤往台
灣的國民政府；但在經濟上，美國石油公司卻同時賣石油給共
黨政府與國民政府；杜魯門總統在口頭上支持國民政府封鎖大

---

[18]*FRUS*, 1949, vol. 9, pp. 270-275，轉引自范希周，〈試析一九四八至一
　　九六八年美國對台灣的政策〉,《台灣研究集刊》,1987 年第 1 期（Spring
　　1987），頁 1-2。

[19]*FRUS*, 1949, vol. 9, pp. 284-286，轉引自范希周，〈試析一九四八至一
　　九六八年美國對台灣的政策〉，頁 2。

[20]June M. Grasso, *Truman's Two-China Policy*, p. 56.

陸，但國務院卻允許美國公司與中共協商各種契約[21]。在這樣
的矛盾政策下，美國政府的中國政府是採取觀望態度，一直到
美國發表俗稱「中國白皮書」的中美關係白皮書，強調國民政
府要為失去大陸負責之後，美國的中國政策才有了較明確的立
場。

　　一九四九年八月五日，在國民政府尚未失敗之前，美國國
務院發表「中國白皮書」，表示放棄國民政府，因為美國已經
無法避免中共的勝利，白皮書指國民政府要為失去中國負最大
的責任，強調國民政府貪污、無能，導致其無可避免的失敗，
內戰結果不是美國政府所能控制[22]。

　　白皮書雖象徵著美國正式放棄國民政府，但並不代表美國
放棄台灣。從美國政府的資料來看，當時，美方的兩大戰略是，
一方面，讓台灣在沒有美軍的協助下，建立一個反共的政府，
另方面，則是透過公開反對國民政府，以表明美國政府與台灣
建立的國民政府無關，以避免蘇聯及中共的抨擊[23]。

　　一直到白皮書的公布，基本上，美國政府的中國政策仍然
是保衛台灣，只是更明確地指出放棄在大陸的國民政府。

(四) 放棄台灣

　　白皮書公布後，國共內戰情勢愈來愈不利國民政府，一九
四九年十月共產黨在北京宣布建立政權，國民政府已失去中國
大陸，美國面臨了承認這個新政府的壓力。

---

[21]June M. Grasso, *Truman's Two-China Policy*, pp.78-79.
[22]U.S. Department of State, *United States Relations with China* (Washington, D. C.: Office of Public Affairs, 1949), p. xvi.
[23]June M. Grasso, *Truman's Two-China Policy*, pp. 85-86.

　　中共建政後，一九四九年十月二十五日，美國國家安全會議在一份名為「美國關於亞洲的立場」報告中，正式提出「兩個中國」政策的概念，報告表示，在任何情況下，都應盡一切努力防止承認共黨政權為中國的唯一政府，承認在部分中國領土上的共產黨政權，又繼續承認在非共黨中國領土上的另一個政府，這種可能性應當探索[24]。國家安全會議提出的這項建議，代表美國當時紛亂的中國政策中「兩個中國」政策主張的立場，不過，當時並未被杜魯門政府接受。

　　國務卿艾奇遜認為，中共與蘇聯雖有共同的意識形態，但彼此之間必然有衝突，為了避免中國人民反美，同時引發中共與蘇聯之間的利益衝突，美國必須與國民政府劃清界線[25]，以爭取與新政府互動的機會。美國政府的策略，第一步是發表中國白皮書，與國民政府劃清界線，接著，就是進一步宣布「放棄台灣」。

　　一九五〇年一月五日，杜魯門總統發表準備放棄台灣的聲明，聲明指出，「美國對台灣及任何其他中國的領土都沒有掠奪的野心，美國此時也不準備在台灣建立軍事基地或取得特權，更沒有意願使用武力干預現狀，美國政府也不會採取任何作法，以介入中國的內戰。」[26]

　　美國政府放棄台灣的聲明，顯然是向中共拋出了和平示好的風向球，國務卿艾奇遜十二日發表「美國的基本立場」演說

---

[24]The Position of the United States with Respect to Asia, Oct. 25, 1949, President's Secretary's File. 轉引自王緝思，《論美國「兩個中國」政策的起源》，頁 58。

[25]方海鶯譯，約翰・史班尼爾（John Spanier）著，《當代美國外交史》，台北：桂冠圖書公司，1986，頁 93-94。

[26]June M. Grasso, *Truman's Two-China Policy*, p. 113.

時強調，美國的戰略考量範圍包含日本、菲律賓及周邊島嶼，並未提到台灣和南韓。多數的美國人便將此政策解釋為放棄這兩個地區[27]。

美國釋出了向中共示好的「放棄台灣」政策，不過，並未得到中共正面的回應，毛澤東不但不是中國的狄托，而且，一九五〇年二月，中蘇共還簽訂了長達三十年的中蘇友好同盟條約。

此時美國的中國政策，由原先的放棄國民政府，保衛台灣，轉變為放棄台灣，也就是「不干涉」台灣問題[28]。

放棄台灣政策反應在聯合國所謂「中國代表權」問題上，美國採取的相應政策是「中立」。

美國雖然放棄台灣，但與中共的互動並不如預期，因此，中共建政之後，在外交上仍然承認中華民國政府。一九四九年十月一日中共宣布建立中華人民共和國，十一月十五日，外交部長周恩來致電聯合國秘書長賴伊（Trygve Lie），聲明中共中央人民政府應代表全中國人民參加聯合國，國民政府已喪失代表中國人民的任何法律與事實根據，應該立即從聯合國所有機構排除出去[29]。

在聯合國代表權問題上，美國的立場是支持中華民國代表聯合國的中國席位，不過，美國的盟邦英國和聯合國秘書長賴

---

[27]Herbert B. Bix, "Japan and South Korea in America's Asian Policy," in Frank Baldwin ed., *Without Parallel* (New York: Pantheon, 1974), pp. 184-185.

[28]Martin L. Lasater, *U.S. Policy Toward China's Reunification* (Washington, D. C.: The Heritage Foundation, 1988), p. 9.

[29]田進、俞孟嘉等著，《中國在聯合國——共同締造更美好的世界》，北京：世界知識出版社，1999，頁20。

伊並不支持美國的這項立場。英國是最早承認中共的國家之
一，而賴伊則批評美國的中國政策錯誤，美國也不應鼓勵其他
國家拒絕中共成爲聯合國的中國代表[30]。

　　在蘇聯集團、部分盟邦及聯合國秘書長賴伊的壓力下，美
國對中國代表權採取「中立」政策，一九五〇年三月二十三日，
美國國務卿艾奇遜提送美國五十六個大使館的電報中表示，美
國支持國民政府在聯合國的席位，但不干涉相關問題在聯合國
的討論過程，此項說明顯示了美國的中立立場，亦即美國支持
國民政府，但不干涉盟邦的態度[31]。不過，這個中立政策只維
持短短不到三個月，韓戰爆發，美國就改變了中立政策，又轉
回支持國民政府的聯合國席位立場。

三、實質兩中的一個中國政策（1950-1970）

　　美國採取放棄台灣的不干涉政策後，期盼一方面秘密支持
在台灣的國民政府，同時，更重要的是要維持與中共的關係。
直到一九五〇年六月二十五日韓戰爆發爲止，美國並沒有所謂
的對抗中國戰略[32]，韓戰的爆發，則迫使美國調整中國政策。

---

[30]Memorandum of Conversation by Ross, 25 February 1950, *FRUS*, 1950,
vol. 2, pp. 227-228; Memorandum by Ross, 7 March 1950, *FRUS*, 1950, vol.
2, pp. 233-237. 轉引自 June M. Grasso, *Truman's Two-China Policy*, pp.
152-153.

[31]June M. Grasso, *Truman's Two-China Policy*, p.154

[32]Akira Iriye, *Across the Pacific: An Inner History of American-East Asian
Relations*, Revised Edition (Chicago: Imprint Publications Inc., 1992), p.
282.

韓戰爆發之前，杜魯門政府的中國政策基本上是相互矛盾的，主要的原因是政府部門間對中國政策的認知與立場不同，妥協的結果就形成了矛盾的中國政策。因此，杜魯門政府在短短的五年內，由援助國民政府、放棄國民政府、保衛台灣，一直到放棄台灣，政策才走向較明確的準備接受中共統治中國的事實[33]。

雖然如此，但就戰略的考量，台灣具有重要的戰略價值，如果韓戰沒有爆發，中共若渡海攻台，沒有人敢肯定美國會不會出兵協防台灣。也就因為台灣對美國的東亞戰略安全具有價值，才埋下了「兩個中國」或「一中一台」政策的伏筆，總體而言，美國一直都未放棄保衛台灣的戰略考量。

(一) 杜魯門的兩個中國政策

韓戰爆發迫使杜魯門政府改變中國政策，一九五〇年六月二十七日，韓戰爆發後兩天，杜魯門發表一份公開聲明強調[34]：

> 對韓國的攻擊無疑表明，共產主義已使用顛覆手段征服獨立國家，亦將使用武力侵略和戰爭，此舉已公然藐視聯合國安全理事會提出的維持國際和平與安全。在此情形下，共產黨軍隊占領台灣將直接威脅到太平洋地區的安全，以及美國軍隊在該地區執行合法與必要的任務。

---

[33] 當時美國駐華大使司徒雷登在回憶錄中強調，美國政府在韓戰爆發前的態度是比較傾向中共政權的。司徒雷登，《司徒雷登回憶錄：在中國五十年》，台北：新象書店，1984，頁290。

[34] *American Foreign Policy, 1950-1955: Basic Documents, II* (Washington, D. C.: GPO, 1957), p. 2467. 轉引自 Martin L. Lasater, *U.S. Policy Toward China's Reunification*, pp. 9-10.

　　因此，我已經下令第七艦隊阻止任何對台灣的攻擊，
同時，我也要求台灣的中國政府停止對大陸的任何海
空行動，第七艦隊將會監視前述指示。台灣未來最終
地位的決定，必須等待太平洋地區安全的恢復、與日
本的和平解決，以及聯合國的考量。

　　杜魯門的這項聲明，顯示美國的中國政策已出現重大轉
變，「台灣地位未定論」、「台灣海峽中立化」等過去屬於討
論的意見，已成為杜魯門政府的政策。美國政府改變先前放棄
台灣，只給予台灣秘密援助及外交承認，靜待中國情勢變化的
政策，轉而強力支持遷台的國民政府。

　　這項政策宣示對美國過去搖擺的中國政策有了較確定的方
向，「台灣地位未定論」使美國「有權」派遣第七艦隊協防台
灣[35]，提供美國派兵到台灣海峽的合法性基礎，用以防止中共
指控美國干涉中國內政；「台灣海峽中立化」一方面阻止中共
的攻台計畫，另方面，也阻止了國民政府反攻大陸的機會，杜
魯門政府的新政策已成為實質的「兩個中國」政策。

　　杜魯門發表聲明的同一天，也將派遣第七艦隊的政策致送
國民政府，國民政府二十八日上午即決定,基於有益台灣安全,
「原則上接受」美國的提議，但同時發表聲明表示，此不影響
開羅會議有關台灣未來地位之決定，亦不影響中國對台灣的主
權[36]。亦即，國民政府為求台海安全，接受美方第七艦隊協防
的建議，但並不同意台灣地位未定論，台灣地位未定論或兩個

[35]Hungdah Chiu ed., *China and the Question of Taiwan* (New York: Praeger Publishers Inc., 1973), pp. 236-238.
[36]《中央日報》（台北），1950 年 6 月 29 日。

中國仍只是美國單方面的政策。

除了政策宣示「台灣地位未定」之外，美國政府還從國際條約層次落實這項政策，由美國和英國在一九五一年六月起草的對日和約聯合聲明案中提議，日本放棄其對台灣和澎湖列島的主權，該條約本身將不決定這些島嶼的未來歸屬，日後的舊金山對日和約便包含了這項條款[37]。亦即，美國的中國政策已明確成爲「兩個中國」或「一中一台」，並爲這項政策提供國際法理論依據。

隨著中共所謂「志願軍」的投入韓戰，美國對北京的敵意更爲加深，對台灣的支持也就更加強，強化了與中華民國政府的政治、經濟與軍事關係[38]。而在確立了支持在台灣的中華民國政府之後，美國在聯合國也展開了中國席位保衛戰。

韓戰爆發，使台灣和韓國問題掛鉤，在聯合國的中國代表權上，美國也放棄了中立的政策，開始向盟邦遊說支持在台灣的國民政府，艾奇遜向杜魯門建議，遊說盟邦讓支持中共代表中國的提案無法進入安理會的議程，這項建議得到杜魯門的同意，當年投票結果，中共代表權案未能排入議程[39]。一九五一年二月，聯合國進一步通過譴責中共爲侵略者的議案，此後國民政府與中共的聯合國代表席位之爭，在美國的支持下得以維持二十年。

(二) 艾森豪對兩中政策的修正與再修正

杜魯門的台灣地位未定和台灣海峽中立化的政策，雖然未

---

[37]王緝思，《論美國「兩個中國」政策的起源》，頁 64。
[38]Martin L. Lasater, *U.S. Policy Toward China's Reunification*, p. 10
[39]*Year Book of the United Nations*, 1950, p. 425.

明白宣示美國採取「兩個中國」政策，但這項聲明的實際效果
卻已是「一中一台」或「兩個中國」，也就是說，杜魯門政府
的中國政策可說是沒有兩個中國字眼的兩個中國政策[40]。

　　一九五三年艾森豪（Dwight D. Eisenhower）就任美國總統
後，任命被視爲堅決反共的杜勒斯（John Foster Dulles）出任
國務卿，美國與國民政府的關係改善，懸缺三年的美國駐華大
使也由原駐華公使藍欽升任大使，不過，美國的中國政策並沒
有重大改變，只曾經在一九五三至一九五四年的「解除束縛」
（unleashed）政策中稍作調整，基本上仍維持杜魯門時期的政
策[41]，一直到一九五四年的中美共同防禦條約，則可說是將杜
魯門當時的實質兩個中國政策文件化。

　　艾森豪接任總統後在第一次致國會咨文中，改變了杜魯門
時期的台灣海峽中立化的政策立場，強調沒有任何道理由美軍
替中共承擔防衛任務，並發布命令不使用第七艦隊保護中共[42]。

　　艾森豪這項聲明被中共稱爲「放蔣出籠」，亦即從過去防
止中共軍隊犯台，同時反對國民政府反攻大陸的台海中立化，
改爲防止共軍犯台，但允許國民政府軍隊反攻大陸。這項政策

---

[40]關於杜魯門的中國政策是否是兩個中國，學界有不同看法，許多美國學
者和大陸學者都認為美國採行的是兩個中國政策，但亦有學者認為是一
個中國政策。認為是兩中的著作可參閱 June M. Grasso, *Truman's
Two-China Policy*; Akira Iriye, *Across the Pacific*, pp. 295-296;資中筠、何
迪編，《美台關係四十年》；傾向是一中的著作可參閱陳毓鈞，〈美國
的「一個中國」政策〉，《美國月刊》，第 9 卷第 2 期（1994 年 2 月），
頁 50-63。

[41]Akira Iriye, *Across the Pacific*, p.295；黎永泰，《毛澤東與美國》，昆
明：雲南人民出版社，1993，頁 475。

[42] *China: U.S. Policy Since 1945* (Washington, D. C.: Congressional
Quarterly Inc., 1980), p. 100.

受到國民政府的歡迎[43]，似乎也顯示美國政府對中國政策的重大調整。

這項具有支持國民政府反攻大陸意味的聲明，似乎是回到一個中國政策，支持台灣的國民政府反攻大陸。然而，艾森豪這項解除台海中立的主要目的，並不在支持國民政府反攻，依據艾森豪自己的說法，此政策旨在警告中共，迫使中國共產黨在韓戰停戰談判中讓步[44]。也就是說，在維護美國國家利益的目標下，艾森豪政府這項解除台海中立的政策聲明，旨在對中共施壓，而不是真正的政策重大調整，而且此項政策亦未改變台灣未定論的立場，因此，可視為艾森豪對杜魯門兩中政策的修正，但非改變兩中政策。

艾森豪這項政策修正僅維持一年多。一九五三年七月，韓戰停火協定達成，一九五四年，美國圍堵政策在亞太地區的聯防體系也逐漸建構完成，是年十二月二日，國民政府與美國在華盛頓簽訂「中美共同防禦條約」，美國與中華民國政府形成集體防禦體系。

中美共同防禦條約使美國與中華民國形成軍事同盟，對台海安全提供相當程度的保障，但值得注意的是，這項條約的實際效果，則是以條約的方式落實了杜魯門政府以來，美國所採取的兩個中國政策。

條約中文正本第六條便對雙方共同防禦的「領土」進行界

[43]蔣中正當時即發表聲明，以這項決定是「美國最合理而光明之舉措」，表達國民政府對這項政策的支持。參閱《中央日報》，1953 年 2 月 4 日。
[44]Dwight D. Eisenhower, *Mandate for Change, 1953-1956: the White House Years* (Garden City, N.Y.: Doubleday, 1963), p. 181.

定,「就中華民國而言,應指台灣與澎湖」。第七條規定,「中華民國政府給予,美利堅合眾國政府接受,依共同協議之決定,在台灣澎湖及其附近爲其防衛所需要而部署美國陸海空軍之權利。」[45]

此外,條約還附交換照會,中文版是由當時國府外交部長葉公超致美國國務卿杜勒斯的照會,內文表示:「此項使用武力將爲共同協議之事項,但顯屬行使固有自衛權利之緊急性行動不在此限,凡由兩締約國雙方共同努力與貢獻所產生之軍事單位,未經共同協議不將其調離第六條所述各領土,至足以實際減低此等領土可能保衛之程度。」[46]

條約規定的共同防禦僅限於台灣與澎湖,明顯表示,美方無意保衛非台灣地區的中華民國領土;其次,照會中更明白指出,軍事單位的調離上述領土,必須經過共同協議,也就是說,中美共同防禦條約又退回到杜魯門政府的台海中立政策,台灣安全雖然獲得保障,但中共的安全也同樣獲得保障,國民政府反攻大陸基本上是不可能的,因爲,反攻大陸必須從台灣本島與澎湖調動部隊,但協議規定任何調離台灣本島與澎湖的軍隊都須與美國協商,因此,反攻大陸基本上必須得到美國的同意。

在美國維持台灣和平,不支持與中共開戰的情況下,國民政府反攻大陸實不可能獲得美國的同意,因爲,先前的韓戰,美國已反對國民政府參戰,且如果美國支持國民政府反攻大陸,那共同防禦條約就不須做前述規定。

---

[45] 中美共同防禦條約中文正本,轉引自陳志奇,《戰後美國對華政策之蛻變》,台北:帕米爾書店,1981,頁67。
[46] 「中華民國外交部葉部長公超致美國國務卿杜勒斯照會」,轉引自陳志奇,《戰後美國對華政策之蛻變》,頁73。

中美共同防禦條約便象徵著美國兩個中國政策的文件化，因為，美國既不支持台灣的國民政府反攻，也反對大陸的共黨政府進攻台灣，那麼，兩岸的分立是必然的結果，實質上的兩個中國政策更為確定。

一九五五年一月二十五日、二十八日，美國眾議院、參議院先後通過「美國國會聯合決議防衛台灣案」，批准艾森豪所請，國會授予緊急授權，以防衛台灣[47]。艾森豪政府再以國內法形式，強化保衛台灣的立場。此後，中共便一再批評，美國帝國主義以武力方式非法占領台灣[48]。

(三) 甘迺迪、詹森的中國政策

艾森豪八年總統任內，中美共同防禦條約確立的形式一中，實質兩中政策並未改變，亦即，一九五〇年代美國的中國政策基本上是實質的兩個中國政策。

甘迺迪（John F. Kennedy）於一九六一年出任總統，美國的中國政策並無重大調整，在就任後首次對中國政策發表談話時強調，繼續履行對國民政府的支持、繼續支持國民政府在聯合國的席位、繼續反對在目前情況下允許中共進入聯合國[49]。但由於甘迺迪對國民政府的態度並不如艾森豪政府那樣支持，政策出現了調整的走向，但主要是與中共互動政策的調整，而非實質兩中政策的調整。

在艾森豪時期，美國參議院外交委員會公布一份由中情局

---

[47]*China: U.S. Policy Since 1945*, pp. 105-106.

[48] John F. Copper, "China's Views of Taiwan's Status: Continuity and Change," *Asia Pacific Community* (Spring 1980), p. 124.

[49]《中央日報》，1961 年 4 月 13 日。

智庫康隆公司提出的「美國的亞洲外交政策」報告（亦被稱為「康隆報告」），報告中建議贊成中共加入聯合國，同時設法使台灣成為一個獨立國家——「台灣共和國」[50]。智庫提出的「一中一台」主張，在當時引起了討論，但並未成為美國政府的政策，不過，此一建議對一九六〇年代美國的中國政策發生了一定的影響。

甘迺迪政府時代的副國務卿鮑爾斯（Chester Bowles）在甘迺迪競選總統期間，曾於一九六〇年四月在美國《外交季刊》（*Foreign Affairs*）發表一篇文章，主張美國的目標不是製造侵略中國大陸的軍事基地，而是鼓勵一個新獨立國家有秩序地成長[51]。

鮑爾斯的這項主張後來並未成為甘迺迪政府公開的主張，但凸顯出美國內部對於中國問題的看法仍然有爭議，而實質的兩個中國政策，更具體化地點出「一中一台」的架構。

甘迺迪政府的中國政策主要是調整對中共的態度，他強調要以談判方式來解決問題，甚至在華沙會談時曾建議雙方交換記者，但被中共拒絕[52]。在國內的壓力下，甘迺迪的中國政策仍然持續艾森豪時期，保衛台海和平的形式一中實質兩中政策，甘迺迪遇刺身亡後，繼任的詹森（Lyndon Johnson）總統

---

[50] Conlon Associates Ltd., *United States Foreign Policy, Asia, Studies Prepared at the Request of the Committee of Foreign Relations, United States Senate* (Washington, D.C.: Government Printing Office, 1959), pp. 153-154.

[51] Chester Bowles, "The China Problem Reconsidered," *Foreign Affairs*, vol. 38, no. 3 (April 1960), pp. 476-478.

[52] 當時中方代表王炳南以台灣問題未解決前，交換記者的條件並不成熟，拒絕美方的提議。王炳南，《中美會談九年回顧》，北京：世界知識出版社，1985，頁83-84。

仍持續這樣的政策。

　　一九六三年十二月，美國國務院遠東事務助卿希爾斯曼（Roger Hilsman）針對中國政策發表的演說表示，美國不認為中共會被推翻，但強調防衛台灣是美國的一項基本原則，中共必須接受這項事實才能改變與美國的關係，美國將持續與中共對談。希爾斯曼的這項演說，被視為美國首次公開承認孤立中共以推翻共黨政權政策失敗，暗示美國可能改變政策，但隨著甘迺迪的遇刺身亡，這項政策改變便無法推動[53]。

　　一九六六年三月，美國國務卿魯斯克（Dean Rusk）在眾議院外交委員會的演講中強調，美國的中國政策是要信守對台灣的承諾，同時要說服中共放棄在台灣地區使用武力，美國仍將持續努力讓中共相信美國無意攻擊中共，美也將敞開大門與中共在華沙會談中，進行直接外交接觸[54]。

　　總體來看，甘迺迪與詹森時期美國的中國政策並未出現重大轉變，但與中共進行對話的政策已開始在醞釀，一直到尼克森（Richard Nixon）接任總統後，美國的中國政策才有了重大轉變。

(四) 聯合國的中國代表權爭議

　　美國對中國政策的內涵，除了政策宣示與條約行動之外，聯合國中國代表權爭議也是觀察美國一中政策的重要指標。

　　中共建政以後，美國的中國政策還包含了聯合國代表權問題，在保衛台灣的形式一中實質兩中政策下，美國及盟邦在聯

---

[53]*China: U.S. Policy Since 1945*, p. 139.
[54]"Rusk 1966 China Policy Text," in *China: U.S. Policy Since 1945*, pp. 318-319.

合國運用「拖延討論」、「重要問題」及「雙重代表權」等策略，支持中華民國的聯合國席位[55]。

　　所謂拖延討論，即對提出由中共取代中華民國席位的議案，提出延期討論提案，此策略從一九五○至一九六○年，成功封殺了中共取代中華民國案；一九六一年以後，因新會員增加，改採中國代表權為「重要問題」案，須有三分之二會員國同意才能通過，此後年年由大會採多數決表決此案是否屬重要問題案，此策略一直運用到一九七一年，情勢轉變，國民政府遂退出聯合國。

　　聯合國中國代表權爭議，可說是「一個中國」問題在國際社會展現各國中國政策最具體的場合，美國在形式一中實質兩中的中國政策下，在聯合國支持中華民國的席位。然而，隨著聯合國會員國的增加，支持中共的票數有逐年增多的情勢（參閱**表 5.1**），一九六五年，雙方在「排我納匪」案的表決票數還一度相同，中華民國代表權岌岌可危，一九六六年中共爆發文化大革命形象大損，中華民國聯合國會籍得以確保，但問題已然出現，中共取代中華民國似已成為大勢所趨。

　　中華民國聯合國代表權爭議在一九七○年出現重大轉折，是年，在表決「排我納匪」案時，支持中共的票數首度超越中華民國，不過，在表決重要問題案時，支持中華民國的票數較多，中華民國才得以保住席位。

　　一九七○年的轉折與美國的中國政策醞釀轉變具有重大關係，尼克森就任總統後推動談判代替對抗的政策，國際社會感

---

[55]參閱田進、俞孟嘉等著，《中國在聯合國──共同締造更美好的世界》，頁 27-32。

表 5.1　聯合國中國代表權表決情況

「延期討論」提案表決情況					
會議年	贊成	反對	棄權	缺席	總票數	支持%
1951	37	11	4	8	60	61
1952	42	7	11	0	60	70
1953	44	10	2	4	60	73
1954	43	11	6	0	60	72
1955	42	12	6	0	60	70
1956	47	24	8	0	79	60
1957	48	27	7	0	82	59
1958	44	28	9	0	81	54
1959	44	29	9	0	82	54
1960	42	34	22	1	99	42

「重要問題」提案表決情形			「排我納匪」案表決情形		
會議年	贊成	反對	棄權	贊成	反對	棄權
1961	61	34	7	38	48	20
1962	61	34	7	42	56	12
1963	61	34	7	41	57	12
1965	56	49	11	47	47	20
1966	66	48	7	46	57	17
1967	69	48	4	45	58	17
1968	73	47	5	44	58	23
1969	71	52	4	48	56	21
1970	66	59	7	51	49	25
1971	55	59	15	76	35	17

註：1964 年未討論任何提案

資料來源：田進、俞孟嘉等，《中國在聯合國──共同締造更美好的世界》，北京：世界知識出版社，1999，頁 28。

受到美國政策的調整，在聯合國的投票中開始轉向，一九七一年初，美國國家安全顧問季辛吉（Henry Kissinger）密訪北京，敏感的國際社會認為美國政策已經改變，聯合國中國代表權重大問題表決時，雖然美國仍支持中華民國，但多數會員國支持中共，中共於是年正式取代中華民國，取得聯合國的中國代表席位。

四、認知轉換的模糊一中政策（1971-1981）

一九六九年，尼克森就任總統後，美國的中國政策出現了重大改變，尼克森主張談判替代對抗，與中共改善關係，台灣問題成爲重要的關鍵，美國的形式一中政策，走向實質的兩中政策，在聯合國提出「雙重代表權」，公開支持兩個中國。

由於兩個中國政策不爲兩岸政府接受，國民政府與中共均反對這樣的安排，美國兩個中國政策改變，又回到一個中國政策，此時的一中政策所指涉的一個中國已經變成中華人民共和國。

(一) 尼克森的兩個中國政策

一九六九年尼克森就任美國總統，在就職演說中，他強調「談判時代」（Era of Negotiation）的來臨，主張美國應與所有國家交朋友[56]。在這種「談判時代來臨」的政策基礎上，同年七月，尼克森在關島發表著名的「尼克森主義」，主張以談判代替對抗，以解決共黨國家與非共國家之間的衝突，強調美國將放棄韓戰以來視中共爲敵對的侵略國家，而以軍隊圍堵中共的作法[57]。

尼克森主義宣示了美國中國政策的重大轉變，也意味著中共與美國關係走向新的發展方向。美國政策的轉變主要是基於

---

[56]"Nixon's First Inaugural Address," in *China: U.S. Policy Since 1945*, p. 320.

[57]*China: U.S. Policy Since 1945*, p. 186.

戰略的考量，一方面中共與蘇聯的分裂在珍寶島事件後更形加深，中共已有意調整對美國的政策[58]；另方面，美國本身面臨了自越戰脫身的問題，尼克森認為改變中國政策是實現從越戰「光榮撤退」的唯一方法[59]。

尼克森就任初期，改變了原先的形式一中，實質兩中的政策，一九七一年二月二十一日，尼克森在美國國會演說時，明白提出「兩個中國」觀點，同時公開以中華人民共和國稱呼中共[60]。尼克森在自己的回憶錄中也指出，當時他所追求的實際上就是「兩個中國」，「蔣介石的中華民國在台灣和共產黨的中華人民共和國，兩者（在聯合國）都擁有席位」[61]。從美國政策當時推動與中共改善關係的實際作法，與最高決策者的意圖來看，尼克森政府初期的中國政策是兩個中國政策。

一九七一年七月，在與國民政府仍有邦交的情勢下，美國國家安全顧問季辛吉秘密飛往北京訪問，此次訪問，季辛吉向中共表示，承認台灣屬於中國，但希望台灣問題和平解決，並強調越戰結束後，美國準備從台灣撤走三分之一的駐軍[62]。季辛吉的這項談話，並非正式的政策聲明，但顯示美國政府已準備從原來的承認中華民國政策轉向，而尼克森建構的「兩個中

[58] 參閱 Harold C. Hinton, *The Sino-Soviet Confrontation: Implications for the Future* (New York: Crane, Russack and Company, Inc., 1976), Ch. 3.

[59] John F. Copper, *China Diplomacy: The Washington-Taipei-Beijing Triangle* (Boulder: Westview Press, 1992), p. 4.

[60] Anthony Kubek, "The 'Opening' of China: President Nixon's 1972 Journey, *American Asian Review*, vol. 10, no. 4 (Winter 1992), p. 9.

[61] Richard M. Nixon, *RN: The Memoirs of Richard Nixon* (New York: Grosset and Dunlap, 1978), p. 556.

[62] Henry A. Kissinger, *White House Years* (Boston: Little, Brown and Company, 1979), pp. 191-194.

國」政策，實際上已漸漸被新的「一個中國」政策所取代，尤其是在聯合國的雙重代表權安排失敗後，尼克森的中國政策正式轉向。

在季辛吉實踐他與尼克森設計的談判代替對抗的「尼克森主義」的同時，聯合國中國代表權爭議仍在進行。雖然尼克森的中國政策已有轉變，但美國國內的爭議仍存在，尤其是美國國內對國民政府支持力量仍大。為了取得美國國內不同意見的妥協，同時力求推動兩個中國政策的落實，尼克森政府設計了「雙重代表權」政策。

一九七〇年，聯合國中國代表權之爭，支持中華民國的力量已出現逆轉的趨勢，許多國家也表示將在次年支持中共[63]，為保住在台灣的中華民國席位，一九七一年春，尼克森政府設計「雙重代表權」，亦即中華民國與中華人民共和國同時在聯合國都擁有席位。四月二十八日，美國國務院重提「台灣地位未定論」，七月十五日，在尼克森公布次年訪問北京後，美國政府公開宣布「雙重代表」政策[64]。

不過，美國的雙重代表權政策並未獲得兩岸政府的支持，美國雖然在聯合國表決案中，與日本等十九國提出「雙重代表權」案，接納中共，也不排除中華民國的會籍，並由中共出任安理會常任理事國。但在最後的議決程序中，此案最後並未表決，因為在重要問題案方面，中華民國已失去普通多數的支持，許多國家認為美國總統已宣布訪問北京，美國政策已然轉變，便不再支持中華民國會籍，中華民國宣布退出聯合國。

---

[63] 田進、俞孟嘉等著，《中國在聯合國——共同締造更美好的世界》，頁31。

[64] 陳志奇，《戰後美國對華政策之蛻變》，頁 191。

以雙重代表權為名的實質兩個中國政策，在中華民國與中共均反對的情況下，未能實踐。尼克森政府持續積極與中共協商，一九七二年尼克森正式訪問大陸。

(二) 上海公報認知轉變的模糊一中政策

一九七二年二月，尼克森訪問大陸，二月二十七日與中共總理周恩來簽訂著名的「上海公報」，這是美國政府首次與中共進行的正式會談，並簽下有關雙方關係的首份正式文件，「上海公報」提到美國的中國政策時指出：

> 美國方面聲明：美國認識到（acknowledges），在台灣海峽兩邊的所有中國人都認為只有一個中國，台灣是中國的一部分。美國政府對這一立場不提出異議。美國重申其對由中國人自己和平解決台灣問題的關心。考慮到這一前景，美國確認從台灣撤出全部美國武裝力量和軍事設施的最終目標。在此期間，美國將隨著這個地區緊張局勢的緩和，逐步減少其在台灣的武裝力量或軍事設施。

「上海公報」宣示了尼克森政府的全新中國政策，美國已認識到「一個中國」原則是兩岸中國人民的共同看法，且台灣是中國的一部分，美國政府不提出異議。從這樣的文字來看，美國政府的新政策是逐步接受「一個中國」，從過去實質兩個中國的重要支持點「台灣地位未定論」與「台海中立化」退，唯一可見的論點，是美國仍然主張「和平解決」台灣問反對使用武力。

對美國而言，這是一項重大的政策轉變，中共雖不滿意

但已接受，中華民國雖表達抗議，但抗議的重點不在一個中國，而在於美國與中共政權接觸，深恐美國會轉而承認中共。也就是說，有關一個中國的政策在兩岸看來並無爭議點，兩岸政府關心的是美國承認誰是代表中國的唯一合法政府。

　　因此，「上海公報」可說是美國的一個中國政策的宣示，但並未放棄兩個中國，因為，美國仍試圖從「一國兩府」的架構中，找到最符合美國利益的方案，因此，「上海公報」的中國政策可以說是「模糊的一中」政策。

　　「上海公報」標示了美國中國政策的轉向，但美國並未立即與中共建交，因為美國國內的輿論雖已開始不反對與中共交往，但仍支持與中華民國維持邦交[65]，尼克森必須再向民眾及國會說明政策的合法性與合理性。尼克森原本寄望在第二個任期（一九七三年尼克森開始第二個任期）內完成與中共建交[66]，但一九七四年八月，尼克森便因「水門案件」下台，建交案因而延緩。

　　接替辭職後的尼克森出任總統職位的福特（Gerald Ford），因為非由選民投票選出的總統，具有「過渡總統」的性質，不便對中國政策進行更深入的變革，且福特的支持者中也有反對

---

[65]根據當時美國蓋洛普民意調查結果顯示，一九六七年美國民眾有 91%不喜歡中共，但「上海公報」簽訂後只有 43%不喜歡中共，有 49%表示喜歡。同時期，有 55%民眾喜歡台灣；一九七一年到一九七七年，美民眾支持與中華民國維持邦交者約 61%至 70%，高於與中共建交的 60%。參閱 Michael Y. M. Kau, Pierre M. Perolle, Susan H. Marsh & Jefrey Berman, "Public Opinion and Our China Policy," *Asian Affair* (January/February 1978), pp. 133-147.

[66]Allen S. Whiting, "Taiwan: Trends and Prospects," *Asian Society* (March 1978), p. 5.

劇烈改變中國政策的聲浪[67]，雖然福特任命尼克森主義及大力推動「中美關係正常化」的季辛吉出任國務卿，但福特政府只能維持尼克森時代的中國政策，無法進一步推動與中共建交案。

　　此外，中共內部的政治情勢也有所變化，一九七三年以後，毛澤東又開始推動極左的路線，內部政局對改善與美國的關係有所變化[68]，一九七六年，毛澤東死亡，中共內部經過兩年的政治權力鬥爭，一九七八年底，鄧小平掌握了中共領導權，鄧小平復出後，有近兩年的時間在處理中共外交事務[69]，再加上鄧小平的務實主義作風，中共新的領導班子才加強推動與美國的關係正常化。

(三) 關係正常化以中共為主的一中政策

　　作爲過渡性質總統的福特，接任總統後強調持續尼克森的外交政策，在中國政策上則保證繼續履行「上海公報」所訂的承諾[70]。福特政府時期基本上是維持尼克森「一個中國」政策，一九七六年福特競選總統失敗，一九七七年出任美國總統的卡特（Jimmy Carter）卻接續了這樣的中國政策，同時在接任的第二年完成與中共建交的政策。

　　一九七七年三月，卡特在一場有關美國外交政策的公開演

[67] John F. Copper, *China Diplomacy: The Washington-Taipei-Beijing Triangle*, p. 6.

[68] 蘇格，《美國對華政策與台灣問題》，北京：世界知識出版社，1998，頁390。

[69] Lucian Pye, *China: An Introduction*, 4th ed. (New York: Harper Collins Publishers, 1991), p. 331.

[70] *China: U.S. Policy Since 1945*, p. 214；陳志奇，《戰後美國對華政策之蛻變》，頁214。

講中提到中國政策時強調，推動與中共關係正常化是重要的事項，與中共的關係是美國全球目標中的核心要素，中共是全球和平的重要力量，美國希能與中國人民密切合作[71]。同年六月，國務卿范錫（Cyrus Vance）在一場關於美國亞洲政策的演講中，提到中國部分時，便以「中華人民共和國」為標題，重申卡特中國政策的重點，強調美國的中國政策將以上海公報為指導，表示美國認識到上海公報有關一個中國原則，以及台灣問題應由中國人和平解決[72]。

　　卡特的政策演說中已很明確地表示，美國的中國政策是要推動與中共的關係正常化，在卡特的演說中，中國人民明顯指的是居住在大陸的人民，卡特事實上延續上海公報中的一個中國政策，且這樣的一個中國已明顯朝中共傾斜，范錫的談話更凸顯中共已將取代中華民國。在與中華民國仍有邦交的情形下，卡特政府與中共建交、放棄中華民國已是時間的問題。

　　一九七八年四月二十六日，美國宣布國家安全顧問布里辛斯基（Zbigniew Brezinski）將訪問中國大陸，卡特還公開表示，美國承認一個中國的概念，與中共建立正式外交關係，符合美國的最大利益[73]。卡特政府已加速推動與中共建交，並強調接受中共的一個中國概念，以加快雙方關係正常化速度。

　　一九七八年十二月十五日，在接受了中共斷交、廢約、撤軍的建交三原則後，卡特宣布自一九七九年一月一日起與中共建交，與中華民國斷交，一年後廢止中美共同防禦條約，美國與中共並公布雙方「建交公報」，「建交公報」中有關中國政

---

[71]"Carter Foreign Policy Address," in *China: U.S. Policy Since 1945*, p. 330.
[72]"Vance on Asia Policy," in *China: U.S. Policy Since 1945*, p. 331.
[73]*New York Times*, April 27, 1978.

策的主要內容如下：

> 中華人民共和國和美利堅合眾國商定自一九七九年一月一日起互相承認並建立外交關係。美利堅合眾國承認中華人民共和國政府是中國的唯一合法政府。在此範圍內，美國人民將同台灣人民保持文化、商務和其他非官方關係。中華人民共和國和美利堅合眾國重申「上海公報」中雙方一致同意的各項原則，並再次強調：
> ……美利堅合眾國政府「認識」中國的立場，即只有一個中國，台灣是中國的一部分。

美國與中共建交，顯示尼克森後來推動的一個中國政策的實踐，在「建交公報」中，美國表示「承認」（recognizes）中華人民共和國政府是中國的唯一合法政府，至於一個中國，台灣是中國的一部分的所謂一個中國原則，「建交公報」中文版使用的是「承認」，但英文版還是維持「上海公報」的「認識」（acknowledges）一字。

就美國的立場而言，「建交公報」有關一個中國的政策其實與「上海公報」相同，雖然中共在中文版以承認取代認識，強化美方的立場，但英文版仍沿用認識，且「建交公報」也強調是重申「上海公報」的原則，因此，美國一個中國政策基本上是延續「上海公報」時的看法，是一種「模糊的一中」政策。雖然美方文件用字刻意保持模糊，但值得注意的是，美國已正式承認中共是中國的唯一合法政府，基本上美國的政策已與中共的三段論一個中國原則非常接近，美國中國政策已以文件形式，正式確立為以中共為主的一個中國政策。

值得注意的是,「建交公報」在重申「上海公報」內容時,並未提到當時美方指出的中國人自己和平解決台灣問題一項,相關的談話只出現在卡特隨後發表的聲明,卡特強調,美國將繼續關心台灣問題的和平解決[74]。美國仍然以單方面聲明表達和平解決台灣問題的關心,這樣的中國政策基調基本上仍維持「上海公報」的原則,美國採行的是一個中國政策,這個一中政策的內涵,目前美國已承認中共是唯一的合法政府,但台灣問題的未來,應由兩岸中國人以和平方式解決。

為了落實美國和平解決台灣問題的承諾,美國制定「台灣關係法」,以國內法的架構來規範美國與台灣的關係,台灣關係法明文指出,美國澄清與中共建交的決定,是建立在期望台灣未來以和平方式解決的基礎上;對於任何非和平方法決定台灣未來的企圖,都是對西太平洋地區的和平與安全的威脅,美國表達嚴重關切;美國將繼續提供防禦性武器給台灣;台灣人民的安全、社會或經濟體制遭到威脅時,總統應立刻通知國會,共同採取適當方式因應危機;美國法律提及有關外國國家、政府,或類似實體的名稱時,一體適用於台灣[75]。

從台灣關係法的條文來看,美國以國內法形式承諾對台灣安全的保障,反對任何非和平手段解決問題,與此同時,美國也以國內法方式,將台灣的地位視同「外國國家」,亦即,美國雖不承認台灣是個國家,但卻以國家的地位對待台灣。

那麼,原本「建交公報」中明確的一個中國政策,此時,又出現了模糊的「一中一台」策略,一個中國政策規範在國際

[74] *China: U.S. Policy Since 1945*, p. 242.
[75] "Taiwan Relations Act,"轉引自 Shirley A. Kan, *China/Taiwan:*, pp. 15-16.

條約，一中一台的概念則出現於國內法。這樣的安排，充分顯示美國「一個中國」政策的模糊性，也使美國在承諾一個中國時，留下了更多解釋的空間。

(四) 「八一七公報」不支持兩中與一中一台

一九八一年，在競選期間表示當選後將依「台灣關係法」恢復美國與台灣官方關係的雷根（Ronald Reagan）出任美國總統[76]，對台灣態度友好的雷根上台後，美國的中國政策是否改變，引起各方的高度關切，不過，雷根上台後並未改變美國的政策，反於一九八二年八月十七日，與中共簽定原名「中美有關軍售聯合公報」的「八一七公報」。

「八一七公報」內容主要是針對美國對台軍售，公報指出，美國承認中華人民共和國是中國的唯一合法政府，同時認識到，中國只有一個，台灣是中國的一部分的立場；美國重申，無意侵犯中國的主權與領土完整，無意干涉中國的內政，或追求「兩個中國」、「一中一台」政策；美國政府聲明，不尋求執行一項長期向台灣出售武器的政策，向台灣出售的武器在質量和數量上將不超過中美建交後近幾年供應的水準，它準備逐步減少對台灣的武器出售，並經過一段時間導致最後的解決[77]。

「八一七公報」雖針對對台軍售問題，但也明確提到中國政策，美國不但重申認識到中共一個中國的立場，同時還進一步指出，無意侵犯中國主權與領土完整、無意干涉中國內政、

---

[76]袁文靖，《雷根政府對華政策》，台北：國際現勢周刊社，1984，頁12-13。
[77]"U.S.-PRC Joint Communiqué on Arms Sales," 轉引自 Shirley A. Kan, *China/Taiwan*, pp. 17-18.

無意追求「兩個中國」或「一中一台」。這樣的說法已超越「上
海公報」與「建交公報」的立場，明白表示美國不支持「兩個
中國」或「一中一台」，美國的中國政策進一步走向一個中國，
不支持兩中或一中一台。

　　在公布「八一七公報」的同時，美國總統雷根也同時發表
談話，他在談話中強調，軍售政策與「台灣關係法」完全一致，
強調台灣問題必須和平解決，美國的立場一直很明確，台灣問
題是台灣海峽兩岸中國人自己解決的問題，美國不會干涉這個
問題，也不會對台灣人民施加壓力解決此問題[78]。

　　從「八一七公報」來看，美國的中國政策進一步向中共傾
斜，走向更確定的一個中國原則方向。不過，雷根總統的談話
顯示，美國關心的還是和平解決台灣問題的立場，美國國務院
主管亞太事務的助理國務卿何志立（John H. Holdridge）在提到
「八一七公報」時則強調，美國對台灣主權問題的長期立場並
無改變[79]，國務院的官方文件也指出，在國際法上，對於台灣
的地位美國沒有任何立場，美國官方對內部的談話顯示，美國
官方仍然維持一九五〇年代的台灣地位未定的基調[80]。

　　「八一七公報」與「上海公報」、「建交公報」三項公報
及「台灣關係法」等，被視為是美國中國政策的四個重要文件，
至此，由四項文件內容來看，三個公報的論述中，美國的中國
政策與中共的立場有愈來愈接近的趨勢，同時，三個公報的內

---

[78]"President Reagan's Statement on U.S. Arms Sales to Taiwan," 轉引自
Shirley A. Kan, *China/Taiwan*, pp. 19-20.

[79]"Assistant Secretary of State John Holdridge and Six Assurances," 轉引自
Shirley A. Kan, *China/Taiwan*, p. 21.

[80]A. James Gregor, *The China Connection: U.S. Policy and the People's
Republic of China* (Stanford: Hoover Institution, 1986), p. 148.

容與「台灣關係法」的內容還是有基本的衝突。從這樣的角度
來看，雷根時期美國的中國政策顯然仍維持了美國過去的模糊
政策，爭議的焦點就出現在國際法與國內法衝突的解釋。

　　對於到底三個公報的位階較高，還是「台灣關係法」位階
較高的爭議，依據美國國務院助理國務卿何志立在一九八二年
的說法，他明確地表示，公報並非條約或協議，只是美國未來
政策的一項陳述[81]。國務院法律顧問也表示，公報只是一項政
策聲明，不能被視為具有法律約束力[82]。美國國務院未明確說
明何者位階高，但否認公報是國際法的意味則很明顯，即使如
此，美國官方還是沒有明白陳述二者的重要性，維持一貫的模
糊立場，而這就是美國中國政策引起爭議的根源。

　　雷根時期，美國的中國政策從「八一七公報」內容來看，
與中共的一個中國立場更為接近，不過，美國也更凸顯了長期
以來的和平解決問題的立場。一九八四年四月，雷根訪問北京
會晤鄧小平時，鄧小平明白地提出美國在台灣問題上的立場是
對中國內政的干涉，雷根回應表示，中華人民共和國和台灣之
間的裂縫要由中國人來解決，只是美國想讓它以和平的方式解
決[83]。美國國務卿舒茲（George Shultz）一九八七年訪問上海發
表演講時強調，「一個中國與和平解決台灣問題的原則，是美
國對華政策的核心」[84]。

---

[81]John Holdridge, U.S.-China Joint Communiqué, p. 3. 轉引自 A. James
　　Gregor, *The China Connection*, p.149.
[82]Harry Harding, *A Fragile Relationship: The United States and China since
　　1972* (Washington, D.C.: Brookings Institution, 1992), pp. 117-118.
[83]羅納德·里根，《里根自傳》，北京：世界知識出版社，1991，頁 328-329；
　　蘇格，《美國對華政策與台灣問題》，頁 539。
[84]《人民日報》，1987 年 3 月 6 日。

　　一個中國與和平解決台灣問題兩個主軸，建構了雷根時期美國的中國政策內涵。

五、逐步成形的具體一中政策（1989- ）

　　一九八九年，大陸發生震驚全球的六四天安門事件，美國對中共展開一連串的制裁行動；一九九〇年代，在國際關係上是結束冷戰的後冷戰時期，對美國而言，美國成為國際體系的唯一超強，在這樣的國際大環境下，蘇聯與東歐共黨國家的瓦解使得中共的國際角色備受關注，美國的中國政策有調整的空間，但反應在一個中國政策上，基本上並沒有太多改變。

(一) 老布希的一中政策

　　一九八九年老布希（George Bush）出任總統，這位曾在北京擔任美國駐北京聯絡辦事處主任，有大陸工作經歷的新任總統，在二月出席日本裕仁天皇喪禮後，順道訪問北京，在北京的歡迎晚宴上，布希重申美國信守三個公報的基本原則，對一九八七年以後，中華民國開放探親，兩岸展開交流的新格局，布希強調，這樣的趨勢與美國長期以來的利益一致，美國向來主張由中國人自行和平解決彼此的差異[85]。

　　布希政府的中國政策，基本上延續了雷根政府時代三項公報為基礎的中國政策，所不同者，兩岸情勢出現了變化，一九八七年中華民國開放探親，兩岸展開交流，雷根時代的「一個

---

[85]"Toast at the Welcoming Banquet in Beijing,"轉引自 Shirley A. Kan, *China/Taiwan*, p. 22.

中國」與「和平解決台灣問題」兩大重要政策內涵，在布希時
代基本上為兩岸所接受，雖然兩岸對一個中國內涵的解釋不
同，但當時均能認同，兩岸民間的交流更象徵了和平解決台灣
問題的趨勢。因此，布希政府時代的美國中國政策，對於一個
中國的論述爭議已較少，但著重於對中共策略運用。

布希上台後不久，一九八九年六月四日北京爆發武力鎮壓
學運的六四天安門事件，美國對中共採取制裁[86]，美國的中國
政策重點放在對大陸人權與民主發展的關心。

一九九二年，布希總統批准出售先進的F-16戰機給台灣，
引起中共的不滿，布希在公布軍售案後表示，軍售決定並不表
示美國改變了三項公報的承諾，他重申美國將遵守一個中國政
策，並承認中共是中國的唯一合法政府[87]。

從美國的官方文件來看，布希政府的一個中國政策基本上
是延續雷根時期的政策，並無重大改變，而此時期兩岸都認同
一個中國，至於一個中國的意涵則有不同的表述。

一九九二年八月一日，中華民國「國家統一委員會」通過
關於一個中國含義的表述中強調[88]：

> 海峽兩岸均堅持「一個中國」原則，但雙方所賦予之
> 含義有所不同，中共當局認為「一個中國」即為「中
> 華人民共和國」，將來統一以後，台灣將成為轄下的

---

[86] 有關美國的制裁與中共的反應，可參閱蘇格，《美國對華政策與台灣問
題》，頁591-606。
[87] "President Bush on the Sale of F-16 to Taiwan," 轉引自 Shirley A. Kan,
China/Taiwan, p. 24.
[88] 〈一個中國的含義〉，轉引自吳安家，《台海兩岸關係的回顧與前瞻》，
台北：永業出版社，1996，頁228。

一個「特別行政區」。我方則認爲「一個中國」應指
一九一二年成立迄今之中華民國，其主權及於整個中
國，但目前之治權，則僅及於台澎金馬。台灣固爲中
國之一部分，但大陸亦爲中國之一部分。

這是台灣的中華民國首次以正式的文件形式闡述「一個中
國」，用以對國際社會解釋，雖然兩岸都認同一個中國，但一
個中國並非中共在國際社會廣爲宣傳的三段論式的一個中國。

這樣的動作標示著台灣對於中共在國際社會圍堵的反制，
也顯示台灣企圖在國際社會扮演與現狀相符的角色，一個中國
的爭議也就醞釀著從美國內部的爭議，變成兩岸重要的爭議。

(二) 柯林頓「三不」原則的一中政策

一九九三年柯林頓（Bill Clinton）接任總統，外交政策非
柯林頓施政重點，即使在外交政策方面，中國問題也非柯林頓
政府關切的優先議題，在處理中國問題方面，柯林頓首先關注
到的也是中共與美國之間的最惠國待遇問題[89]。在就任第一
年，柯林頓成立一個專門研究中國政策的小組，他對該小組制
定的中國政策的原則之一，就是制定一個不會對柯林頓政府產
生大的不利影響的政策，不招致人權團體或工商組織的反對[90]。
最惠國待遇與人權問題，成爲柯林頓政府上台以後對中國政策
關心的主軸。

---

[89]James H. Mann 著，林添貴譯，《轉向——從尼克森到柯林頓美中關係
揭密》，台北：先覺出版公司，1999，頁 406-409。
[90]David Lampton, "China Policy in Clinton's First Year," in James Lilley
and Wendell Willkie ed., *Beyond MFN: Trade with China and American
Interests* (Washington, D.C.: The AEI Press, 1994), pp. 15-16.

　　在有關台灣的議題方面，一九九三年九月，柯林頓在致江澤民的信函中表示，美國將繼續信守一個中國原則[91]。一九九四年九月，柯林頓政府發表對台灣政策的檢討，表示「台灣關係法」是美國台灣政策的指導文件，與中共的三項公報也是政策的部分基礎，重申美國承認中華人民共和國是中國的唯一合法政府，美國認識到中共對於中國只有一個，台灣是中國的一部分的立場；美國明確期盼兩岸關係能夠和平發展，只有台灣與中華人民共和國雙方能夠解決自己的問題，美國支持雙方繼續對話；美國將提升與台灣的非官方關係；美國將支持台灣參加非以國家為要件參與的組織[92]。

　　柯林頓政府的這項政策聲明，顯示在一個中國政策方面，美國仍未改變一個中國、和平解決台灣問題的政策，但在兩岸辜汪會談、進行對話協商的基礎上，美國強調支持的立場。

　　值得注意的是，柯林頓政府釋出了提升與台灣發展非官方關係的政策立場，同時也明確表達了美國政府支持台灣參與非國家參與的國際組織，柯林頓政府就任初期，美國政府的一中政策沒有太大變動，但釋出了對台灣的善意。

　　在對台灣善意表達的基礎上，柯林頓政府一九九五年三月宣布發給中華民國總統李登輝訪美簽證，國務院發言人柏恩斯（Nicholas Burns）在發表柯林頓的這項決定時，強調這是私人訪問，也重申美國將繼續遵守三項公報，美國認識到有關中國只有一個，台灣是中國一部分的立場[93]。

---

[91] 蘇格，《美國對華政策與台灣問題》，頁 681。

[92] "Washington's Taiwan Policy Review," 轉引自 Shirley A. Kan, *China/Taiwan*, p. 30.

[93] "U.S. Visa For Lee Teng-hui's Private Visit to Cornell University," cited

　　李登輝總統訪問美國引起中共的不滿，中共外交部五月發表聲明要求美國取消前述決定[94]，隨後透過《人民日報》發表多篇文章批評李登輝，七月中旬，還在台灣海峽舉行軍事演習，在台灣東北方附近公海海域發射飛彈[95]，以示中共的不滿。

　　美國決定讓李登輝訪美，造成與中共關係的摩擦，一九九五年八月，柯林頓透過國務卿克里斯多福（Warren Christopher），轉交一封信函給中共國家主席江澤民，柯林頓向江澤民提出三項保證：美國反對台灣獨立、不支持兩個中國或一中一台、不支持台灣加入聯合國[96]。這個信函的三項立場，後來就形構成柯林頓政府提出的「三不」政策。

　　一九九六年三月，中華民國首次民選總統大選時，中共發動大規模軍事演習，引發台灣緊張情勢，美國助理國務卿羅德（Winston Lord）在眾議院表示，美國對台灣問題的基本利益是維持和平與穩定，中華人民共和國與台灣和平解決歧異；美國的中國政策主要表現在三項聯合公報，重點包括：(1)美國承認中華人民共和國是中國的唯一合法政府；(2)美國認識到中國有關中國只有一個，台灣是中國的一部分的立場，美國向中共保證無意追求兩個中國或一中一台政策；(3)美國人民將維持與台灣人民的文化、商業與非官方關係；(4)美國堅持台灣問題必須由中國人自己和平解決[97]。

---

from Shirley A. Kan, *China/Taiwan*, p. 32.

[94] 《人民日報》，1995 年 5 月 24 日，第 1 版。

[95] 參閱蘇格，《美國對華政策與台灣問題》，頁 742-744。

[96] "Clinton's Secret Letter to Jiang Zemin and 'Three Noes'," 轉引自 Shirley A. Kan, *China/Taiwan*, p. 33.

[97] "U.S. Department of State and March 1996 Taiwan Strait Tensions," 轉引自 Shirley A. Kan, *China/Taiwan*, pp. 33-34.

　　一九九六年五月十七日，國務卿克里斯多福以「一個中國」政策來表述美國的立場，強調自一九七二年以來美國就採行一個中國政策[98]。

　　一九九七年十月，柯林頓在華盛頓與江澤民會面時強調，美國長久以來就採取一個中國政策，推動台灣問題和平解決的最重要方法，是美國要堅持一個中國政策，在此政策維持與台灣及中國人民的友好關係，台灣問題必須和平解決[99]。三十一日，國務院發言人魯賓（James Rubin）在記者會中表示，「我們明確地澄清我們有一個中國政策，我們不支持一中一台政策，我們不支持兩個中國政策，我們不支持台灣獨立，我們不支持台灣加入以國家為要件的組織。」[100]美國官方首度公開提出「三不政策」。

　　一九九八年六月三十日，柯林頓訪問大陸，在一個非正式的圓桌會時提出三不政策，強調「我們不支持台灣獨立、兩個中國或一中一台，我們不認為台灣應成為任何須以國家為條件的組織的會員。所以，我認為我們有持續性的政策，我們的唯一政策是我們認為應該和平解決，這就是我們的法律說明的，而我們鼓勵兩岸對話。」[101]柯林頓利用非正式的場合，公開重申美國政府提出的三不政策。

---

[98]"Secretary of States Christopher on Improving Relations with China," 轉引自 Shirley A. Kan, *China/Taiwan*, p. 34.

[99]"President Clinton's Statements at the 1997 Summit," 轉引自 Shirley A. Kan, *China/Taiwan*, pp. 36-37.

[100]"1997 Summit and the State Department on the 'Three Noes'," 轉引自 Shirley A. Kan, *China/Taiwan*, p. 38.

[101]"1998 Summit and Clinton's Statement on the 'Three Noes'," 轉引自 Shirley A. Kan, *China/Taiwan*, p. 39.

一九九九年七月二十一日，柯林頓在記者會中回答記者詢問，提到中國政策時指出，「我們的政策很明確：我們主張一個中國政策，我們主張兩岸對話。我們與中國和台灣取得的瞭解是，他們兩者間的差異須和平解決。」柯林頓同時提到，中國政策有三大支柱，「我認為我們必須堅持一個中國，我認為我們必須堅持對話，我認為沒有人應該使用武力」[102]。

柯林頓政府雖然一再強調，美國的一個中國政策原則是長期以來的立場，柯林頓並未改變中國政策。然而，從柯林頓政府的官方談話與文件來看，柯林頓的中國政策事實上是比以往的美國政府聲明更加明確、更具體陳述。柯林頓的三不政策中，不支持台灣加入以國家為要件的組織一項，基本上在過去的政府文告或談話中均未如此明確；柯林頓政府也時常以一個中國政策來概括他的中國政策，此與以往美國政府刻意保持模糊的政策有所不同；此外，在提到中國政策的三大支柱時，柯林頓也特別提到堅持對話一項，此與過去美國政府主張和平解決，但不對任一方施壓的政策，似乎有所區隔。

(三) 小布希反對片面改變現狀的一中政策

小布希（George W. Bush）在競選美國總統期間，便提出「戰略競爭者」（strategic competitor）來取代柯林頓政府時期的「戰略夥伴」（strategic partnership），以說明美國與中國之間的關係定位，小布希就任總統後，美國基本上開始調整對中共的外交戰略，「戰略競爭者」成為小布希政府初期，美國對

---

[102]"President Clinton on the 'Three Pillars' of Policy Toward Taiwan," 轉引自 Shirley A. Kan, *China/Taiwan*, p. 42.

中國關係的基本定位[103]。

　　小布希政府初期雖然改變美國對中共關係的定位，但基本上，對於兩岸政策並沒有相應的具體改變。早在競選總統時期，小布希雖將中共定位為「戰略競爭者」，但在提到兩岸問題時，小布希仍強調，一個中國政策對和平解決兩岸爭端是很重要的政策[104]。也就是說，小布希政府就任初期美國的中國政策雖然改變對中共的關係定位，但仍維持柯林頓政府時期的一個中國政策架構。

　　就在小布希就任美國總統初期，二○○一年四月一日，一架美國 EP-3 偵察機與中共殲八戰機發生意外擦撞事件，迫降海南島，軍機擦撞事件造成中美關係緊張，雖然事件平和落幕，但小布希總統隨後發表談話指出，中共如果武力犯台，美國將保衛台灣，並同意出售台灣大量武器，此外，布希總統還與西藏精神領袖達賴喇嘛進行正式會晤，美國政府更允許陳水扁總統過境美國，與紐約市長會面[105]。美國政府兩岸政策似乎正進一步向台灣傾斜，美中關係陷入低潮。

　　軍機擦撞事件造成美中關係的危機，但也提供美國改變對中共戰略的機會，開始思考解決美中的衝突之道，試圖改變雙方的緊張關係。二○○一年六月，美國白宮國家安全顧問賴斯

---

[103]Lanxin Xiang, "Washington's Misguided China Policy," *Survival*, vol. 43, no. 3(Autumn 2001), p. 19.

[104]Elizabeth C. Economy, "President Bush and China Policy: What's New and What's Not," in Wand Xinsheng（汪新生） ed., *International Relations of the Asia Pacific Region after 9.11 and China's Accession to WTO*（《九一一與中國加入世界貿易組織之後的亞太地區國際關係》，北京：中國社會科學出版社，2003，p. 168.

[105]David Bachman, "The United States and China: Rhetoric and Reality," *Current History* (September 2001), p. 261.

（Condoleezza Rice）表示，美國不願在亞太區域內自尋威脅，因此努力和中國大陸建立「建設性的關係」[106]。國務卿鮑爾（Colin Powell）更進一步指出，布希總統希望與中共建立「建設性合作關係」，美國要在人權、貿易、禁止武器擴散等議題，加強與中共的對話與合作[107]。

　　美國對中共策略的改變，提供雙方關係緩和的契機，同年九月美國發生九一一恐怖攻擊事件，改變了美國全球戰略佈局，也使得美中關係的改變進一步落實。九一一事件使美中關係有了進一步具體改善，不過，並未改變美國的兩岸政策，布希政府在尋求中共協助進行反恐戰爭的同時，並未在台灣問題方面有所讓步[108]。布希總統二〇〇二年九月的國家安全戰略報告也明白表示，九一一事件基本改變了美國與中共的關係，但中美雙方在許多領域，如美國對台灣自我防衛的承諾、人權及禁止武器擴散等議題，都還有相當大的差異[109]。也就是說，美中關係的改善並未改變美國政府對兩岸的基本政策，一個中國原則及柯林頓政府提出的三大支柱，基本上仍是美國政府的中國政策基石。

　　美國政府雖然未改變兩岸政策，但在具體的策略說法方面，布希政府很少提及柯林頓時期的「三不政策」，但九一一

---

[106] 《聯合報》，2001 年 6 月 8 日，第 13 版。

[107] 〈鮑爾：美國希望與中國建立建設性合作關係〉，人民網，2001 年 7 月 28 日。
http://www.peopledaily.com.cn/GB/shizheng/20010728/522639.html

[108] Aaron L. Friedberg, "11 September and the Future of Sino-American Relations," *Survival*, vol. 44, no. 1 (Spring 2002), p. 44.

[109] George W. Bush, *The National Security Strategy of the United States of America* (September 2002), p. 28. http://www.whitehouse.gov/nsc/nss.html

事件後，包括小布希總統在內的美國政府高層，曾多次使用「不支持台灣獨立」的提法[110]，以向中共方面強調美國維持一中政府的基調。

　　二○○三年十二月，中共國務院總理溫家寶訪問美國時，小布希總統進一步陳述美國的一個中國政策，強調美國政府的中國政策是建立在中美三個公報和「台灣關係法」基礎上的「一個中國」政策，美國反對中共或台灣單方面提出任何改變現狀的決定[111]。美國政府重申一個中國政策，並明確表示，美國的一個中國政策是反對海峽兩岸任一方片面改變現狀。

　　總體而言，小布希政府維持了柯林頓時期的一個中國政策，在具體政策上也基本接受柯林頓提出的三大支柱，強調和平解決兩岸問題，但在三不政策方面凸顯不支持台獨，主要的改變是明確提出美國反對中共與台灣任一方面片面改變兩岸現狀的政策與行為。

六、結　論

　　從歷史的演變來看，美國的一個中國政策基本上可概分為搖擺一中、形式一中、模糊一中與具體一中等四大階段（參閱

---

[110] 二○○二年五月，美國總統布希在會見到訪的中共國家副主席胡錦濤時便指出，美國不支持台獨，不鼓勵台獨勢力發展（《中國時報》，2002年5月6日，第1版）；同年五月底，美國副國防部長伍夫維茲接受媒體訪問時也指出，美國的一中政策包含兩個原則：不支持台獨、反對使用武力（《中國時報》，2002年6月4日，第2版）。

[111] "President Bush and Premier Wen Jiabao Remarks to the Press," December 9, 2003. http://www.state.gov/p/eap/rls/rm/2003/27184.htm

表 5.2）。一九七二年「上海公報」之前，美國的中國政策基本上是形式一中實質兩中，除了韓戰發生前美國政府對一個中國政策搖擺不定外，韓戰爆發後，杜魯門政府派遣第七艦隊，透過台灣地位未定及台海中立化為基礎，確立了形式一中實質兩中的中國政策。

表 5.2　美國一個中國政策的歷史演進

歷史分期	時間	政府	政策內容	理論基礎	一中對象	主要文件
搖擺一中 1945-1949	1945-1949	杜魯門	搖擺不定：放棄國民政府、保衛台灣、放棄台灣	台灣戰略地位	認同中華民國、準備承認中共	1949：中國白皮書
形式一中 1950-1971	1950-1952	杜魯門	實質兩個中國	台灣地位未定、台海中立化	保衛中華民國、不反對中共	1950：下令第七艦隊協防台海聲明
	1953	艾森豪	解除束縛（「放蔣出籠」）	不保衛中共	認同中華民國、反對中共	1953：國會咨文
	1954-1960	艾森豪	實質兩個中國、保衛台灣	台灣地位未定、台海中立化	認同中華民國、不反對中共	1954：中美共同防禦條約
	1961-1968	甘詹迺森迪、	實質兩個中國、保衛台灣、談判取代對抗	台灣地位未定、台海中立化	認同中華民國、不推翻中共	1961：總統中國政策講話
	1969-1971	尼克森	兩個中國、雙重代表權、談判取代對抗	台灣地位未定、台海中立化	支持中華民國、不反對中共	1971：總統國會演說
模糊一中 1972-1993	1972-1976	尼福克特森、	一個中國	和平解決台灣問題	支持中華民國、與中共交往	1972：上海公報

續表 5.2　美國一個中國政策的歷史演進

歷史分期	時間	政府	政策內容	理論基礎	一中對象	主要文件
模糊一中 1972-1993	1977-1980	卡特	一個中國、台灣地位等同國家	和平解決台灣問題、保衛台灣	承認中共	1978：建交公報 1979：台灣關係法
	1981-1988	雷根	一個中國、不支持兩中	和平解決台灣問題、保衛台灣	承認中共、保衛台灣	1982：八一七公報
具體一中 1989-	1989-1992	老布希	一個中國	和平解決	承認中共	1989：總統訪問北京講話
	1993-2000	柯林頓	一個中國、三不政策、兩岸對話、不使用武力	和平解決	承認中共	1998：三不政策 1999：三大支柱
	2001-	小布希	一個中國、不支持台獨、反對兩岸片面改變現狀	和平解決	承認中共	2003：小布希總統與溫家寶談話

　　一九五三年，艾森豪短暫採行解除束縛政策之外，一九五四年中美共同防禦條約的簽訂，美國的實質兩個中國政策以條約形式展現。甘迺迪雖提出了談判代替對抗策略，但未能實踐，但此主軸已影響到後來的美國政策，尼克森則實踐了此策略。一九七一年提出聯合國雙重代表權，確立了兩個中國政策，但未被中華民國政府接受，中華民國退出聯合國後，美國政策開始調整。

　　一九七二年，尼克森訪問大陸，簽訂「上海公報」，標誌美國新的中國政策時代的來臨，一個中國政策開始確立，但仍維持台灣地位未定的模糊性。一九七八年「建交公報」，美國

承認中共的地位，但台灣關係法仍保衛台灣、給予台灣類似國家的地位；一九八二年「八一七公報」，強調不支持兩個中國。三項公報奠定美國中國政策的基礎，美國維持模糊的一個中國政策原則。

一九九○年代，美國的一個中國政策逐漸走向具體化，柯林頓政府與中共建構建設性戰略夥伴關係，提出三不政策、三大支柱，美國的一個中國政策內容具體化體現。

從美國一中政策歷史的演進來看，在公開的宣示文件或說明中，美國的基本政策是一個中國，但在實際的政策運作中，卻有各種意涵不同的一個中國。但值得注意的是，即使政策意涵與實際運作各有不同，但在美國內部的爭議、歷史因素的制約及兩岸的實際認知等因素下，整個一中政策基本上充滿矛盾。

美國一個中國政策最大的矛盾，就是存在著兩個中國或一中一台的內涵。從美國政府對中國政策相關重要聲明——三大公報來看，這些文件的語意基本上就是很模糊的[112]。對於中共的一個中國三段論中，有關「中華人民共和國是代表中國的唯一合法政府」一項，從「建交公報」以後，美國才給予肯定的「承認」；至於「中國只有一個，台灣是中國的一部分」這兩點，美國從「上海公報」開始，就採用「認識」（acknowledges）這個頗不確定的字眼，即使中共在公報中文本使用「承認」字眼，美國仍然堅持使用「認識」。

也就是美國在三大公報上堅持對一個中國論述的「模糊」，許多學者也就直指美國從未放棄兩個中國或一中一台的立場[113]。

---

[112]Shirley A. Kan, *China/Taiwan*, pp. 2-3.
[113]參閱任東來，〈中美三個聯合公報和「與台灣關係法」中的台灣問題〉，鄭宇碩、孔秉德編，《一九七九至一九九八中美峰會後中美關係之發

　　除了三大公報的模糊之外，中國政策的另一重要文件「台灣關係法」的相關條文，也與一個中國相矛盾，「台灣關係法」明確要求美國政府將台灣當作「類似」國家的實體，且明文保衛台灣，如果台灣真是中國的一部分，那這樣的國內法就侵犯了他國的內政，因此，「台灣關係法」的條文，更創造了美國中國政策中與一中原則相衝突的法律依據。

　　除了國內法條文之外，「上海公報」之後，美國政府雖然不再提台灣地位未定論的說法，但舊金山和約中預留的日本放棄台灣與澎湖的主權，但未明白表示移交主權給中國，使得國際條約提供了台灣地位未定的立論依據，雖然此條文非美國的國內法，但卻也提供了美國國內主張一中一台的立論基礎。

　　美國這種矛盾的一中政策，基本上與美國國內一直存在的一中與一中一台論爭有關，這樣的論爭一直未中斷，形構了美國一中政策模糊性的基礎。

　　審視美國的矛盾一中政策，早期最主要是考量到台灣戰略地位的重要性，此種考量延續至今，即使美國與中共建交，但美國國內的壓力，和對中共政權的不信任，使得這種模糊性與矛盾性一直存在。

　　美國的兩中政策源於杜魯門政府，其中的爭議具有很深的歷史因素，歷經四十年，美國歷任政府政策中，總難免有這種兩中的影子，即使在三大公報中，美國都不願明確表達三段論述的一個中國原則。

　　雖然有人質疑，柯林頓政府的三不政策是否改變了美國長

展》，香港：中文大學出版社，1999，頁 164；倪孝銓、羅特・羅斯主編，《美中蘇三角係》，北京：人民出版社，1993，頁 12。

久以來的中國政策，但美國政府仍然否認這樣的說法，更提出三大支柱來說明美國政策的延續性。無論如何，柯林頓對一中政策的更向中共傾斜，三不政策的對台政策論述，採用負面敘述的說法，似乎與以往不同，但此與柯林頓政府的擴大交往政策，與中共建構戰略性夥伴關係有關。小布希政府的兩岸政策雖然被視為比較向台灣傾斜，但在具體的一中政策上並未提出調整，只是更明確強調美國反對兩岸片面改變現狀與和平解決兩岸問題的立場。

「一個中國」問題一直是美國內部與美中台三邊關係的重大爭議，此與台灣對現狀的無法滿足有關[114]，而中共以一個中國原則試圖束縛台灣的生存空間，又企圖以此為兩岸的談判預設有利於中共的立場，如此一來，一個中國成了兩岸紛爭的重要來源。作為國際社會唯一超強的美國，從歷史的角度和國際現實環境的角度都扮演了重要角色，美國的政策對兩岸發展，具有重要的影響，令人關注。

就美國政府的決策來看，美國政府制定政策的最主要考量，就是美國的國家利益，保持一中政策的戰略性模糊，基本上是符合美國利益的，彈性的一中政策對美國而言，可以更靈活地面對國內外環境的轉變。

在一個中國、和平解決、兩岸對話的三大支柱中可以發現，維持台海現狀的穩定，是長期以來美國所堅持的，即使要改變現狀，也必須採取和平的方法。因為，作為全球性的霸權，維持現狀、和平解決紛爭最符合美國政府的利益。

---

[114] Chas W. Freeman Jr., "Sino-American Relations: Back to Basics," *Foreign Policy*, no. 104 (Fall 1996), p. 12.

第六章 九一一事件後的中美關係

一、前　言

　　蘇聯解體與東歐共黨國家民主化之後，美國儼然成為一九九○年代後冷戰（post cold war）時期的唯一超強[1]。美國經濟總產值占全球四分之一，國防支出排名世界第一，比排名二至八位的國家所有國防經費支出總合還多，地緣上有太平洋及大西洋兩大洋的天然屏障，過去十多年來，美國人對於不須支付過多代價，就能夠達成外交目標深具信心[2]。與此同時，美國一直認為，後冷戰時期國際安全的主要衝突是種族和波士尼亞（Bosnia）、索馬利亞（Somalia）、科索沃（Kosovo）等地區的內部衝突，而未將反恐怖主義當作主要的外交政策利益[3]。對美國而言，國家安全威脅仍以國家為主體，美國建構的全球戰略佈局旨在對抗來自海外國家的挑戰。

　　然而，九一一恐怖攻擊事件對美國這種政策思維模式形成

---

[1] 後冷戰時期國際體系看法仍有不同見解，部分認為已成為美國為首的單極體系（以美國樂觀學者為代表），部分認為處於邁向多極的過渡性質（以中共官方與大陸學者為代表），但多數都認為美國是後冷戰時期的唯一超強。參閱：William C. Wohlforth, "The Stability of a Unipolar World," *International Security*, vol. 24, no. 1 (Summer 1999), pp. 5-41; David Wilkinson, "Unipolarity without Hegemony," *International Studies Review*, vol. 1, Issue, 2 (Summer 1999), pp. 141-172; 張蘊嶺主編，《二十一世紀：世界格局與大國關係》，〈前言〉，北京：社會科學文獻出版社，2001。

[2] Stephen M. Walt, "Beyond bin Laden: Reshaping U.S. Foreign Policy," *International Security*, vol. 26, no. 3 (Winter 2001/02), p. 58.

[3] Ashton B. Carter, "The Architecture of Government in the Face of Terrorism," *International Security*, vol. 26, no. 3 (Winter 2001/02), p. 5.

了極大的挑戰。

　　二〇〇一年九月十一日，賓拉登（Osama bin Laden）領導的蓋達組織（al-Qaeda）發動挾持民航飛機，自殺式攻擊美國紐約雙子星大廈及國防部，造成雙子星大廈倒塌，引起舉世震驚。

　　後冷戰時期唯一超強的美國本土遭遇這次恐怖攻擊事件，可說是美國建國以來，本土受到外來大規模攻擊的首例，而且，利用民航客機撞擊指標性建築物，也是首次出現的恐怖攻擊行動。

　　九一一恐怖攻擊事件，對美國國家安全造成重大衝擊，也改變美國政府的施政方針。小布希（George W. Bush）政府初期施政重點是在內政，外交政策的重心則是置於持續推動北約（NATO）東擴、巴爾幹半島駐軍、重申對俄羅斯及中共的外交政策、進一步推動經濟全球化等議題，九一一事件以後，反恐戰爭成爲小布希政府最重要的議題[4]。

　　對美國而言，後冷戰初期維繫的和平環境受到挑戰，反恐戰爭成爲美國優先戰略目標，美國政府必須採取各種步驟，動員各種人力資源、財政資源、道德資源和政治資源，以增強預防另一波恐怖攻擊、嚇阻恐怖攻擊，並進行報復的能力[5]。在反恐戰爭部署的動員過程中，爭取國際社會的支持，是其中很重要的一項，因此，九一一事件所帶來的衝擊，不只改變美國外交政策的優先順序，同時，也迫使美國重新思考外交戰略，以

---

[4]Stephen M. Walt, "Beyond bin Laden: Reshaping U.S. Foreign Policy," p.56.
[5]Philip B. Heymann, "Dealing with Terrorism: An Overview," *International Security*, vol. 26, no. 3 (Winter 2001/2002), p. 24.

因應反恐戰爭這項新的最高戰略目標。

　　反應在外交政策上，爲了打贏這場反恐戰爭，美國最重要的工作是必須盡可能爭取盟邦，不論這些盟邦是積極行動支持或是在背後默默支持，美國需要建立全世界各國盟友，共同對付恐怖組織[6]。全球戰略的調整，影響美國亞太政策的調整，同時也影響美國對中共的政策。

　　中美台三邊關係互動向來是一個重要的連動關係，美國對中共政策的轉變，同時也會影響中美台三邊關係發展。二〇〇一年四月中美軍機擦撞事件使中共與美國關係陷入低潮，在九一一事件的衝擊下，美國因應全球戰略的調整，對中共政策進行何種相對性的調整，值得吾人深入觀察，這樣的調整，對中美關係及兩岸關係又將造成何種影響，也是研究亞太安全與發展的重要課題。本文希望透過官方文件的分析，以及實際的外交作爲，探討九一一事件前後，美國對中共政策的調整，及中共對美國政策的反應，論述在這樣的互動關係下，對中美台三邊關係產生何種影響。

二、九一一事件前布希政府對中共的政策

　　柯林頓（Bill Clinton）政府時期，美國對中共採行「戰略夥伴」與「全面交往」的政策，中共與美國建立「建設性戰略夥伴關係」，美國政府希望透過全面交往，協助中共融入國際

---

[6]Barry R. Posen, "The Struggle against Terrorism: Grand Strategy, Strategy, and Tactics," *International Security*, vol. 26, no. 3 (Winter 2001/02), p. 51.

社會,促進中共的經濟改革,進一步使中共扮演國際社會建設
性角色,最終促使中共成爲民主國家[7]。柯林頓政府更明確提出
中國政策的三大支柱:堅持一個中國,堅持對話,不應該使用
武力[8],作爲美國中國政策的基本架構。

美國的中國政策,向來具有戰略性模糊,柯林頓的中國政
策在一定程度上是向中共傾斜,但在強調與中共建立建設性戰
略夥伴關係,並推動擴大交往政策的同時,美國仍然堅持和平
對話解決兩岸問題[9]。也就是說,在追求美國國家利益的前提
下,柯林頓政府將中共定位爲「戰略夥伴關係」,期盼和平演
變中共的同時,也保持台海兩岸的和平。

然而,柯林頓政府的這種中美關係定位與擴大交往政策,
在美國總統大選期間,受到共和黨的強烈批評,小布希總統在
競選期間,明白反對柯林頓政府的戰略夥伴關係定位,一九九
九年十一月,小布希在競選期間於加州雷根圖書館發表演說時
強調,中共不是戰略夥伴(strategic partnership),而是戰略競
爭者(strategic competitor)[10]。小布希總統競選期間的這項說
法,被視爲是對中共政策的重大改變之一,當選總統後,小布
希總統對中共政策是否進行重大調整,成爲各界關注的焦點。

[7]David Bachman, "The United States and China: Rhetoric and Reality," *Current History* (September 2001), pp.257-258.

[8]"President Clinton on the 'Three Pillars' of Policy Toward Taiwan," 轉引自 Shirley A. Kan, *China/Taiwan: Evolution of the "One China" Policy-Key Statements from Washington, Beijing, and Taipei* (CRS Report for Congress, March 12, 2001), p. 42.

[9]許志嘉,〈美國的一個中國政策發展〉,台灣主權論述論文集編輯小組編,《台灣主權論述論文集》,台北:國史館,2001,頁 869。

[10]《聯合報》,2001 年 7 月 31 日,第 13 版。

(一) 小布希總統對中共的政策

　　小布希總統競選期間的「戰略競爭者」概念，在就職後雖未被美國政府公開闡述，但小布希政府對於柯林頓政府時期的「戰略夥伴」關係，確實進行了調整。小布希對中共政策的調整，可以從具體的政策方針和人事案看出。首先，布希政府宣布，要強化與美國在亞太地區傳統盟邦的關係，尤其是與日本的關係；其次，布希總統和國防部長倫斯斐（Donald Rumsfeld）基本上都相當支持國家飛彈防禦系統（National Missile Defense; NMD）和戰區飛彈防禦系統（Theater Missile Defense; TMD）；第三，新的政府內閣人事中，剛開始時並未任命中國專家出任重要的外交職務[11]。

　　也就是說，小布希政府基本上並不認為中共是「戰略夥伴」，「戰略競爭者」的概念，已成為新政府初期對中美關係定位的新觀點[12]。布希總統提名鮑爾（Colin Powell）出任國務卿時，鮑爾在隨後的演講中便明白表示，美國不把中共當作潛在敵人，但也不視為戰略夥伴[13]。這樣的基本政策論述，符合所謂戰略競爭關係的論點。

　　與柯林頓政府相較，布希總統對中共的政策顯然做了基本的戰略調整，不過，這樣的調整並非將中共視為敵人[14]。對布

---

[11]David Bachman, "The United States and China: Rhetoric and Reality," p. 259.

[12]Lanxin Xiang, "Washington's Misguided China Policy," *Survival*, vol. 43, no. 3(Autumn 2001), p. 19.

[13]《中國時報》，2002 年 2 月 21 日，第 11 版。

[14]美國國務卿鮑爾就任之初，在參議院公聽會就明白表示，中共不必然成為敵人，在中共前駐美大使李肇星卸任回中國大陸時，鮑爾也向他重申

希政府而言，中共不一定是現在或未來的敵人，但也不是柯林頓政府所定位的「戰略夥伴」，中共非敵，但也不是盟友，基本上，中共是一個崛起中的戰略競爭對手。

　　事實上，蘇聯崩解後，美國國內就針對中共是否取代前蘇聯成為美國的競爭對手，還是只是區域的霸權問題，進行許多論辯，有些學者認為，中共日益增強的實力，將對美國造成威脅[15]；有些學者則認為，中共國力確實在提升中，但就戰略角度而言，中共的軍力仍與美國有所差距，中共對美國利益的主要威脅是在東亞安全，尤其是台灣問題[16]。

　　不論是何種論述，基本上，多數美國學者、專家都認為，中共已經在崛起中，「中國威脅論」的看法已在美國引起關注，至於如何因應中共這種崛起態勢，也就出現了所謂「圍堵」

這項説法。"Powell Tells Beijing Envoy China Is Not Inevitable Foe,"
http://usinfo.state.gov/regional/ea/uschina/pwll-li.htm

[15] 主張中共將對美國全球戰略安全造成威脅，是美國戰略對手，未來雙方將可能發生衝突的最典型論述可參閱：Richard Bernstein & Ross Munro, "Coming Conflict with America," *Foreign Affairs*, vol. 76, no. 2 (March/April 1997), pp. 18-31; Richard Bernstein & Ross Munro, *The Coming Conflict with China* (New York: Alfred A. Knopf, 1997).其他有關中共的崛起及可能成為美國競爭者的論述，可參閱：Peter T. R. Brookes, "Strategic Realism: The Future of U.S.-Sino Security Relations," *Strategic Review* (Summer 1999), pp. 53-56; Denny Roy, "Hegemony on the Horizon? China's Threat to East Asian Security," *International Security*, vol. 19, no. 1(Summer 1994), pp. 149-168.

[16] 認為中共與美國實力仍有相當差距的論述可參閱：Robert S. Ross & Andrew J. Nathan, *The Great Wall and the Empty Fortress: China's Search for Security* (New York: W. W. Norton, 1997); Bates Gill & Michael O'Hanlon, "China's Hollow Military," *National Interest* (Summer 1999), pp. 55-62; Thomas J. Christensen, "Posing Problems without Catching Up: China's Rise and Challenges for U.S. Security Policy," *International Security*, vol. 25, no. 4 (Spring 2001), pp. 5-40.

（containment）與「交往」（engagement）兩種中國政策觀點。

　　柯林頓政府採用了交往為主的對中共政策，雖然柯林頓政府也承認與中共之間有很多的差異，但與中共建立「建設性戰略夥伴關係」，試圖透過積極交往政策改變中共，讓中共融入國際體系，避免中共採取對抗政策。

　　小布希總統雖然未完全採用「圍堵」觀點，但對於與中共積極交往顯然不如柯林頓政府後期那樣熱中。因此，布希政府雖維持了「一個中國」的基本政策宣示，但同時也強調與日本的戰略合作，更重要的，在台灣問題方面，布希總統明白表示，台灣若遭到挑釁，美國會協助台灣自衛[17]。從政策宣示來看，布希政府基本上將中共視為戰略競爭對手，但在其他經濟等層面的政策上，小布希政府仍然維持過去的政策，並未提出更具體及重大的改變。

　　對中共而言，布希政府的「戰略競爭者」提法，雖未將中共定位為敵人，但與柯林頓政府相較，中共認為，美國對中共的定位是往「敵」而非「友」的方向偏移，對中共的態度也顯得較為強硬[18]。

　　在布希政府對中共定位的政策調整下，中共與美國以「建設性戰略夥伴關係」為定位的關係互動，受到了挑戰，雙方關係在布希政府初期似已不如以往密切。

---

[17] 《中國時報》，2002 年 2 月 23 日，第 1 版。

[18] 〈撞機事件前後的中美關係〉，《環球時報》（北京），2001 年 4 月 13 日；金燦榮，〈中美關係：問題與希望〉，《中國外交》，2002 年 1 月，頁 34。

(二) 中美軍機擦撞事件的衝擊

在布希政府強調中共潛在戰略威脅角色之際,二○○一年四月一日,中共殲八戰機與美國 EP-3 偵察機發生意外擦撞事件,中美兩國關係進入另一個階段。

中美軍機擦撞事件,使得美國與中共關係陷入低潮,中共損失一架飛機及一名飛行員,美國偵察機則迫降海南。針對這個突發意外事件,中共官方強調,美軍侵入領空,在中共戰機升空攔截時,偵察機突然轉向撞及中共戰機,導致戰機墜毀[19],中共要求,美國應承擔全部責任,做出道歉[20]。

美國方面則認為,美機只是進行例行性偵察任務,並未侵入領空,布希總統要求中共立刻歸還機組成員和偵察機[21]。

經過十餘天的外交協商,事件解決,美方表達措詞平和的「深刻遺憾」(deep regret),中共則解讀為「道歉」,並歸還人機,使此次事件落幕。

軍機擦撞事件使雙方關係進入低潮,除了協商期間,雙方強硬的對話,彼此內部的對抗情緒不斷升高,中共內部反美情緒高漲,美國國會和輿論更直指中共留置機組人員,形同扣留人質,隨後倫斯斐還宣布中斷雙方軍事交流。危機結束後,布

---

[19] 人民網,2001 年 4 月 1 日。
http://www.peopledaily.com.cn/GB/shizheng/252/4874/4926/20010401/430634.html

[20] 〈唐家璇就美偵察機撞毀中國軍用飛機召見美駐華大使〉,人民網,2001年 4 月 4 日。
http://www.peopledaily.com.cn/GB/shizheng/252/4874/4926/20010405/433491.html

[21] "Bush Calls for Prompt Release of U.S. Crew, Return of Plane," http://usinfo.state.gov/regional/ea/uschina/bshplane.htm

希總統隨即發表中共如果武力犯台，將保衛台灣的言論，並同意出售台灣大量武器，此外，布希總統還與西藏精神領袖達賴喇嘛進行正式會晤，美國政府更允許陳水扁總統過境美國，與紐約市長會面[22]。

　　美國政府的種種舉措，反映出美國對軍機擦撞事件的不滿，美國政府搬出中共最在意的台灣問題，還中止雙方軍事交流，雙方關係不斷惡化，布希政府似乎一步步在實踐所謂「戰略競爭者」的中美關係定位，雙方呈現出一種近似「冷戰」的關係。

　　軍機擦撞事件凸顯中共與美國之間仍存在互不信任，雙方關係基礎的脆弱性[23]。事件將雙方潛在的戰略緊張關係表面化，破壞了雙方長期建立的較「友善」關係，但同時也顯示，雙方必須小心應付區域的突發事件，對美國而言，美國也需要與中共展開一定程度的互動，以解決雙方之間可能出現的問題。

　　在中美雙方克制下，軍機擦撞事件衝突並未進一步擴大，但大陸內部人民引發的反美情緒，已清楚地反映出中美之間深層的戰略衝突性，雙方如果欠缺有效的溝通與互動，很可能引發進一步衝突與危機。

　　軍機擦撞事件造成中美雙方危機，也確實讓中美關係跌入谷底，但也同時提供了雙方關係的轉機。到了四月底、五月初，雙方政府開始採取較和緩的態度，展示緩和雙方關係的善意。

---

[22] David Bachman, "The United States and China: Rhetoric and Reality," p.261；張謙，〈從布希訪華看中美關係的過去與未來〉，《北京青年報》（北京），2002 年 2 月 21 日。
http://www.china.org.cn/chinese/HIAW/109943.htm
[23] 倪世雄，〈從世界格局看中美關係〉，《中國外交》，2002，頁 29。

　　隨後，布希政府向美國國會建議給予中共永久正常貿易關係；美國與中共完成加入世界貿易組織（WTO）最後的談判；對北京申辦奧運一事，美國政府保持中立，未依國會建議杯葛北京；中美也針對軍機擦撞事件完成最後的協商。美國一連串的「善意」舉動，化解了軍機擦撞事件帶來的衝擊，中美關係改善出現了轉機。

　　二○○一年六月，美國白宮國家安全顧問賴斯（Condoleezza Rice）在簡報時表示，美國不願在亞太區域內自尋威脅，因此努力和中國大陸建立「建設性的關係」，此明顯有益於亞太區域和平及安全[24]。針對美國一連串的善意舉動，賴斯公開強調，爲了不自尋威脅，美國已開始尋求與中共建立建設性關係，建設性關係的提法，正逐步成爲美國建構與中共關係定位的新架構。

　　同年七月，美國國務卿鮑爾訪問北京時公開表示，在中美關係定位上，他不再使用戰略競爭者形容中共，訪問北京期間，他更多次公開以「朋友」稱呼中共[25]。鮑爾更進一步指出，布希總統希望與中共建立「建設性合作關係」，強調美國要在人權、貿易、禁止武器擴散等議題，加強與中共的對話與合作[26]。

　　從競選期間的「戰略競爭者」，到中美軍機擦撞事件後的「建設性合作關係」，布希總統對中共的定位出現了明顯的轉變，「建設性合作關係」雖然不如「建設性戰略夥伴關係」那

---

[24] 《聯合報》，2001 年 6 月 8 日，第 13 版。
[25] 〈美國不再使用戰略競爭者〉，《聯合報》，2001 年 7 月 31 日，第 13 版。
[26] 〈鮑爾：美國希望與中國建立建設性合作關係〉，人民網，2001 年 7 月 28 日。
　http://www.peopledaily.com.cn/GB/shizheng/20010728/522639.html

樣具有戰略合作意義,但已比戰略競爭者概念釋出較多的善意。

　　「建設性合作關係」的提出,使中美之間,因為軍機擦撞事件引發緊張,陷入低潮的關係出現轉機,美國政府這種具有善意的中美關係新架構的提出,使雙方互動出現了改善的契機。

　　雖然美國開始調整中美關係定位,但美國國內對於中共的崛起及可能形成的威脅仍有疑慮,美國政府雖已公開表示,中共不必然成為美國的敵人,但仍然視中共可能對美國形成威脅。美國副國防部長伍佛維茨(Paul Wolfowitz)接受《華盛頓時報》訪問時便公開表示,中共「幾乎肯定」在本世紀成為世界超級強權,且可能成為美國的威脅[27]。伍佛維茨被認為是美國官方「鷹派」,這樣的看法,代表美國國內對於中共潛在威脅的重要觀點。

　　基本上,中美軍機擦撞事件發生後,美國對中共的戰略定位有所調整,但對於中共可能的潛在威脅,仍充滿疑慮。因此,建設性合作關係的推動,原則上是要加強雙方非戰略議題的互動,並避免可能產生的衝突與危機,大陸學者徐博東便稱美國對中美關係定位是政經分離,基本上在政治上仍是「戰略競爭對手」,在經濟上才是所謂「建設性合作關係」[28]。

　　總體而言,美國的中國政策雖已調整,但由於雙方先前衝突帶來的不穩定關係仍未完全消解,要進一步落實改善雙邊關係,還待雙方的努力,使得中共對於所謂建立「建設性合作關係」還有疑慮。一直到九一一恐怖攻擊事件發生,美國改變了

---

[27]〈伍佛維茨預言:大陸將成超級強權並威脅美國〉,《民生報》,2001年8月31日,A2版。
[28]徐博東,〈美國對華政策的調整及其對兩岸關係的影響〉,中國網,2001年8月10日。http://www.china.org.cn/chinese/TCC/haixia/50156.htm

整體全球戰略佈局的優先性，改善中美關係的實質進程才進一步加快。

三、九一一事件後美國對中共政策的調整

(一) 美國全球戰略佈局的調整

　　從美國全球戰略來看，後冷戰時期，美國內部對於全球大戰略出現兩種不同的看法，一種是延續二次大戰結束後的「自由多邊主義」（liberal multilateralism），強調促進以民主國家為主的國際秩序、促進開放市場、多邊機制及複雜的安全關係，是確保美國安全與利益最好的方法；另一種則是「單邊大戰略」（unilateral grand strategy）觀點，強調憑藉優勢，美國可以選擇性參與歐洲與亞洲事務，以軍事力量主導國際政治，在此觀點下，多邊合作、武器控制、集體安全的重要性便大為下降[29]。

　　美國政府的全球戰略便受到兩種不同戰略觀點交互影響，在老布希總統和柯林頓總統任內，「自由多邊主義」主導美國政府的戰略構想，但在小布希政府官員的政策宣示中，兩種觀點都不斷出現，有些官員基本上是主張單邊主義的觀點，小布希政府的全球戰略觀可以見到更多兩種觀點交互影響[30]。也就因為布希政府中，主張單邊主義的官員不少，九一一事件之前

---

[29]有關美國大戰略觀點相關看法，可參閱 Barry R. Posen & Andrew L. Ross, "Competing Visions for US Grand Strategy," *International Security*, vol. 21, no. 3 (Winter 1996-97).

[30]G. John Ikenberry, "American Grand Strategy in the Age of Terror," *Survival*, vol. 43, no. 4 (Winter 2001-02), pp. 25-26.

布希政府的全球戰略，受到單邊大戰略觀點的影響頗大，在布希就任的前半年，許多政策都顯示出單邊主義戰略觀。

九一一事件後，單邊大戰略觀點受到更多的挑戰，布希政府受到要求傾向多邊主義全球戰略觀點壓力。爲了達到反恐戰爭的最高戰略目標，事實上，美國必須尋求世界各國對反恐戰爭的支持，美國政府開始尋求參與反恐怖戰爭的全球戰略夥伴。布希總統在二〇〇二年的國家安全戰略報告中便明白表示，美國將採取聯盟方式執行其戰略，作爲有效的聯盟領導，美國需要明確的戰略優先目標、顧慮其他國家的利益，並用謙卑的態度持續與夥伴國家協商[31]。爲了建構全球反恐怖主義聯盟，美國政府採取自由多邊主義觀點，尋求國際社會的合作。

九一一事件改變了美國全球戰略優先性，美國的戰略目標從過去以國家爲主要對象，轉變爲恐怖組織。對美國而言，過去的戰略威脅主要來自欲征服他國的強權，及龐大的艦隊和武力，但九一一事件之後，美國認知到最大的威脅則來自較弱小的失敗國家，及擁有毀滅性科技的少數人[32]。九一一事件後，美國最首要的目標是要打擊賓拉登的蓋達組織，以及與蓋達組織有密切關係的阿富汗塔利班（Taliban）政權。

九一一事件後第二天，布希總統便致電多國領袖，促請共同打擊國際恐怖主義。美國政府開始組建一個廣泛的國際結盟，共同對抗激進的恐怖主義組織，以及所有支持恐怖主義的政府，並尋求促進與俄羅斯的關係，試圖解決以色列與阿拉伯

---

[31]George W. Bush, *The National Security Strategy of the United States of America* (September 2002), p. 25.http://www.whitehouse.gov/nsc/nss.html
[32]Ibid, p. 1.

世界的衝突，調停南亞（印度與巴基斯坦）的紛爭[33]。美國透過種種管道，加強與世界各國的關係，爭取他們支持反恐戰爭。

美國一方面爭取原來盟邦的支持，包括北約和西方盟邦，並加強改善與其他大國關係，包括俄羅斯與中共，同時也與阿富汗周邊國家及阿拉伯國家加強關係。在阿富汗周邊國家關係上，爲了孤立塔利班政權，美國積極拉攏與塔利班政權有邦交的阿富汗鄰邦巴基斯坦，取消對巴基斯坦的經濟制裁，還提供五千萬美元的經濟援助[34]。

爲了進一步爭取阿拉伯回教國家的支持，美國政府也加強對以色列施壓，力促以色列與巴勒斯坦恢復談判，小布希總統甚至公開表示，支持巴勒斯坦建國是美國的一項目標[35]。

總體來看，在追求反恐的戰略目標下，美國積極爭取盟邦及大國的支持，緩和其他地區的衝突，全力爭取阿富汗周邊國家及回教世界的支持，圍堵阿富汗塔利班政權和蓋達組織，建構全球的反恐聯盟。

(二) 中美關係定位調整的落實

在美國全球戰略與外交政策的調整，建構全球反恐聯盟的大戰略下，中共成爲美國積極爭取的重要目標之一。中共是國際社會大國，聯合國安理會常任理事國，且是阿富汗周邊國家，更重要的是，在打擊恐怖主義戰爭中，中共與美國有共同的利

---

[33] Harvey Sicherman, "The New Protracted Conflict: Finding a Foreign Policy," *Orbis*, vol. 16, no. 2 (Spring 2002), p. 215.

[34] "Text: Bush Authorized Release of Assistance to Pakistan," *Washington File*, September 28, 2001.

[35] "Bush Confirms U.S. Support for Palestinian State as Part of Settlement," *Washington File*, October 2, 2001.

益，且可利用此機會重建中美雙方戰略關係的信心[36]。

　　許多美國學者紛紛表達意見，認為美國政府應利用這個機會改善與中共之間的關係，主張美國必須強調兩國在反恐戰爭中的共同利益，與亞洲人口最多、最有潛力成為最強國家的中共加強合作[37]。對美國而言，美國總統訪問大陸，一般都會引起內部的反彈，但在反恐優於一切的氛圍下，美國總統利用十月在上海舉行的亞太經合會（APEC）開會期間訪問中國大陸，既可與中共推動美國的全球反恐戰爭佈局架構，且可藉此機會改善與中共的關係，美國國內也不會有反對的聲浪[38]。

　　在反恐戰略佈局下，美國政府開始更積極表達對中共的善意，主管東亞事務的助理國務卿凱利（James Kelly）在訪問北京時便強調，美國與中共在恐怖主義問題上有「共同的敵人」，合作進行打擊恐怖分子戰爭已成為雙邊關係中最優先的議題[39]。

　　在國家戰略利益的需求下，美國以共同打擊恐怖主義為主軸，加強與中共的「建設性合作關係」，而這樣的建設性合作關係內容已超越原本雙方以經貿、人權、禁止武器擴散為主的合作互動，反恐戰爭成為互動主軸。反恐戰爭涉及美國戰略佈局，《紐約時報》便認為，為了對抗恐怖主義，九一一事件之

---

[36]Nina Hachigian and James Mulvenon, "A Chance to Get Closer to China," *Los Angels Times*, September 27, 2001.

[37]James E. Goodby & Kenneth Weisbrode, "Bush Should Seize His Change to Recast U.S. Ties With China," *International Herald Tribune*, September 21, 2001, p. 10.

[38]David Shambaugh & Robert S. Litwak, "America and China Get a Chance to Improve Their Relations," *International Herald Tribune*, Oct. 18, 2001, p. 8.

[39]"America and China 'face common enemy'," *Daily Telegraph* (UK), Oct. 11, 2001.

後布希總統的主要任務之一，就是與中共發展類似「戰略夥伴」關係，並放棄「戰略競爭者」的概念[40]。

　　雖然美國積極尋求在反恐議題上與中共合作，同時擴及多個層面的交往，但主要的訴求並非恢復柯林頓政府時期的建設性戰略夥伴關係，基本上還是以先前提出的建設性合作關係爲主軸。

　　國務卿鮑爾在美國國會作證時特別強調，美國熱切希望與中共交往，雙方正建立「坦誠、建設、合作」的關係[41]。布希總統二○○二年二月訪問北京時，也重申與中共建立建設性合作關係。值得注意的是，美國政府雖一再強調建立建設性合作關係，但也未以夥伴關係來期許雙邊關係發展。

　　有關中美關係的定位，國務卿鮑爾在接受媒體訪問時便公開表示，「我們既不用『競爭者』一詞，也不用『戰略夥伴』一詞，我覺得不能用一句話就涵蓋整個複雜的美中關係[42]。」也就是說，對美國而言，雖然不再以戰略競爭者一詞來概括中共的定位，但也未恢復到過去的「戰略夥伴」關係定位。

　　事實上，從美國官方發布的文件來看，美國官方對中共仍有疑慮，美國國防部長達二百零九頁對美國總統及國會的年度報告，以及美國中美安全回顧委員會（U.S.–China Security Review Commission）發表的二○○二年年度報告等兩份官方文

[40] 〈布希中國政策轉向戰略夥伴〉，《中國時報》，2001 年 10 月 1 日，第 2 版；〈強固反恐聯盟布希「中國政策」轉向戰略夥伴〉，《中國時報》，2001 年 10 月 19 日，第 1 版。。

[41] 〈鮑爾：美國熱切希望與中共交往〉，《中國時報》，2002 年 2 月 7 日，第 11 版。

[42] 〈鮑爾：中共既非戰略夥伴亦非競爭對手〉，《中國時報》，2002 年 2 月 19 日，第 11 版。

件，基本結論都顯示「中國威脅」仍然存在[43]。

　　美國國防部基本上仍視中共為潛在的軍事競爭者，國防部長倫斯斐對美國總統及國會所做的年度報告中，便以隱喻方式強調美國在亞洲地區將會出現一個軍事競爭對手（military competitor）[44]，暗指中共未來仍會成為美國的競爭對手。美國國防部年度中共軍力報告也強調，中共將美國視為未來長期的挑戰，中共加強軍費支出的主要目標是要用於潛在的台灣海峽衝突，以便台海衝突一旦爆發時，增加美國干預台海衝突的複雜性[45]。

　　基本上，中共是美國在國際社會的一個合作對象，但中共作為美國潛在戰略對手的觀念並未消除，只是在九一一事件後，美國的首要戰略目標是恐怖分子，中共是美國建構全球反恐戰爭戰略佈局架構中，須積極合作的亞洲強權。

(三) 美國中國政策的持續與轉變

　　九一一事件後，反恐成為美國的全球戰略優先議題，美國更決定進行一場長期的反恐戰爭，相應在中國政策上，美國政府調整中國政策的具體策略內容，以因應整體反恐戰略的需要。與此同時，美國政府仍持續中國政策的基本內容，亦即在建立「建設性合作關係」的同時，仍然持續過去中國政策的三

---

[43] John J. Tkacik, Jr., "Strategic Risks for East Asia in Economic Integration with China" (November 12, 2002).
http://www.heritage.org/Research/AsiaandthePacific/WM171.cfm

[44] Donald H. Rumsfeld, *Annual Report to the President and the Congress.*
http://www.defenselink.mil/execsec/adr2002/html_files/chap1.htm

[45] *Annual Report on the Military Power of the People's Republic of China*, pp. 55-56. http://www.defenselink.mil/news/Jul2002/d20020712china.pdf

大支柱，具體的政策持續與改變可說明如下。

■建設性合作關係的落實

在反恐的全球大戰略下，美國改變對中共的關係定位，積極走向建立「建設性合作關係」，這種建設性合作關係的中國政策，依照鮑爾的解釋，就是「在能夠合作之處合作，在有歧見之處對話，而有嚴重歧見之處，雙方讓對方明瞭歧見的根源，從而尋求解決之道」[46]。在這樣的架構下，美國政府加強推動雙邊的合作與對話交流，一方面促進兩邊在反恐議題的合作，另方面，透過合作與對話交流，化解彼此的歧見，促進雙邊關係的良性發展。

在推動雙邊合作方面，二○○一年九月二十一日中美外長會，雙方便達成多項合作共識，在反恐議題上，雙方進行反恐怖問題專家磋商，並將在聯合國安理會加強磋商與合作。此外，在較不具政治意義的愛滋病防治方面，雙方也同意要加強愛滋病防治的國際合作[47]。

布希總統於二○○二年二月訪問北京時，雙方元首舉行高峰會，進一步確立了建設性合作關係的推動，確定雙方將加強高層戰略對話及各級別、各部門之間的接觸；雙方同意在經貿、能源、科技、環保、愛滋防治、執法等領域，積極開展交流與合作；在地區經濟金融問題進行戰略對話，並於年內舉行經濟、商貿和科技三個聯委會會議[48]。

對美國政府而言，九一一事件提供了美國落實與中共建立

---

[46] 《中國時報》，2002 年 2 月 19 日，第 11 版。
[47] 《人民日報》，2001 年 9 月 23 日，第 2 版。
[48] 《人民日報》，2002 年 2 月 22 日，第 4 版。

「建設性合作關係」的機會，在與反恐戰爭結合的同時，推動
與中共關係的改進。整個「建設性合作關係」的政策內容，則
以加強雙邊對話交流，促進除了反恐議題以外的非戰略議題的
合作，強化雙邊互動。

■爭取中共支持全球反恐戰爭

　　為了達成反恐戰爭的戰略目標，美國積極爭取國際社會的
支持，事件發生第二天，布希總統便曾與中共國家主席江澤民
通電話，促請中共協助合作打擊國際恐怖主義。

　　除了元首電話外交之外，布希總統、國務卿鮑爾、國家安
全顧問賴斯也於九月二十一日分別與往訪的中共外交部長唐家
璇會面，此次會面的主要議題是探討布希總統出席上海舉行的
亞太經合會，以及反恐戰爭。鮑爾在會面中向唐家璇表示，美
國將進行一場全面性戰爭，這場戰爭包含了財政、資訊、情報、
執法，以及軍事行動的相關合作[49]。雖然，會談中沒有談及詳
細的合作細節，但雙方已同意共同合作打擊恐怖組織。

　　美國積極爭取中共認同美國反恐戰爭的合法性，同時尋求
中共在相關恐怖分子情報等議題盡可能提供協助。

■持續一個中國政策及對台灣安全承諾

　　從中共的觀點來看，台灣問題向來是中美關係的核心議題
[50]，中美關係中根本差異的議題中，台灣問題一直是最重要的

---

[49]"Remarks By Secretary of State Colin L. Powell And Chinese Minister of
Foreign Affairs Tang Jiaxuan After Their Meeting," U.S. Department of
State Office of the Spokesman For Immediate Release, Sep. 21, 2001.
[50]中共國家主席江澤民與國家副主席胡錦濤便曾多次提到此一概念。〈江

一項。美國尋求中共作爲反恐戰爭聯盟一員,調整對中共政策,加強與中共互動的同時,是否會在台灣問題上做讓步,引起各方的關注。

布希總統在北京與江澤民會面時公開表示,美國仍維持一個中國政策,遵守美中三個聯合公報,這是美國政府的一貫立場。他強調,美國政府在台灣問題上的立場多年來沒有改變,希望台灣問題以和平方式解決[51]。在日本與韓國的公開演講中,布希甚至公開重申,台灣若遭到挑釁,美國會協助台灣自衛[52]。

也就是說,在中國政策上,布希總統雖然實質落實調整與中共的關係定位,但基本上仍然持續原先向台灣傾斜的中國政策。事實上,布希政府在尋求中共協助進行反恐戰爭之際,並未在中美有關人權問題立場、禁止武器擴散、飛彈防禦系統及對台軍售等,雙方長期有爭議的議題上讓步[53]。

四、中共對美國反恐佈局的反應

從國際政治、地緣政治等角度來看,中共在美國反恐戰爭

澤民:台灣問題是中美最重要問題〉,《聯合報》,2001 年 3 月 25 日,第 2 版;〈布希總統會見胡錦濤副主席就多個問題交換意見〉,新華網,2002 年 5 月 2 日;蘇格,《美國對華政策與台灣問題》,北京:世界知識出版社,1998,頁 810-812。

[51] 《人民日報》,2002 年 2 月 22 日,第 4 版。

[52] 《中國時報》,2002 年 2 月 23 日,第 1 版。

[53] Aaron L. Friedberg, "11 September and the Future of Sino-American Relations," *Survival*, vol. 44, no. 1 (Spring 2002), p. 44.

中扮演重要地位，爭取中共的支持也是美國重要政策。在美國
爭取國際社會支持反恐戰爭過程中，國際社會重要國家領袖，
如法國總統席哈克（Jacques Chirac）、英國首相布萊爾（Tony
Blair）、加拿大總理柯瑞強（Jean Chretien）、日本首相小泉
純一郎、德國總理施若德（Gerhard Schroeder）、義大利總理
柏路康（Sivlio Berlusconi）等人，都曾先後前往美國訪問，表
達支持之意[54]。

　　與美國有盟邦關係的國際社會主要大國都以行動表達支持
美國反恐，其他大國也以各種方式表達對美國反恐的支持。俄
羅斯總理普亭（Vladimir Putin）先與布希總統通電，表示支持
美國反恐，呼籲國際社會共同努力對付恐怖主義，聯絡前蘇聯
共和國領導人共同加入反恐聯盟，俄羅斯還透過開放領空進行
人道援助、提供情報、提供搜救、支持阿富汗北方聯盟等具體
行動[55]，支持美國反恐。

　　在國際社會多數支持美國反恐的聲浪中，中共也適時提供
了口頭與行動上的支持，未表達反對意見，使得雙方因為誤炸
大使館及軍機擦撞事件以來的緊張低潮關係，進一步得到緩
解，對雙方關係發揮了重要的影響。

(一) 中共對美反恐佈局的立場

　　對中共而言，九一一事件是改善中美關係的最好契機，此
外，中共內部也面臨回教分離主義分子的暴力行動，支持美國

---

[54] 參閱林正義，〈美國因應 911 事件的危機處理〉，《戰略與國際研究季
　　刊》，第 4 卷第 1 期（2002 年 1 月），頁 112。
[55] 〈九一一後我們的處境：變與未變〉，《世界知識》，2002 年第 1 期
　　（2002 年 1 月），頁 37。

反恐戰爭，也有助於中共打擊回教分離主義分子的暴力行動[56]。因此，中共對美國的反恐戰爭，基本上和多數國家一樣，表達支持之意。

江澤民在九一一事件當天晚上便致電布希表達慰問之意，九月十二日更直接與布希通電話，表示譴責恐怖行動，並願提供救援協助之外，還強調「願意與美方和國際社會加強對話，開展合作，共同打擊一切恐怖主義暴力活動。希望兩國外長和兩國常駐聯合國代表團加強磋商與合作」[57]。

九月二十一日，中共外交部長唐家璇會見布希總統與國務卿鮑爾，表示中共的關切，雙方並達成在反恐怖主義領域開展磋商和合作的共識。

十月在上海舉行的亞太經合會非正式領袖會議上，江澤民與布希會面時便表示，反對一切形式的恐怖主義是中國政府的一貫立場。二○○二年二月，雙方在北京二次會面時，江澤民再次重申此項立場[58]。

在中共外交部的官方聲明中，中共強調反恐怖主義政策主要包括三點：(1)中國反對一切形式的恐怖主義活動，支持對恐怖分子進行打擊；(2)打擊恐怖分子，應以確鑿證據為基礎，行動應有明確的目標，不能傷及無辜平民；(3)應在尊重「聯合國憲章」的基礎上，加強聯合國安理會的作用。中方願意在安理會討論任何有助於打擊恐怖主義活動的建議[59]。

---

[56]Erik Eckholm, "Fearing Terror at Home, China Has Practical Reason to Aid U.S.," *International Herald Tribune*, Oct. 1, 2001, p. 11.

[57]中新社，2001 年 9 月 13 日。
http://www.chinanews.com.cn/2001-09-13/26/121787.html

[58]《人民日報》，2001 年 2 月 22 日，第 4 版。

[59]中新網，2001 年 9 月 19 日。

　　從形式上的外交政策宣示來看，中共對於九一一事件後，
美國爭取中共支持反恐，採取合作的政策。

(二) 中共支持反恐的實際行動

　　在實際行動上，中共也透過提供情報、促請國際合作、提
供人道援助及經濟援助等實際行動，支持美國反恐。

　　美國國務卿鮑爾曾公開表示，中共在打擊恐怖主義方面的
合作，有效改善中美雙邊關係，他特別強調，中共對美國的支
持主要包括：提供情報、聯合國會議發言支持美國、財政及支
持亞太經合會發表反恐怖主義聯合聲明等[60]。

　　在提供情報合作方面，九一一事件發生後十天，中共外交
部長唐家璇便與鮑爾達成雙方具體合作事項共識，將舉行反恐
怖問題專家磋商，並在聯合國安理會加強磋商與合作[61]。九月
二十五日，中共與美國反恐專家在華盛頓舉行會議，共同探討
反恐合作問題[62]。

　　在促請國際合作方面，中共代表在聯合國會議中發言表達
支持國際社會合作打擊恐怖主義[63]。在聯合國有關反對恐怖主
義決議案中，中共投下支持票，並配合聯合國決議，凍結恐怖

---

http://www.chinanews.com.cn/2001-09-19/26/123859.html
[60]"Powell Credits China's Anti-Terrorism Effort for Improved U.S. Ties,"
International Herald Tribune, Oct. 19, 2001, p. 5; 《中央社》，2001年
10月20日。
[61]《人民日報》，2001年9月23日，第2版。
[62]中新社，2001年9月28日。
http://www.chinanews.com.cn/2001-09-28/26/126621.html
[63]中新社，2001年9月25日。
http://www.chinanews.com.cn/2001-09-25/26/125581.html

主義嫌疑分子在大陸銀行的資金[64]。在上海合作組織會議中，中共也表達支持打擊恐怖主義；江澤民更透過電話，多次與各國領袖探討反恐怖主義事宜。

　　二〇〇一年十月在上海舉行的亞太經合會非正式領袖會議，是九一一事件發生後最重要的一場由元首參加的國際性會議，作為這次會議的主辦國，中共支持並協助反恐成為此次亞太經合會主要議題。

　　在美國積極爭取鄰近阿富汗的巴基斯坦提供基地及領空通過權，協助美軍進攻阿富汗之際，作為巴基斯坦長期的友邦，中共也表達支持巴基斯坦與美國合作之意[65]。

　　在人道援助方面，中共向聯合國難民署緊急救援計畫，提供價值一百萬人民幣的物資，並由中國紅十字會，透過紅十字會與紅新月會國際聯合會向阿富汗難民提供捐助[66]。經由經濟管道，中共配合國際社會進行協助重建阿富汗政策。

(三) 中美互動發展

　　從美國中國政策的調整，再加上中共對九一一事件的善意反應，都有助於中美關係的好轉，雙方關係出現具體的改善。不過，在長期的戰略議題上，雙方重大歧見仍然沒有改變。

---

[64] Qingguo Jia, "New Priorities, New Opportunities: Sino-American Relations Since 9.11," *Asian Perspectives*, vol. 4, issue 2 (Spring 2002), p. 9.

[65] Charles Hutzler, "China's Economic, Diplomatic Aid to Pakistan Has Played Key Role in US's War on Terror," *Wall Street Journal*, Dec. 17, 2001, p. A3.

[66] 中新社，2001 年 10 月 1 日。
http://www.chinanews.com.cn/2001-10-01/26/127505.html

■進行高層交流

九一一事件後，九月下旬中共外交部長唐家璇回訪華盛頓時與美方會談，除確定布希總統十月訪上海行程不變外，並達成保持兩國外交部門間經常性對話對中美關係發展具有重要意義的共識[67]。雙方不但確定元首級的訪問，更達成外交部門經常對話的共識。

十月，布希總統參加上海亞太經合會非正式領袖會議，對美國而言，已經發動對阿富汗戰爭，還按原訂計畫特別遠渡重洋到上海參加會議，與三年前，美國轟炸伊拉克時，柯林頓總統取消參加亞太經合會，布希上海之行，具有重大意義[68]。對中共而言，美國雖以此會議爭取國際支持，但作為主辦國，布希在某種程度上表示對中共國際地位的肯定，對中國傳統重視面子外交政治心理而言[69]，確實有效改進雙邊關係。

在上海的中美高峰會中，雙方確定建立「建設性合作關係」，促進雙邊關係朝緩和方向發展。雖然，江澤民在會談上表示希望軍事行動能夠有所節制，不過，布希對於中共在第一時間就對九一一事件致電慰問，表示感謝，對於這樣的「謹慎」支持，也肯定中共站在支持美國的立場[70]。雙方第一次高峰會，充分展現了彼此的善意。

二○○二年二月，布希總統二度前往北京訪問大陸，舉行

[67]《人民日報》，2001年9月23日。
[68]*New York Times*, Oct. 18, 2001.
[69]參閱石之瑜，《近代中國對外關係新論——政治文化與心理分析》，台北：五南圖書出版公司，1995，第4、14章。
[70]*Washington Post*, Oct. 19, 2001, p. A01.

會談，「同意加強高層戰略對話及各級別、各部門之間的接觸，以利增進瞭解和互信；同意積極開展經貿、能源、科技、環保、愛滋病防治、執法等領域的交流與合作，就地區經濟金融問題進行戰略對話，並於年內舉行經濟、商貿和科技三個聯委會會議。」「同意在雙向、互動基礎上加強磋商與合作，充實兩國中長期反恐交流與合作機制。」[71]

二〇〇二年十月，中共國家主席江澤民訪問美國，美國總統布希與江澤民會面後舉行記者會，雙方都表示彼此間有歧見，但仍將加強合作。布希總統則表示，美國尋求與中共建立建設性合作關係，未來將通過不同級別的接觸建設這種關係，包括戰略安全問題進行對話與磋商[72]。雙方都表達了合作的意願，更達成加強不同層級對話與磋商的機制，使中美以「反恐」為基礎的互動關係進一步提升。

中美雙方一年多便舉行三次高峰會，且達成若干具體協議，雙方交流從外交部門，進一步擴大到各個部門，使所謂「建設性合作關係」進一步具體化。布希總統兩次訪問中國大陸，江澤民也回訪美國，使雙方高層交流更為密切，並達成加強雙邊合作的共識，雙方還安排了中共國家副主席胡錦濤訪美，並排定美國副總統錢尼二〇〇三年春回訪大陸，中美關係進入另一階段的密切交流互動。

■恢復軍事交流

中美雙方不但進行高層交流，確立雙方多層級、多部門的

[71]《人民日報》，2002 年 2 月 22 日，第 4 版。
[72]「江澤民主席與布希總統共同會見記者」，新華網，2002 年 10 月 27 日。http://news.xinhuanet.com/newscenter/2002-10/27/content_609450.htm

交流，更重要的是，在中美軍機擦撞事件後中斷的軍事交流，也在中共國家副主席胡錦濤訪美時決定恢復。

美國副國防部長伍佛維茨表示，美國希望提高與中共軍方互動的機會，兩國軍方人員交流也有助降低誤解。他強調，與中美發生軍機擦撞事件，造成雙方軍事交流關係倒退相較，美國已能在較好的基礎上，與中共進行軍事交流。雙方的軍事交流包括：美國代訓中共軍官、國防高層官員互訪、軍艦靠港訪問、互訪軍事基地[73]。

二〇〇二年十月江澤民訪美後，中美雙方更進一步達成恢復中美兩軍交流的共識[74]，使雙方軍事交流更加密切，雙方進行多次副國防部長層級交流磋商，甫於二〇〇二年五月上任的美軍太平洋軍區總司令法戈（Thomas B. Fargo），也於二〇〇二年十二月前往大陸訪問[75]。

中美軍機擦撞事件發生以來，雙方中斷的軍事交流，在九一一事件後，逐步恢復互動，隨著兩方關係的改善，美國「戰略競爭關係」的思考模式似已漸不再成為主流，雙方恢復軍事交流、雙方軍事高層互訪，美國還代替中共這個潛在戰略競爭者訓練軍官，這種沒有以「戰略夥伴關係」為名的軍事互動，似乎與原先的「建設性戰略夥伴關係」接近[76]，雙方關係的改

---

[73] 《聯合報》，2002 年 6 月 4 日，第 13 版。
[74] 〈走向世界的和平之旅──中國軍事外交呈現新局面〉，新華網，2002 年 10 月 28 日。
http://news.xinhuanet.com/newscenter/2002-10/28/content_610956.htm
[75] 《聯合報》，2002 年 12 月 13 日，第 13 版。
[76] 〈九一一後美中朝「建設性合作關係」邁進──專訪何漢理〉，《聯合報》，2001 年 12 月 17 日，第 13 版。

善已取得具體的發展。

■長期歧見仍存

　　九一一事件後，中美關係取得有效改善。不過，九一一事件對中美關係產生的效果有限，短期內確實有效改善中美關係長期低迷的氣氛，有助於改善雙邊關係，但長期而言，雙方基本差異仍然存在[77]。

　　在人權問題、武器擴散、台灣問題、飛彈防禦系統等雙方具有根本差異的議題，美國並未因此而有所改變與讓步。

　　美國國務卿鮑爾在接受媒體訪問時強調，雖然美國和中共關係改善，「我們並未放棄對人權的關注，也繼續認為，假如中國真的希望和我們朝這個方向走，就要採取行動處理武器擴散問題」[78]。鮑爾多次強調，在人權、宗教自由、武器擴散等議題，美國立場並未改變。

　　在台灣問題方面，雖然唐家璇在訪問美國時，「著重」提到一個中國問題，不過，美國對台灣政策立場並未改變，布希總統二〇〇二年二月出訪日、韓、大陸，在日本國會演說時，強調「美國人民不會忘記對台灣人民的承諾」[79]；在與江澤民高峰會後記者會上，布希重申美國堅持一個中國政策，遵守三個聯合公報，但也明白表示，「我們相信台灣問題應該以和平方式解決，我們也敦促雙方不要有挑釁的行為，美國將繼續支

---

[77]Jessica T. Mathews, " September 11, One Year Later: A World of Change," *Policy Brief*, Special Edition 18 (August 2002), p.5. Aaron L. Friedberg, "11 September and the Future of Sino-American Relations," p.77.

[78] 《聯合報》，2002 年 1 月 10 日，第 13 版。

[79] 《自由時報》，2002 年 2 月 20 日，第 1 版。

持台灣關係法。」[80]

在飛彈防禦系統方面，中共向來反對美國發展國家飛彈防禦系統（National Missile Defense; NMD）與戰區飛彈防禦系統（Theater Missile Defense; TMD），二〇〇一年十二月，美國宣布退出一九七二年反飛彈條約，並繼續研發國家飛彈防禦系統，中共雖然仍表示反對立場，但基本上採取的是較緩和的態度[81]。也就是說，在飛彈防禦系統方面，雙方的立場仍然不一致，不過，中共此時並未提出強烈批評。

如同江澤民所言，「中美兩國國情不同，存在一些分歧是正常的」[82]。不過，前述這些差異仍然存在，且在一定程度上，中美雙方的看法有相當大的落差，而這些歧見，仍將制約中美關係的發展，使得中美雙方長期而言，仍可能出現敵對關係[83]。

以反恐為基礎的合作，似乎未能改變中美關係的戰略格局，從長期角度來看，雙方的歧見使得潛在的「戰略競爭關係」仍是未來雙邊關係的重要架構。

■美國勢力介入中共周邊國家

中共與美國合作反對恐怖主義，短期內有助於雙方全面關係的改善和提升，但就長期而言，由於美軍深入中亞，中共周

---

[80]*The China Post*, Feb. 22, 2002, p. A4.

[81]Elisabeth Rosenthal, "China Voices Muted Destress at US Blow to ABM Pact," *New York Times*, Dec. 14, 2001, p. A15; Willy Wo-lap Lam, "China Reacts Mildly to ABM Pullout," Dec. 13, 2001. http:// www.cnn.com.

[82]《人民日報》，2002 年 2 月 22 日，第 4 版。

[83]Nicholas Khoo and Michael L. Smith, "The Future of American Hegemony in the Asia-Pacific: a Concert of Asia or a Clear Pecking Order?" *Australian Journal of International Affairs*, vol. 56, no. 1 (2002), pp. 44-46.

邊國家又加入支援美軍攻擊行動行列，就戰略角度而言，將嚴重影響雙邊關係發展。

　　首先，由於美國對阿富汗發動戰爭，美國加強與此地區國家互動，特別是軍事合作，將影響中共與中亞及俄羅斯等國已建立的合作機制；其次，巴基斯坦與美國合作打擊恐怖主義，將使美國對巴基斯坦影響力增加，相對降低中共長期以來對巴基斯坦的影響力；第三，未來美國如果擴大反恐戰爭範圍，將戰事擴大到伊朗、伊拉克，甚或北韓，勢將引發中美關係的緊張；第四，中共對日本軍事意圖非常敏感，中共對日本軍事支持美軍反恐行動雖表達理解之意，但美日之間的軍事合作若因而擴大，中共將感威脅，而影響中美關係發展[84]。

　　從軍事戰略來看，美軍深入中亞，中共的宿敵印度和長期盟友巴基斯坦都協助美國反恐，且與美國建立更密切互動，雖然未必不利於中共，但勢必排擠中共在南亞地區的影響力。而美軍利用烏茲別克和巴基斯坦對恐怖分子開戰，事實上也意味著，美軍已經進駐到中共東西邊境最前線，取得重要戰略地位。

五、建設性合作關係下的兩岸關係

(一) 中共支持反恐與台灣問題

　　中共對於美國的全球反恐佈局表達支持，並有實際行動配合，雖然是基於雙方共同利益——打擊恐怖主義，但美國媒體

---

[84] Michael Swaine and Minxin Pei, "Rebalancing United Staes-China Relations," *Policy Brief*, no. 13 (Feb. 2002), pp. 3-4.

及輿論也質疑，中共利用支持反恐，換取美國在其他政策上的讓步。

　　對於西方媒體提出中共利用機會「要脅」美國，換取美國立場的讓步，特別是要求美國支持中共的「一中政策」，中共則提出反駁，強調在反恐問題上並無任何交易[85]。

　　從國際政治角度來看，美國是九一一恐怖主義受害國，在美國爭取國際社會支持的過程中，必然會提出相應的條件來換取國際社會的支持，取消對印度及巴基斯坦的制裁，增加對巴基斯坦的援助，就是很典型的例子。因此，對於中共與其他國家是否提出相應的交換條件，自然也就引起媒體的質疑。

　　特別值得注意的是，九月二十一日，中共外長唐家璇與美國國務卿鮑爾會談後，美國媒體報導，中共提出代價換取支持反恐，指中共要求美國支持中共武力對付台灣、新疆、西藏分裂主義分子，以換取中共的支持反恐[86]。

　　審視當時唐家璇與鮑爾的會談，《人民日報》在報導此則新聞時指出，「唐家璇還著重闡明了中方在台灣問題上的原則立場，希望美方從戰略高度和長遠角度處理好台灣問題。鮑爾表示，美方理解台灣問題的重要性和敏感性。他重申，美國政府繼續奉行一個中國政策，遵守三個聯合公報。」[87]

　　在雙方針對反恐為主要議題的會談中，中共「著重」提到台灣問題，特別單獨提出與反恐毫無相干的台灣問題，難免引起各方質疑，中共藉此機會要求美方表態承諾堅持一中，以換

---

[85]中新網，2001 年 9 月 18 日。
　http://www.chinanews.com.cn/2001-09-19/26/123859.html
[86]*International Herald Tribune*, Sep. 19, 2001, p. 1.
[87]《人民日報》，2001 年 9 月 23 日，第 2 版。

取中共對美國的支持。

　　中共做此陳述，固然反應台灣問題確實是中共認知中的中美關係最核心的問題，但在中共表態反恐的同時，提出台灣問題，難免令人有藉機要脅的感覺。

　　基本上，在中共支持全球反恐的戰略設想下，中共的基本戰略利益目標，最少是要使美國將大陸內部的新疆獨立運動，納入全球反恐怖主義的打擊對象，排除新疆獨立運動組織的合法性，先確保中國領土主權完整，藉著全球反恐，切斷新疆獨立運動組織的國際援助，使新疆問題取得較長時間的穩定。

　　其次，中共希望能夠藉由全球反恐合作，改善中美關係，即便不能恢復以往的戰略合作夥伴關係，至少能夠使中美雙方回到合作友好交流，穩定的中美關係，一方面可以維持中國國際環境的和平穩定，確保內部追求經濟持續快速成長的國家目標，另方面，透過與美國關係的改善，以換取美國減少對台灣的支持。

　　在美台關係的互動上，中共最高戰略目標是希望美國放棄對台灣的軍事與經濟支持，或保持中立，使中共對台施壓有更大的空間。具體而言，是使美國回到「八一七公報」的立場，減少或停止對台軍售，使台灣失去軍事抗衡的籌碼，在台灣失去美國的軍售支持下，中共可透過武力恫嚇，增加完成「祖國統一」大業的可能性。

　　如果無法達到最高戰略目標，中共希望至少能夠促使美國重申「一個中國」政策，促使布希政府更明確表達美國長期以來的中國立場，回到柯林頓政府的「三大支柱」政策，使台灣承受追求獨立的國際壓力。具體而言，是使美國政府重申一中原則，表達反對台灣獨立的政策立場，以迫使台灣執政當局，

就算不走向統一的政治光譜，至少也能持續留在維持現狀的立場，而不走向偏獨立的政治光譜道路，確保陳水扁總統執政以來，中共「反獨重於促統」的對台政策基調。

總體而言，支持美國的全球反恐與疆獨和台灣問題掛鉤，符合中共國家利益，就現實主義角度來說，藉此機會爭取更大的戰略利益，是中共當局必然選擇的政策取向。

(二) 美國政府對兩岸關係的態度

九一一事件促使美國政府重新思考國家戰略威脅，調整全球戰略佈局，建構全球反恐聯盟，在這樣的新戰略架構格局下，爭取中共合作進行全球反恐成為美國重要外交政策。

對美國而言，恐怖主義成了美國最重要的敵人，對中共而言，追求改革開放，需要和平的國內外環境，中共早將內部分離主義與恐怖主義視為重要的威脅，恐怖主義成為中共與美國共同的敵人，且恐怖主義攻擊無辜平民，也使中方認為有義務要譴責恐怖行為，同時，美國將重心放在打擊恐怖主義，使得中共感受到的威脅減緩，對美政策調整出現空間[88]。中美雙方同時調整政策，合作打擊恐怖主義，使雙方「建設性合作關係」有了更明確的戰略打擊目標，促進雙邊關係的快速改善。

九一一提供了中美關係改善的契機，不過，短期的合作並不代表雙方歧見也隨之改變，在人權、禁止武器擴散、台灣問題、飛彈防禦系統等議題方面，雙方仍然維持原來的看法，並未因為共同打擊恐怖主義的合作而有所改變。

---

[88] Qingguo Jia, "New Priorities, New Opportunities: Sino-American Relations Since 9.11," pp. 11-12.

　　布希總統二○○二年九月的國家安全戰略報告也明白表示，九一一事件基本改變了美國與中共的關係，美國尋求與中共建立建設性關係，並在反恐戰爭和維持朝鮮半島穩定等議題方面，與中共有共同利益，但布希強調，中美雙方在許多領域，如美國對台灣自我防衛的承諾、人權及禁止武器擴散問題等議題，都還有相當大的差異[89]。

　　從政策的宣示及具體行動來看，九一一事件對美國政府對中共政策的最重要影響，是美國加速推動與中共建立「建設性合作關係」，美國政府釋出更多的善意，強調雙邊合作的重要性，並透過布希總統二次親訪大陸、邀請江澤民與胡錦濤訪美等高層外交互動，恢復雙邊軍事交流，改善雙方的交流與互動。在九一一事件近一周年，二○○二年八月，美國國務副卿阿米塔吉（Richard L. Armitage）更進一步宣布，美國已將新疆地區分離主義運動組織「東土耳其斯坦伊斯蘭運動」（ETIM）列入恐怖組織名單，並凍結該組織在美國的資產[90]。美國的這項宣示，充分顯示美國對中共支持反恐的善意回饋。

　　九一一事件後，美國總統布希在處理嚴峻的反恐議題時，仍然先後兩次前往中國大陸訪問，中共國家主席江澤民與國家副主席胡錦濤也先後訪問美國，中美兩國實踐高層互訪，恢復軍事交流，更進一步在環保等多項領域達成合作交流共識，中美朝向友善關係發展。

　　從美國對中共政策互動來看，對於中共支持全球反恐戰略

---

[89]George W. Bush, *The National Security Strategy of the United States of America*, p. 28.

[90]〈阿米塔吉在北京透露東土耳其斯坦列入反恐名單〉，《聯合報》，2002年8月28日，第13版。

佈局，美國也透過種種善意的政策宣示和行動，表達對中共合作的回饋。

　　就中共的戰略設想來看，美國政府滿足中共反制疆獨與建構友好穩定的中美關係的戰略構想，中共取得一定的戰略利益。但在台灣問題方面，中共向來視台灣問題是中美關係的最大障礙，美國即使為了回饋中共的支持反恐，在台灣問題方面仍未做出太大的讓步。

　　美國積極尋求中共合作打擊恐怖主義，布希總統與中共國家主席江澤民會面時，雖然重申美國支持一個中國原則，遵守中美三個聯合公報，但仍然強調美國支持和平解決台灣問題的立場，並將繼續支持「台灣關係法」。也就是說，雖然美國政府需要中共合作反恐，但即便是在口頭的政策宣示上，美國政府並未積極滿足中共的戰略需要，對於台灣問題，仍維持柯林頓政府的「三大支柱」立場，顯示美國政府對兩岸政策的底線，並未因為美國調整戰略安全佈局而有所轉變。比較具體的改變則是，美國政府多次使用「不支持台灣獨立」的提法[91]，來重申其兩岸政策的基調。

　　在軍售方面，事實上，美國政府並未受到與中共合作反恐的影響而有所改變。二○○一年十月，九一一恐怖攻擊事件一個月後，美國便宣布出售五千一百萬美元的反戰車飛彈系統及相關設備給台灣[92]；同年十一月，美國方面表示原則同意出售

[91]二○○二年五月，美國總統布希在會見到訪的中共國家副主席胡錦濤時便指出，美國不支持台獨，不鼓勵台獨勢力發展，《中國時報》，2002年5月6日，第1版；同年五月底，美國副國防部長伍佛維茨接受媒體訪問時也指出，美國的一中政策包含兩個原則：不支持台獨、反對使用武力，《中國時報》，2002年6月4日，第2版。
[92]《聯合報》，2001年10月28日。

艾布蘭式主戰車給台灣，以提升台灣陸軍的反登陸戰力[93]。二〇〇二年五月，美國批准出售三十架阿帕契 64 攻擊直升機給台灣[94]；同年七月，美國國防安全合作局公布，該局已通知國會可出售台灣要求採購的，包括響尾蛇空對空飛彈在內，總金額新台幣一百七十六億八千萬元的武器及後勤維修設備[95]。從實際的軍售行為來看，布希政府並未因為尋求與中共的合作反恐，減少對台軍售。

不僅對台軍售未受影響，在軍事交流方面，台美關係甚至有了進一步的突破。二〇〇二年三月，國防部長湯曜明獲邀到美國訪問，這是一九七九年中共與美國建交後，首位以國防部長身分訪問美國的台灣官員[96]，美國與台灣軍事交流取得歷史性的突破。

總體來看，美國政府對兩岸關係政策並未受到九一一事件後改變全球戰略佈局的影響，布希政府尋求中共合作反恐，改善中美關係的同時，並未以台灣的安全利益作為交換條件。中共基本上只取得美國重申一個中國政策的口頭承諾，在實際美國對台政策方面，美國並未做出具體讓步。

(三) 兩岸關係的影響

九一一事件後，美國調整全球戰略佈局，建構全球反恐聯盟，在中美關係互動上最重要的影響，便是提供中美建立建設

---

[93] 《聯合報》，2001 年 11 月 5 日。
[94] 「台證實美批准阿帕契軍售案」，BBC，2002 年 6 月 9 日。
　http://news.bbc.co.uk/hi/chinese/news/newsid_2034000/20343651.stm
[95] 〈美同意對台軍售逾一百七十六億八千萬美元〉，2002 年 7 月 9 日。
　http://www.to-get-her.org/brag/politics/y2002/showarchive.pl?read=7932
[96] *Taipei Times*, 11 March 2002.

性合作關係的契機，在中美關係走向緩和的同時，中美台三邊關係自然也受到影響。

　　基本上，中美關係的改善並未影響美台關係的重大變化，美國並未改變對台政策，在政策宣示上，美方提出「不支持台灣獨立」的說法，以強化對中國反台獨策略的反應，但同時，美國也以維持對台軍售，加強美台軍事交流互動，以強化對台灣安全的承諾，確保兩岸和平解決的基本立場。另方面，由於美國超強地位的進一步確立，使得中共對於美國介入兩岸問題疑慮增加，台灣對美國依賴更深，兩岸領導人不同的政策解讀，也深化兩岸互動的不穩定性。

　　九一一事件之後的兩岸關係，仍維持在和平與不穩定的矛盾互動格局，在基本穩定的互動中，仍有相當程度的不確定因素制約兩岸關係。

■兩岸和平解決的強化

　　九一一事件後美國調整全球戰略調整，打擊恐怖主義成為主要的戰略目標，但傳統的戰略威脅仍然存在，對美國而言，同時出現不同戰略威脅或多邊作戰並不利於全球戰略安全佈局。作為全球可能的戰略威脅地區，兩岸和平有利於美國新的全球戰略佈局，因此，美國對兩岸政策的基本方向，是要強化兩岸的和平與穩定。

　　在兩岸關係互動中，美國向來扮演非常重要的角色，依照中共官方說法，外國勢力插手是阻礙中共「統一大業」的主要因素，而美國就是這種國際勢力的主要代表者[97]；大陸學者也

---

[97]參閱陳雲林主編，《中國台灣問題》，北京：九洲圖書出版社，1998，

指出，美國是台灣最大的保護者和支持者，在兩岸互動的國際
因素中，美國是最重要的因素[98]。對台灣而言，美國在軍售等
方面的支持，是台灣免於中共武力統一威脅的重要力量[99]。美
國在兩岸互動中扮演「關鍵性角色」，美國對華政策的調整便
影響兩岸的互動。

　　為了確保兩岸和平穩定的基本格局，美國在九一一事件
後，透過高層互訪、恢復軍事交流等互動，緩和中美關係，同
時，布希總統等美國政府官員也多次公開重申美國支持「一個
中國」原則的立場，甚至進一步提出美國「不支持台灣獨立」。

　　美國政府的政策表述對中共而言，符合中共對台政策的基
本立場，相當程度穩定了中共對布希政府內部傾向支持台灣獨
立的疑慮。二〇〇〇年台灣總統大選，陳水扁當選總統後，中
共對台灣走向獨立可能性升高的疑慮，布希總統初期將中共定
位為戰略競爭者的定位，加深了中共的疑慮，在美國的進一步
表態反台獨後，中共的疑慮得到緩解，有助於兩岸情勢得到和
緩。

　　中美關係改善有效化解中共的疑慮，但也有可能增強台灣
的疑慮，擔心美國可能出賣台灣的利益。為了化解台灣方面的
疑慮，使兩岸情勢出現不必要的微妙變化，布希政府在加強中
美關係的同時，仍多次強調堅持維護台灣安全，在政策宣示支
持台灣的信心之外，更以實際行動強化這種支持，美台軍事交

頁 43-51。

[98]楊潔勉等著，《世界格局中的台灣問題：變化和挑戰》，上海：上海人
民出版社，2002，頁 4-15。

[99]參閱 John P. McClaran, "U.S. Arms Sales to Taiwan: Implications for the
Future of the Sino-U.S. Relationship," *Asian Survey*, vol. XL, no. 4 (July/
August 2000), pp. 623-640.

流進一步提升，台灣國防部長在斷交後首次到美國參加會議，進行交流。對台灣而言，美方改善中美關係，並不意味著放棄台灣，在宣示支持一中、反台獨聲明的同時，也增強美台具體交流合作，台灣內部的穩定獲得一定程度的保證，有助於兩岸情勢的緩和。

美國對兩岸同時提供不同的需求，滿足雙方在國際互動與兩岸關係的微妙平衡，既給中共具體的承諾，也給台灣具體的支持。這樣的微妙平衡，回到美國的「三大支柱」政策立場，向兩岸強烈傳達美國維持兩岸局勢穩定的既定政策立場，旨在確保美國維持亞太地區穩定、和平的戰略目標。在兩岸「各取所需」之時，兩岸和平穩定發展的格局也進一步得到強化。

■兩岸不穩定因素的增加

雖然美國中國政策的調整有助於兩岸持續和平穩定，兩岸政府也從美國得到一定程度的承諾和保證，但美國此種具有矛盾格局的政策，卻也使兩岸不穩定因素有所增強。

對中共而言，美國為追求全球戰略佈局積極改善中美關係的同時，並未真正改變中共最關心的台灣問題立場，也就是說，美國仍然未放棄「干涉」台灣問題。美國反對台灣獨立的政策宣示確實穩定了中共的疑慮，但美國提升台美軍事合作、持續對台軍售的實際軍事互動，卻增強了中共的疑慮。

中共最關心的問題之一，是美國長期出售高性能武器給台灣，美國協助武裝台灣，不但有效阻止中共「武力威嚇」促統的對台政策，同時，也可能增加台灣尋求獨立的軍事憑藉，中共相當敏感，也相當擔心。即便在美國需要中共合作反恐之際，美國都未因應形勢改變對台灣的支持，美國支持對台軍售不利

於中共的「統一大業」，中共對美國的不信任感增強，長期來看，中共若要完成二十一世紀三大任務之一的「祖國統一」，似乎仍將面臨軍事對抗的格局，中共必須加強軍事力量，一方面增強國防力量，另方面積累武力統一的實力，這樣朝向武力競賽的發展，爲兩岸政局埋下不穩定的因素。

對台灣而言，美國加強美台軍事合作，增強了台灣的信心，在擔心中美改善關係可能犧牲台灣利益之際，美國的實際作爲削減了台灣的疑慮，同時也增強了台灣軍事力量。長期來看，台灣軍事力量的持續成長，一方面有助於台灣安全的自保，另方面也積累了台灣走向獨立的軍事實力，從而在兩岸的和平互動中增加了不穩定的因素。

六、結　論

九一一事件震驚了全世界，使美國政府調整全球戰略優先性，在以打擊恐怖主義爲最優先戰略目標的同時，布希政府傾向單邊主義的政策思維開始調整，在自由多邊主義戰略觀的思維下，美國積極尋求國際社會在反恐戰爭上的支持。在改變戰略目標優先性的基礎上，被美國視爲潛在戰略對手的中共，成爲美國爭取支持反恐的對象，在這樣的大戰略下，美國加速調整中國政策，更積極推動與中共建立「建設性合作關係」。

在美國對中共政策的調整下，中共也以政策宣示及具體行動支持美國反恐作爲回饋，短期的中美關係朝向快速改善的方向發展。

雖然美國調整對中共政策的推動進程，但並未根本改變中

國政策，三大支柱仍是美國政府中國政策的基調，反應在對中國的戰略思維上，美國國內有關中國威脅論及中共是戰略競爭者的看法仍然存在[100]。大陸「中國現代國際關係研究所」發表的「國際戰略與安全形勢」年度報告也認為，美國在九一一事件後並未因與中共合作反恐怖主義，而放棄對中共的圍堵與防範，由於美國奉行「近俄疏中」的策略，並判斷未來幾年中共威脅大於俄羅斯，因此，中美間的戰略競爭將比美俄戰略競爭更激烈[101]。

　　也就是說，中共與美國之間的歧見仍存，雙方的不信任感還在，雖然九一一事件提供雙方合作的契機，也有效推動雙邊關係的發展，但長期來看，這樣的合作關係似乎欠缺更深厚的戰略合作基礎，雙方的合作可說是一種「有限度的合作」。

　　對兩岸關係而言，美國政府既然未改變中國政策的根本方針，與中共關係的改善也僅限於短期的互訪與合作，雖然這樣的友好關係，拉近了中共與美國之間的距離，但美國並未因而調整對台政策，九一一事件後，布希政府也多次重申中國政策不變，強調美國對於兩岸對話及和平解決問題的堅持，甚至還增強了美台軍事合作交流。

　　對美國而言，反恐戰爭是一場長期戰爭，戰線可能延長至支持恐怖組織的所謂「邪惡軸心」國家，在這場全球性的反恐戰爭中，美國必須投入大量的人力、物力、軍事資源，以達到美國的戰略目標。

　　值得注意的是，美國點名的三個「邪惡軸心」——伊朗、

---

[100] 〈九一一後美中朝「建設性合作關係」邁進——專訪何漢理〉，《聯合報》，2001 年 12 月 17 日，第 13 版。
[101] 《聯合報》，2002 年 5 月 28 日，第 13 版。

伊拉克與北韓三個國家，二○○三年的美伊戰爭，在中共、俄羅斯、法國等聯合國安理會常任理事國反對下，美國發動戰爭，已解決其中一個「邪惡國家」，確保美國在中亞地區的戰略安全的同時，更強化了美國後冷戰時期的「超強」地位。

　　與此同時，中共與北韓關係非常密切，中共可說是全球對北韓最具影響力的國家之一，在北韓發展核武器的問題上，也成為中美互動的重點。美國國務院政策計畫局長哈斯（Richard Harass）就曾表明，中共對北韓核武問題的態度與對台政策，是影響中美是否進一步發展密切關係的重要議題[102]。二○○三年一月十日，北韓宣布退出「禁止核子擴散公約」[103]，隨著北韓對核武問題態度的日趨強硬，美國更希望中共扮演積極角色，對中美互動而言，北韓問題從一定角度也成了中共發展中美關係的籌碼。

　　避免其他地區的衝突，免於多邊作戰，是美國的重要政策目標之一。因此，維持台海的穩定與和平對美國而言，是美國外交政策重要的一環，如何在改善與中共關係，爭取最廣泛的反恐聯盟的同時，不致犧牲亞太區域安全與盟邦的利益，則是美國政府積極維護的政策目標。對美國而言，維持台海現狀符合美國的國家利益，維持穩定的中美台關係仍將是美國中國政策的一項長期目標。

　　對中共而言，如果要利用美國的反恐戰爭，爭取美方在台灣問題上的重大讓步，並不符合美國利益，也不太可能達成目

---

[102]John J. Tkacik, "China must pressure Pyongyang."
　http://www.heritage.org/Press/Commentary/ed123102b.cfm
[103]相關發展參閱〈朝鮮退出不擴散核武器條約〉，新華網。
　http://www.xinhuanet.com/newscenter/cxhwt/index.htm

標。對台灣而言，九一一事件使得中共與美國關係改善取得重大的助力，但中美關係改善並不必然影響台灣的安全甚或減少美國的支持。維持兩岸和平符合中美台三邊利益，是美國的重要外交政策目標，也有利於台海兩岸的發展。

　　在九一一事件後的全球反恐佈局中，台海任何一方試圖利用國際大環境的改變，尋求現狀的改變，顯然不符合美國國家利益，也不符合美國外交政策目標。九一一事件對兩岸關係最重要的影響，應該是促使美國更積極維護台海和平，避免世界其他區域爆發衝突，影響美國的全球戰略部署。

第七章　十六大後新領導集體的外交戰略

一、前　言

　　二○○二年十一月，中共十六大進行新老交替的人事佈局，胡錦濤等九名新政治局常委成為新一代領導集體主要成員，胡錦濤接任中共中央總書記，溫家寶在二○○三年的第十屆全國人大第一次會議中接任國務院總理，江澤民雖然留任中央軍委主席，但新的領導集體已在一連串的人事安排中分管主要領導職務，國際社會高度關注中共接班佈局，更關心被稱為「胡溫體制」的新領導集體是否會提出新的路線、方針、政策。

　　新領導集體就任以後，中共外交政策基本上仍強調鄧小平時期獨立自主的和平外交政策，在外交戰略思考上，仍以和平與發展理論為基礎，建構有利於中國大陸經濟發展的和平國際環境。新領導集體就任之初，以穩定領導體制為最重要工作，但與此同時，以技術官僚為主的新領導集體成員，在具體的戰略思考與外交作為上，是否採取不同的方式，值得吾人進一步探究。

　　本章將針對十六大以後中共領導集體成員外交戰略的重點著手，分析十六大以後中共外交戰略是否出現調整，以及十六大以後，中共新領導集體在具體外交作為上，推動了哪些具體工作，這些具體工作對中共外交關係及對兩岸關係的影響，並據以推論未來中共外交政策的走向。

二、十六大後的外交戰略

一九七八年十一屆三中全會以後，中共推動改革開放政策，經濟發展成為中共最重要的路線方針，在這樣的總路線下，一九八二年中共提出獨立自主外交政策，一九八五年鄧小平進一步提出「和平與發展」的理論構想，一九八六年中共再將獨立自主外交政策加上「和平」二字，以獨立自主的和平外交政策概括中共的總體外交政策。

獨立自主和平外交政策成為改革開放以後中共外交政策總路線方針，在這樣的總路線方針下，中共外交戰略根本思維便是要以經濟發展為核心，建構穩定和平的國際環境。

(一) 鄧小平時期的外交戰略

在追求經濟發展為核心利益的最高任務下，中共提出獨立自主的和平外交政策，建構和平的國際環境成為中共外交戰略的主要思維，這樣的思考方向，歷經了一九八九年六四天安門事件的重大衝擊、冷戰結束後國際體系的重大變化，甚至鄧小平死後對中共政局的衝擊，中共基本上都未改變這樣的基本戰略構想。

維持和平的國際環境以確保內部經濟的發展，是中共外交戰略的基本方針，但在具體的戰略佈局方面，中共也會因應國內外環境的改變，進行策略性調整。

一九八九年六四天安門事件破壞了中共的國家形象，國際社會對中共進行經濟制裁，對中共而言，中共必須加強外交工

作，改變自己的形象，以突破國際社會的制裁。因此，中共透過大國外交來改變自己的形象，透過夥伴外交的推動，中共與國際社會的大國、重要國家或國際組織建立各式夥伴關係[1]。改變國家形象，與國際社會積極交往，成為六四天安門事件後中共外交戰略的重要工作。

冷戰結束後，蘇聯東歐共黨政體垮台，作為全球最大的共黨國家，中共不僅必須有個和平環境，且必須確保與國際社會的友好互動，避免經濟衰退帶來「和平演變」。後冷戰時期，維持一個有利於中國經濟發展的和平、友好的國際環境，成為中共國際戰略和對外政策的基本原則，中共實施的是一種全方位的外交戰略，這樣的外交戰略有兩個戰略重點，一是維持並發展和發達國家的合作關係，第二個中心是保持良好的睦鄰關係[2]。也就是說，與周邊國家和世界大國維持友好合作關係，成為中共外交戰略的主要核心。

在建構和平穩定國際環境的基本戰略架構下，中共戰略設想中的國家利益包括三個主要成分：一是確保中共政權的穩定；二是維持和平的國際環境以確保經濟發展；三是祖國統一，其中，北京最關切的是中共政權的穩定。北京的戰略設想是有限的，一方面隨著大陸經濟的成長，北京對自己的自信心日益增長，另方面卻對自己的處境仍有疑慮，因此，北京便維持著一個較保守、較防衛性的外交政策。為了確保中共政權的合法

---

[1]Avery Goldstein, "The Diplomatic Face of China's Grand Strategy: A Rising Power's Emerging Choice," *China Quarterly*, 2001, p. 847.

[2]秦亞青，〈冷戰後中國的安全意識和戰略選擇〉，見劉山、薛君度主編，《中國外交新論》，北京：世界知識出版社，1995，頁85-87。

性，中共必須尋求現存國際強權對她的認同[3]。也就是說，確保中共政權的穩定仍是中共最重要的戰略構想，中共外交政策最重要的目標便是要確保中共政權的穩定。

(二) 十六大以後的外交戰略構想

十六大以後，新領導集體接班，雖然在高層領導人事方面進行重大改變，但在追求穩定接班的前提下，國際環境也沒有重大變化，中共外交戰略構想基本上並未出現重大轉變，和平與發展仍是中共外交理論思想依據，獨立自主的和平外交政策仍是中共新一代領導集體揭櫫的政策方向，建構和平、友好的國際環境，確保經濟發展與政策穩定仍是中共外交大戰略。

■和平崛起戰略思維的提出

雖然中共基本的外交路線、方針、政策沒有大變動，但值得注意的是，中共新領導集體成員在政策談話中顯示，中共扮演更重視和平的國際合作者和負責任大國的角色。

改革開放以來，大陸經濟快速成長，二〇〇三年底大陸國內生產總值（GDP）達一兆四千多億美元，對外貿易額達到八千五百一十二億美元[4]，中共已成為全球第六大經濟體，全球第四大貿易國。隨著中共國力的逐年增強，有些專家學者認為，

---

[3]Fei-Ling Wang, "Self-Image and Strategic Intentions: National Confidence and Political Insecurity," in Yong Deng and Fei-Ling Wang eds., *In the Eyes of the Dragon: China Views the World* (Lanham: Rowman & Littlefield Publishers Inc., 1999), pp. 33-34, 39-40.

[4]〈溫家寶總理在十屆全國人大二次會議上的政府工作報告〉，《人民日報》，2004 年 3 月 6 日。

http://www.people.com.cn/GB/shizheng/8198/31983/32185/2376764.html

中共正逐漸發展成大國，在數年內將成爲全球最大的經濟體[5]，也因此，中國的崛起將成爲西方國家威脅的「中國威脅論」論調，在西方社會一直是一個討論的焦點。

面對總體國力提升，以及西方國家對中國威脅的疑慮，中共依循鄧小平在六四天安門事件提出的二十八字戰略方針——「冷靜觀察，穩住陣腳，沉著應付，韜光養晦，善於守拙，絕不當頭，有所作爲」[6]，一直強調自己是發展中的國家，盡量避免使用「大國」一詞指稱自己，即便提到大國時，也多和社會主義或發展中國家一起使用，以避免和西方大國的正面對比。

不過，此種「絕不當頭」的提法，與中共當前的國力似不相當，加入世界貿易組織（WTO）後，中共日益融入當前的世界經濟體系，九一一事件後，隨著美國主導的全球反恐佈局，中共在國際社會的重要性似乎也更爲凸顯，中共在國際社會扮演大國的國內外環境都更加成熟。

新領導集體成員在對內事務上採取「親民」政策，強調「執政爲民，立黨爲公」，在對外事務上，胡溫體制更強化在國際社會追求和平的國際環境，以確保內部的經濟發展，同時，也更積極強調自己作爲國際社會大國的責任與角色，爲了說明自己經濟成長的事實，融入當前國際政治經濟新秩序與國際社會

---

[5] 認爲中共國力逐漸增強，將成爲具有世界強權實力的相關論述可參閱 Samuel S. Kim, "China as a Great Power," *Current History*, vol. 96, no. 611 (September,1997), pp. 246-251; Richard Bernstein and Ross Monro, *The Coming Conflict with China* (New York: Alfred A. Knopf, 1997); William H. Overholt, *China: The Next Economic Superpower* (London: Weidenfeld & Nicolson, 1993).

[6] 中共中央文獻研究室編，《江澤民論有中國特色社會主義》，北京：中央文獻出版社，2002，頁 527。

合作的意願，扮演負責任大國的角色，「和平崛起」的戰略新思維正逐步建構成為新領導集體成員的重要外交戰略。

　　二〇〇三年十二月十日，國務院總理溫家寶訪問美國，在哈佛大學的演講中提到中共是一個「改革開放與和平崛起的大國」[7]，中共高層領導人首次正式公開向國際社會提及「和平崛起」的概念。

　　十二月底，中共總書記胡錦濤在紀念毛澤東誕辰一百一十周年講話時，也提到和平崛起，他強調中共要「堅持走和平崛起的發展道路，堅持在和平共處五項原則的基礎上同各國友好相處」[8]。二〇〇四年二月，胡錦濤在主持中共中央政治局第十次集體學習發表講話時強調，「要堅持和平崛起的發展道路和獨立自主的和平外交政策，堅持維護世界和平、促進共同發展的宗旨。」[9]

　　「和平崛起」的提法是中共過去領導人未明確提出的概念，對中共新領導人而言，和平崛起的發展道路雖仍未成為一個官方正式使用的外交戰略，但具體的概念已經成形，正逐漸發展成為第四代領導集體的新外交戰略思維。

■新領導集體的外交戰略

　　「和平崛起」是新領導集體建構中的新外交戰略思維，這

[7] 人民網，2003 年 12 月 10 日。
http://www.people.com.cn/GB/shizheng/1024/2239366.html
[8]〈胡錦濤在紀念毛澤東誕辰一百一十周年座談會的講話〉，人民網，2003 年 12 月 26 日。
http://www.people.com.cn/GB/shizheng/1024/2267174.html
[9]〈胡錦濤主持政治局第十次集體學習並發表講話〉，人民網，2004 年 2 月 24 日。 http://www.people.com.cn/GB/shizheng/1024/2357413.html

樣的外交戰略思維基本上是要使中共能夠持續經濟發展,在追
求經濟成長的同時,融入國際社會,一方面強調扮演國際社會
合作者角色,強調與大國和平互動,二方面強調中共愛好和平
的角色,安撫周邊國家,顯示崛起的中共將與周邊國家維持和
平互動,三方面也宣示中共追求國際社會大國的地位,期盼在
國際社會扮演與自己國力相合的角色。

　　在扮演國際合作者角色方面,胡錦濤接任國家主席於二〇
〇三年三月第十屆全國人大一次會議閉幕致詞,提到外交政策
時強調,中共愛好和平,會繼續奉行獨立自主的和平外交政策,
與所有國家保持和發展友好合作關係[10]。同年五月,胡錦濤首
次以國家主席身分出訪,於莫斯科演講時也強調,中共奉行獨
立自主的和平外交政策,願與世界各國人民開展友好交往和各
領域的合作,即使富強了,中共也將永遠不稱霸[11]。

　　二〇〇四年三月,溫家寶在十屆人大二次會議進行就任國
務院總理後的第一次政府工作報告中也表示,中共要「堅定不
移地奉行獨立自主的和平外交政策,堅持和平共處五項原則,
推進與各國的友好交往與合作,努力爭取更好的國際環境和周
邊環境」[12]。

　　胡錦濤的談話雖然維持中共過去的外交政策基調,但與江

---

[10]胡錦濤,〈胡錦濤在十屆人大一次會議閉幕會上的講話〉,人民網,2003
　　年 3 月 18 日。
　　http://www.people.com.cn/GB/shizheng/252/10307/10308/20030318/94622
　　9.htm
[11]胡錦濤,〈世代睦鄰友好共同繁榮發展〉,人民網,2003 年 5 月 28 日。
　　http://www.people.com.cn/GB/shizheng/16/20030529/1002893.html
[12]〈溫家寶總理在十屆全國人大二次會議上的政府工作報告〉,《人民日
　　報》,2004 年 3 月 6 日。
　　http://www.people.com.cn/GB/shizheng/8198/31983/32185/2376764.html

澤民十六大的講話相較，胡錦濤未特別提及「反對霸權主義和強權政治」，此種顯示中共與其他大國仍存有「敵對」意識的提法，胡錦濤似有意凸顯中共在國際社會扮演的合作角色。溫家寶在政府報告中雖提到「反對霸權主義和強權政治」，但報告還是特別強調要促進與各國的合作。

在強調周邊安全的睦鄰外交角色方面，中共十六大政治報告中揭示中共對外策略方向時也重申，中共「將繼續加強睦鄰友好，堅持與鄰爲善、以鄰爲伴，加強區域合作，把同周邊國家的交流和合作推向新水平」[13]。在出訪蒙古於蒙古議會演講時，胡錦濤特別強調，「中國新一屆中央領導集體將始終不渝地堅持與鄰爲善、以鄰爲伴的方針，同周邊國家平等相待、和諧共處，風雨同舟、攜手進步」[14]。中共十六大報告與胡錦濤講話都凸顯中共將持續「與鄰爲善、以鄰爲伴」的睦鄰外交政策方向。

在追求國際社會大國角色方面，新任國務院總理溫家寶二〇〇三年十二月訪問美國，於哈佛大學演講提到中共的定位時指出，「今天的中國，是一個改革開放與和平崛起的大國。」「明天的中國，是一個熱愛和平和充滿希望的大國。」[15]溫家寶的談話強調了中共作爲大國的角色，與過去中共慣用的「中國是發展中的大國」提法有所不同，溫家寶已提到中國的崛起，強調中國現在是大國，未來會扮演追求和平的大國角色。

---

[13]〈江澤民在中國共產黨第十六次全國代表大會上的報告〉。
[14]〈胡錦濤：共建睦鄰互信夥伴關係〉，《人民日報》，2003 年 6 月 6 日，第 1 版。
[15]〈溫家寶哈佛演講 提出廣泛文明對話和文化交流〉，人民網，2003 年 12 月 10 日。http://www.people.com.cn/GB/shizheng/1024/2239366.html

三、十六大以後的外交行爲

在具體的外交行爲方面，後鄧小平時期中共採取「夥伴外交」、「援助外交」、「經貿外交」和「出訪外交」等外交策略，透過多元方式來推動外交政策[16]，積極發展與大國、周邊國家和第三世界國家的關係，完成中共的外交戰略目標。

在各項外交策略中，中共的主要戰略行爲模式是建構多層次的夥伴關係，這些夥伴關係包含：戰略夥伴、全面夥伴、建設性夥伴、睦鄰友好夥伴、合作夥伴等不同層次、不同形式的夥伴關係。

中共之所以推動夥伴外交的原因，一來是爲了確保一個和平穩定的國際環境以追求大陸的現代化，二來是爲了促進國際體系多元化，並尋求國際社會認同中共是國際重要一極的角色地位，第三，中共領導人期望建立一個新的戰略觀與意識形態理念，以支持中共作爲國際體系重要一極的新地位[17]。

在建構和平崛起的外交戰略思維的同時，新領導集體強調中共追求和平，以及與國際社會合作的大國角色，體現在具體的外交行爲上，一方面，中共的外交工作是要爲十六大揭櫫的「全面建設小康社會」任務服務，建構一個和平的國際和周邊

---

[16]許志嘉，〈後鄧小平時期中共外交政策的持續與轉變〉，《國際關係學報》，第 15 期（2000 年 12 月），頁 147-148。

[17]Joseph Y. S. Cheng and Zhang Wankun, "Patterns and Dynamics of China's International Strategic Behaviour," *Journal of Contemporary China* (2002), vol. 11, no.31, pp. 255-256.

環境，另一方面，則是要與國際社會建構更友善的關係，結交朋友，亦即與其他國家建構更密切的互動。

為了廣泛與國際社會交往，二○○三年中共一共接待了十八位外國國家元首，二十二位外國政府首腦，三十一位外交部長，中共國家主席胡錦濤、全國人大常委會委員長吳邦國、國務院總理溫家寶、政協主席賈慶林等中央領導集體成員，一共出訪了二十二個國家[18]。在新領導集體初掌政權，年初還遭遇SARS 衝擊下，中共領導集體成員仍然持續推動外交工作，與國際社會密切互動，建構和平國際環境，以確保經濟發展，扮演更積極的國際社會大國角色。

十六大以後，中共領導集體仍然透過「夥伴外交」的加強來強化與大國關係、確保周邊國家的和平環境，透過「援助外交」維繫與第三世界國家的關係，強化在第三世界的影響力，透過「經貿外交」維持與大國經貿互動，融入國際經濟體制發展經濟，透過「出訪外交」強化並鞏固與國際社會的互動，建構和平的國際環境。

在具體的外交作為方面，十六大以後，中共新領導集體在建構和平崛起發展戰略思維的同時，最重視的外交工作是推動「大國外交」和「睦鄰外交」，也就是說，中共更積極推動與世界大國及周邊國家的關係，並更積極參與國際社會，試圖扮演更重要的大國角色。

---

[18]〈李肇星：二○○三年我國的國際地位和影響力進一步提高〉，人民網，2004 年 3 月 6 日。
http://www.people.com.cn/GB/shizheng/1027/2376890.html

(一) 大國外交

　　中共的大國外交基本上有兩個意涵，一是指中共加強與大國關係的互動，另方面，則是中共要扮演大國的角色。十六大以後中共新領導成員，在加強與大國互動以及扮演大國角色方面，都有更積極的作為。

■出訪大國促進大國關係

　　領導人出訪對一個國家而言，是表達與其他國家發展友好關係的重大儀式，因此，領導人出國訪問也就標誌著這個國家外交政策的走向，也象徵著兩個國家間關係的友好。

　　十六大以後，新任領導集體中共總書記胡錦濤接任國家主席後首次出國訪問，標誌著新領導集體第一次邁向國際社會，對中共新領導集體外交政策而言，具有重大意義。胡錦濤第一次的出國訪問行程，正式訪問了俄羅斯、哈薩克和蒙古，同時也參加了在法國舉行的西方八國（G8）會議的周邊會議，南北領導人非正式會議。就行程的安排上，首次出訪以周邊國家為主，但同時也強化與西方大國的關係互動。

　　二○○三年五月二十六日至六月五日，胡錦濤進行就任國家主席後的第一次出國訪問，訪問的第一個國家就是周邊大國俄羅斯，胡錦濤訪問俄羅斯期間不僅與俄國總統普亭（Validmir Putin）發表「聯合聲明」，顯示雙方持續發展睦鄰友好戰略協作夥伴關係，同時，胡錦濤在莫斯科大學發表以「世代睦鄰友好共同發展繁榮」為題的演說中強調，「中俄關係在中國對外關係中占有特別重要的地位。中國新一屆中央領導集體對加強雙方的睦鄰友好和互利合作高度重視。」中共願與俄羅斯推動

政治、經濟、科技、人文與國際事務等領域的戰略協作[19]。

　　胡錦濤出訪俄羅斯既具有重大的象徵性意義，同時持續推動雙方已建立的多層次戰略協作夥伴互動架構，意味著中共非常重視並願意強化與周邊大國俄羅斯的關係，顯示作為中共的周邊國家且是國際社會的大國，對俄關係是中共新領導人最重視的外交工作。

　　除了俄羅斯之外，美國作為後冷戰時期國際社會的超強國家，也是中共對外發展大國關係的重要一環。新任總理溫家寶於二〇〇三年十二月正式訪問美國，美國雖非溫家寶首次出訪的第一個目標國，但與先前溫家寶參與東協會議到東南亞訪問的形式相比，溫家寶訪問美國是中共新一代領導集體「胡溫體制」中的另一位重要中央領導首次正式訪問一個主權國家，意義相當重大，顯示中共也將美國放在外交工作的重要地位。

　　訪美期間溫家寶會見美國總統布希（George W. Bush），並與美國國務卿鮑爾（Collin Powell）等美國官員會晤。會談中美國還就台灣公投議題發表被視為與中共立場接近的談話，表示不支持台灣推動公投議題，同時，溫家寶在美國發表演講中強調，中共與美國要合作，雙方「合則兩利」，有共同的合作基礎與利益，並有助於亞太地區的和平穩定[20]。溫家寶與布希的會談，雙方提出頗具善意的言論，顯示中美雙邊關係穩定發展的走向。

---

[19] 胡錦濤，〈世代睦鄰友好共同發展繁榮——在莫斯科國際關係學院的演講〉。人民網，2003 年 5 月 28 日。
　http://www.people.com.cn/GB/shizheng/16/20030529/1002893.html
[20] 〈溫家寶在美演講呼籲共同譜寫中美關係新篇章〉，人民網，2003 年 12 月 9 日。http://www.people.com.cn/GB/shizheng/1024/2238769.html

溫家寶訪美顯示中共對美國關係的重視，被媒體稱為是一次成功的訪問，訪問期間也同時訪問西方大國加拿大，對於拓展與大國關係也具有重大意義。

除了正式訪問外，中共領導人也利用各種國際會議場合與西方國家領導人互動，在參加亞太經濟合作會議與南北領導人非正式會議時，胡錦濤便與美國總統布希積極互動，參加南北會議時，胡錦濤也與西方大國領袖，包括法國總統席哈克等人積極互動。

■積極推動、參與國際組織活動

除了更強化與西方國家互動外，中共新領導集體也更積極推動、參與國際組織活動。在第一次的出國訪問中，除了俄羅斯外，中共國家主席胡錦濤也首次參加西方八國（G8）的周邊會議南北領導人非正式會議，這是中共領導人首次參加此會議，江澤民過去雖曾獲邀，但拒絕參加[21]。胡錦濤參加此次會議，一方面意味著中共重視與大國關係，同時也顯示新任領導人比以往更有自信，更願意與西方大國及國際社會溝通。

■調停朝鮮問題扮演區域大國角色

朝鮮問題一直是國際社會潛在衝突議題之一，中共與北韓長期以來都採取社會主義兄弟國關係相對待，但對於北韓發射飛彈、退出禁止核子擴散條約等可能擴大朝鮮危機的行為，中共一直未採取更積極的措施。

十六大以後，新領導集體成員對北朝核武危機問題採取積

---

[21]*New York Times*, 2003.8.28.

極態度，促成北朝坐上談判桌，針對核武危機問題與美國等國家會談。

　　二〇〇三年三月，中共開始進行多方斡旋，促成中共、美國與北韓同年四月於北京進行朝鮮核武危機的三方會談，在三方會談未能達成具體共識情形下，中共再進行協商，於同年八月促成中共、美國、北韓、南韓、俄羅斯、日本等六國於北京進行六方會談。二〇〇四年二月下旬，在中共積極推動下，第二輪六方會談於北京舉行[22]。中共成功推動兩輪朝鮮問題六方會談，雖然未得到具體結果，但仍受到肯定。

　　過去中共在不稱霸的原則下，對外交衝突議題基本上都強調由國際組織扮演仲裁或調停角色，中共甚少積極主動介入衝突調解角色。但新領導集體對於北韓核武危機議題，卻採取積極介入調解的作法，說服北韓與美國進行談判，並成功進行兩次北韓核武議題六方會談，雖然，會談各方對問題仍存在歧見，但第二輪會談後的主席聲明中也強調，要致力於朝鮮半島的無核化，通過和談解決問題，維護朝鮮半島的和平穩定[23]。

　　對中共而言，積極推動解決朝鮮核武危機，成功促成朝鮮問題的六方會談，已初步扮演區域衝突調停者角色，積極扮演區域性大國角色，以中共自己的話來說，便是盡一個「負責任大國」的責任。

---

[22]〈背景資料：朝核問題六方會談〉，新華網，2004 年 2 月 25 日。
http://news.xinhuanet.com/world/2004-02/25/content_1331739.htm
[23]〈第二輪六方會談主席聲明全文〉，新華網，2004 年 2 月 28 日。
http://news.xinhuanet.com/newscenter/2004-02/28/content_1336687.htm

■美國攻打伊拉克的「反戰不反美」

　　九一一恐怖攻擊事件後，美國改變全球戰略佈局，並尋求國際社會共同反恐，中共在美國主導的反恐佈局中扮演合作者角色，與國際社會共同合作打擊恐怖主義。

　　在二〇〇三年美國出兵攻打伊拉克問題上，國際社會出現不同的意見，除了英國積極支持美國出兵伊拉克之外，俄羅斯、法國、德國等國家都明確表達反對立場，俄、法等國甚至表示不排除在聯合國安理會討論攻伊問題時投下否決票。

　　在此次爭議中，中共強調應在聯合國架構下解決爭端，但當美國攻打伊拉克問題討論過程中，中共雖公開表示反對，但並未如俄羅斯、德國及法國一般強烈，也未表態，如果交付聯合國安理會討論時，將投下否決票。

　　美國攻打伊拉克事件發展過程顯示，中共新領導集體在處理國際爭端問題時，雖維持過去的立場，對於已開發國家與第三世界國家的衝突採取基本反戰立場，凸顯中共作為第三世界領導國家的角色，但此事件處理過程中，中共卻刻意降低與美國的衝突，明白表示反對戰爭，但不與美國公開唱反調，採取消極反戰姿態，明顯採取與國際社會超強美國不正面衝突的合作角色。

(二) 睦鄰外交

　　睦鄰外交是中共長期以來一直強調的外交工作之一，新領導集體外交工作則把睦鄰外交視為外交工作的一個重要面向，與以往相較，新領導集體基本上採取更積極、友善的睦鄰外交策略。

■ 出訪周邊國家促進互動

在推動周邊國家關係方面，胡錦濤接任國家主席後首次出訪的國家，便是俄羅斯、哈薩克、蒙古等周邊國家，並參加上海經濟合作組織高峰會，顯示中共對於周邊國家的重視。

二〇〇三年十月，胡錦濤利用出席泰國曼谷舉行的亞太經合會議的機會訪問泰國，與亞太經合會成員國領袖會晤，胡錦濤並在會議中提出三項主張，建議亞太地區國家要加強互信保持穩定、促進經濟社會發展、開放市場健全多邊貿易[24]，強調中共維持與周邊國家發展穩定關係、推動經濟合作的外交策略。

除了胡錦濤出訪周邊國家之外，國務院總理溫家寶利用出席中共—東協領導人關於 SARS 會議及東協高峰會的機會，兩次造訪東南亞，與東協國家領導人互動。

中共中央政治局常委會排名第二的常委、全國人大委員長吳邦國於二〇〇三年九月分別訪問菲律賓、南韓和日本，並於同年十月底訪問北韓。排名第四的政治局常委賈慶林也於二〇〇三年十一月底、十二月初，訪問印度、斯里蘭卡、孟加拉、尼泊爾和巴基斯坦等南亞五國。

從中共新領導人出國訪問情形來看，周邊國家是新領導人出訪的主要目標，除了與東南亞國協國會領導人會面外，中共領導集體成員還訪問了俄羅斯、哈薩克、蒙古等北方和西北方的鄰國，訪問南北韓和日本等東方鄰國，訪問印度、巴基斯坦、

---

[24] 〈胡錦濤在 APEC 第十一次領導人非正式會議上講話全文〉，《人民日報》，2003 年 10 月 21 日，第 1 版。

尼泊爾等西南方的鄰國。也就是說,中共新領導集體就任以後,正式出國訪問的對象絕大多數是周邊國家,推動睦鄰外交、鞏固周邊國家安全的意義非常明顯。

■加強與東協政治、經濟、軍事合作

除了安排高層領導人訪問周邊國家之外,中共與東南亞國協更進一步推動密切的互動關係。

國務院總理溫家寶十月參加印尼峇里島舉行的年度東南亞國協系列峰會時,溫家寶與東協十國領導人簽署「中華人民共和國與東盟國家領導人聯合宣言」,宣布中共與東協建立「面向和平與繁榮的戰略夥伴關係」,中共成為與東協建立戰略夥伴關係的第一個國家。中共外交部長李肇星也與東協外長簽署文件,正式加入「東南亞友好合作條約」,成為第一個加入此條約的非東南亞區域的國家[25]。

依照雙方的聯合宣言,所謂的戰略夥伴關係的重點是要加強政治、經濟、社會、安全以及國際與區域合作。在政治方面,要加強高層往來與各層級的對話磋商機制,在經濟方面,雙方將加快自由貿易區的建立,在國際與區域合作方面,雙方將以東協與中日韓(10加3)會議為主要管道,推動區域經濟合作,在安全方面,中共則加入了東南亞友好合作條約。

中共不僅加入東協安全機制,並與東協國家建構多層次、多領域的合作關係,企圖穩定東南亞區域安全,並推動雙邊經貿互動。此外,還利用峰會期間與日本、韓國共同發表「中日

---

[25]〈外交部長李肇星談溫家寶總理出訪東亞峰會成果〉,新華社,2003年10月8日。http://www.people.com.cn/GB/□□izheng/1027/2123617.html」

韓推進三方合作聯合宣言」，建構與日本、南韓的合作架構。
溫家寶更在會議期間首次提出「睦鄰、安鄰、富鄰」的政策宣
示，強調中共在追求國家發展的同時，也願意和東南亞國家共
同追求經濟發展，並維持和平穩定的友好關係。

■積極改善中印關係

　　在中共周邊安全發展歷程上，與中共曾發生邊境武裝衝突
的國家有俄羅斯、印度和越南，中共曾介入戰爭的有朝鮮問題，
中共已與俄羅斯大幅改善關係，並建立戰略協作夥伴關係，也
透過與東協的互動改善與越南的關係，並召開六方會談解決朝
鮮核武危機，在印度方面，中共新領導人也積極改善與印度的
關係。

　　二〇〇三年六月，中共與印度簽署「中印關係原則和全面
合作的宣言」，中共將被印度併入的錫金從中共承認的國家名
單除名，印度則首度承認西藏是中國的一部分，雙方關係進一
步取得突破[26]。中共以承認印度併吞錫金換取印度承認中共對
西藏的主權，對中共而言並無損失，且因而改善雙方的關係。

　　雙方在宣言中指出，兩國互不威脅，印度後來發表的國防
部報告，也說明中共未來十五年內都是以經濟建設為中心，顯
示印度對中共信任的增加[27]。除了與印度簽署宣言及高層互訪

---

[26] 阮宗澤，〈二〇〇三年中國外交之和平崛起〉，《瞭望新聞周刊》，2003
年 12 月 16 日。
http://worldol.com/huanqiu/html/2003/12/20031216201943-1.htm
[27] 〈拋棄冷戰思維：中國與南亞構築新型關係〉，《環球時報》，2003
年 11 月 24 日。
http://news3.xinhuanet.com/world/2003-11/24/content_1194747.htm

之外，中共還和印度、巴基斯坦首次共同舉行海軍軍事演習[28]，與中印早期的二次邊境衝突，和一九九八年印度以「中國威脅論」爲由試射核子武器相較，中印關係確實取得明顯的改善。

　　從十六大後中共積極推動睦鄰外交作爲來看，建構和平的周邊環境和共同發展的區域關係，是中共新領導集體致力推動的外交策略。從具體的實踐來看，中共新領導集體運用對話取代衝突方式化解與周邊國家的爭議，以經濟發展的優勢推動與周邊國家的進一步合作關係。

四、結　論

　　從十六大之後中共新領導成員的外交政策宣示與外交作爲來看，中共新領導成員的外交戰略基本上仍延續過去的基調，但新領導人更強化中共欲扮演與國際社會合作的大國及推動和平的角色，並刻意減低與大國及周邊國家的潛在衝突。

　　從實踐成果來看，中共確實成功維持了一個和平的國際環境，特別是和平、友好、共同發展的周邊環境，這樣的國際環境有助於中共內部的政局穩定和經濟發展，符合中共的國家利益。

　　透過各種夥伴關係的深化，雙邊關係的強化，以及多邊合作機制的增強，中共不僅維持了穩定的國際環境，暫時減緩安全衝突的威脅，並取得更有利的經濟合作發展空間。一定程度

---

[28]「盤點二〇〇三：軍事外交亮點紛呈」，《新華網》，2003 年 12 月 30 日。http://news3.xinhuanet.com/mil/2003-12/30/content_1253643.htm

減低了中國威脅論的壓力，同時也增強中共與國際社會發展經貿互動的機會，就國際層次而言，這樣的外交戰略符合中共的國家利益。

就兩岸關係來看，中共強化大國關係與周邊關係也有助於對台政策的施壓，溫家寶訪美促使美國總統布希發表被視為對台灣強硬的言論，似乎有效地推動了「經美制台」的策略。強化與東協國家的經貿關係，並與日本、南韓發表合作宣言，成功排除台灣參與區域經濟發展，企圖從經貿層面孤立台灣，迫使台灣對中共採取合作政策。

就內部而言，與國際主流社會合作的外交策略，成功與大國及周邊國家建構更緊密的關係，有助於中共新領導集體威信的建立，也有利於中共的經貿互動，既符合中共內部政局穩定，也有益經濟發展。

十六大以後，中共新領導集體外交作為似乎有相當大的收穫，也符合中共的國家利益，可見的未來，中共新領導集體應會持續維護和平與促進合作發展的外交戰略，這樣的大國外交與睦鄰外交作為也會持續。

新領導集體的外交作為似大有發展，但長期而言，中共仍面臨許多外交問題。在主要大國關係方面，中俄之間仍存在國家安全的潛在衝突，雙邊關係基礎仍然脆弱[29]。中美關係間雖然發展快速，中美雙方都稱這是雙方建交以來關係最好的階段，但中美關係仍有很多潛在問題，美國總統布希仍然強調，雙方在許多領域，如美國對台灣防衛承諾、人權及禁止武器擴

---

[29]張雅君，〈中俄睦鄰友好合作條約的性質、意涵與影響〉，《中國大陸研究》，第 45 卷第 2 期（2002 年 3-4 月），頁 57。

散問題等，都還有相當大的差異[30]。中共與大國關係的改善雖有成效，但潛在的分歧在未來仍然是雙邊衝突的可能根源。

　　在周邊國家關係方面，雖然中共以「擱置爭議，共同開發」作為推動睦鄰外交的重要基石，但許多爭議仍然存在，這些爭議或可暫時擱置，不過，長期而言仍是潛在的衝突根源，如中印之間的領土爭議、中共與部分東協國家南海主權的爭議、中共與日本之間的歷史問題爭議等，都是需要較長時間解決的問題。

　　即使在共同開發的經濟合作層次，中共與東協各國雖加強合作，但雙方仍存在著相互競爭的結構性矛盾，廣大的中國市場雖是商機，但也是周邊國家經濟發展的商業競爭者。

　　總體而言，中共新領導集體為了取得和平的國際環境，以達成全面建設小康社會的任務，一方面試圖建構和平崛起的新戰略思維，同時，積極推動與國際社會的互動，在新領導集體上台的初期，大國關係和周邊國家關係是推動外交工作的重中之重，建構了中共新領導集體成員初期的外交工作特色，主要的目標就是要確保中共以經濟建設為核心的根本國家利益。

---

[30]George W. Bush, *The National Security Strategy of the United States of America* (September 2002), p. 28. http://www.whitehouse.gov/nsc/nss.html

參考書目

一、中文書籍

人民出版社，《關於國際共產主義運動總路線的建議和有關文件》，北京：人民出版社，1963。

上海市國際關係學會編，《國際關係理論初探》，上海：上海外語教育出版社，1991。

中共中央文獻研究室編，《十二大以來重要文獻選編》（上），北京：人民出版社，1986。

中共中央文獻研究室編，《十三大以來重要文獻選編》（中），北京：人民出版社，1993。

中共中央文獻研究室編，《十三大以來重要文獻選編》（下），北京：人民出版社，1993。

中共中央文獻研究室編，《十五大以來重要文獻選編》（上），北京：中央文獻出版社，2000。

中共中央文獻研究室編，《江澤民論有中國特色社會主義》，北京：中央文獻出版社，2002。

中共中央台灣工作辦公室、國務院台灣事務辦公室編，《中國台

灣問題》，北京：九洲圖書出版社，1998。

中共中央黨史研究室編，《中國共產黨的七十年》，北京：中共
　　黨史出版社，1991。

中共外交部、中央文獻研究室編，《周恩來外交文選》，北京：
　　世界知識出版社，1990。

王炳南，《中美會談九年回顧》，北京：世界知識出版社，1985。

王建民，《中國共產黨史：第三編‧延安時期》，台北：漢京文
　　化事業，1988。

王泰平編，《鄧小平外交思想研究論文集》，北京：世界知識出
　　版社，1996。

中華人民共和國外交部、中共中央文獻研究室編，《周恩來文選》，
　　北京：中央文獻出版社，1990。

中華人民共和國外交部政策研究室編，《中國外交》（1998 年版），
　　北京：世界知識出版社，1999。

中國大陸研究學會編，《江澤民政權與兩岸關係》，台北：中國
　　大陸研究學會，1996。

中國現代國際關係研究所編，《全球戰略大格局——新世紀中國
　　的國際環境》，北京：時事出版社，2000。

中國科學院國情分析研究小組編，《機遇與挑戰》，台北：致良
　　出版社，1996。

中國年鑑社編，《中國年鑑 1990》，北京：中國年鑑社，1990。

方海鶯譯，《當代美國外交史》，約翰‧史班尼爾（John Spanier）
　　著，台北：桂冠圖書公司，1986。

方海鶯譯，《當代美國外交史》，台北：桂冠圖書公司，1986。

毛澤東，《毛澤東選集》（第五卷），上海：人民出版社，1977。

毛澤東，《毛澤東選集》（第一卷），廣東：人民出版社，1991。

《毛澤東思想萬歲》，台北：國際關係研究中心，1972。

尹慶耀，《中共的統戰外交》，台北：幼獅文化事業公司，1984。

尹慶耀，《辯證法研究》，台北：中華民國國際關係研究所，國立政治大學東亞研究所，1991。

石之瑜，《中共外交的理論與實踐》，台北：三民書局，1994。

石之瑜，《近代中國對外關係新論局──政治文化與心理分析》，台北：五南圖書出版公司，1995。

石志夫，《中華人民共和國對外關係史：1949.10-1989.10》，北京：北京大學出版社，1994。

司徒雷登，《司徒雷登回憶錄：在中國五十年》，台北：新象書店，1984。

田進、俞孟嘉等，《中國在聯合國局──共同締造更美好的世界》，北京：世界知識出版社，1999。

田曾佩編，《改革開放以來的中國外交》，北京：世界知識出版社，1993。

台灣主權論述論文集編輯小組編，《台灣主權論述論文集》，台北：國史館，2001。

行政院新聞局，《中國大陸大眾傳播事業及其管理概況》，台北：行政院新聞局，2001。

艾思奇，《辯證唯物主義歷史唯物主義》，北京：人民出版社，1990。

江振昌編，《國際新秩序的探索與中共》，台北：政治大學國際關係研究中心，1993。

伍修權，《往事滄桑》，上海：上海文藝出版社，1986。

列寧，《列寧選集》（第二卷），北京：人民出版社，1972。

江澤民，《論黨的新聞工作》，北京：人民日報出版社，1990。

任曉、胡泳浩等，《中美日三邊關係》，杭州：浙江人民出版社，
　　2002。

何川，《中共新聞制度剖析》，台北：正中書局，1994。

李五一等，《大國關係與未來中國》，北京：中國社會科學出版
　　社，2002。

谷文康，《兩個社會的較量局──兼談反對「和平演變」》，長
　　沙：湖南出版社，1991。

李同成編，《中外建交秘聞》，太原：山西人民出版社，2003。

李同成編，《中國外交官在聯合國》，太原：山西人民出版社，
　　2003。

李同成編，《中國外交官親歷重大歷史事件》，太原：山西人民
　　出版社，2003。

李希光，《網絡記者》，北京：中國三峽出版社，2000。

呂郁女，《衛星時代中國大陸電視產業的發展與挑戰》，台北：
　　時英出版社，1999。

李建松、丁軍、呂祖明編，《當代世界與中國》，天津：南開大
　　學出版社，1996。

李登科，《冷戰後中共對中東地區的外交政策》，台北：正中書
　　局，1995。

汪新生編，《九一一與中國加入 WTO 之後的亞太地區國際關係》，
　　北京：中國社會科學出版社，2003。

李夢岩、秦懷洋編，《當代世界政治經濟和國際關係概論》，北
　　京：中國財政經濟出版社，1991。

杜駿飛，《網絡新聞學》，北京：中國廣播電視出版社，2001。

吳安家，《台海兩岸關係的回顧與前瞻》，台北：永業出版社，
　　1996。

林添貴譯，《轉向局——從尼克森到柯林頓美中關係揭密》，James H. Mann 著，台北：先覺出版公司，1999。

周煦編，《後冷戰時期中共對外政策》，台北：政治大學外交系所，1994。

胡凡、李大光，《大國的尊嚴：構築二十一世紀國家安全的堅固堡壘》，深圳：海天出版社，頁 389-390。

胡耀邦，〈關於黨的新聞工作〉，《新聞工作文獻選編》，北京：新華出版社，1985，頁 288。

香港三聯書店編，《中國對外經濟貿易年鑑 1984》，香港：三聯書店香港分店，1984。

宮少朋、朱立群、周啓朋編，《冷戰後國際關係》，北京：世界知識出版社，1999。

袁文靖，《雷根政府對華政策》，台北：國際現勢周刊社，1984。

倪世雄，〈從世界格局看中美關係〉，《中國外交》，2002，頁 29。

倪孝銓、羅伯特、羅斯編，《美中蘇三角關係（70-80 年代）》，北京：人民出版社，1993。

袁明編，《跨世紀的挑戰：中國國際關係學科的發展》，重慶：重慶出版社，1992。

徐滇慶，《世界格局與中國經濟發展策略局——世紀之交的理論思考》，北京：經濟科學出版社，1998。

唐賢興、蕭佳靈編，《大國外交：理論、決策、挑戰》，北京：時事出版社，2003。

國立政治大學國際關係研究中心編，《國際問題講演集》，台北：國際關係研究中心，1983。

陳志奇，《戰後美國對華政策之蛻變》，台北：帕米爾書店，1981。

許志嘉，《中共外交決策模式研究：鄧小平時期的檢證分析》，
　　台北：水牛出版社，2000。

張亞中主編，《國際關係總論》，台北：揚智文化公司，2003，
　　頁391。

陳炎，《Internet改變中國》，北京：北京大學出版社，1999。

國務院辦公廳秘書局、中央機構編制委員會辦公室綜合司編，《中
　　央政府組織機構》（1998），北京：改革出版社，1998。

陳雲林編，《中國台灣問題》，北京：九洲圖書出版社，1998。

郭瑞華，《中共對台工作組織體系概論》，台北：法務部調查局
　　共黨問題研究中心，1996。

陸劍杰、寶炎國、張文然、百根海編，《科學世界觀和方法論》，
　　南京：南京大學出版社，1987。

景杉，《中國共產黨大辭典》，北京：中國國際廣播出版社，1991。

馮特君編，《當代世界政治經濟與國際關係》，北京：中國人民
　　大學出版社，1993。

資中筠、何迪編，《美台關係四十年》，北京：人民出版社，1991。

新華社新聞研究所編，《毛澤東新聞工作文選》，北京：新華出
　　版社，1983。

新華社新聞研究所編，《鄧小平論新聞宣傳》，北京：新華出版
　　社，1998。

張雪艷編，《葉伯棠先生中國大陸研究紀念文集》，台北：國立
　　政治大學國際關係研究中心，1991。

張錦力，《解密中國電視》，北京：中國城市出版社，1999。

張蘊嶺編，《二十一世紀：世界格局與大國關係》，北京：社會
　　科學文獻出版社，2001。

楊思正、俞冠敏編，《社會科學爭鳴大系（1949-1989），世界經

濟‧國際關係卷》，上海：上海人民出版社，1991。

楊潔勉，《後冷戰時期的中美關係：外交政策比較研究》，上海：上海人民出版社，2000。

楊潔勉等，《世界格局中的台灣問題：變化和挑戰》，上海：上海人民出版社，2002。

雷飛龍、華力進編，《海峽兩岸四十年》（上冊），台北：革命實踐研究院，1994。

賈慶國、湯煒，《棘手的合作：中美關係的現狀與前瞻》，北京：文化藝術出版社，1999。

楚樹龍，《冷戰後中美關係的走向》，北京；中國社會科學出版社，2001。

鄧小平，《鄧小平文選》（1975-1982），山東：人民出版社，1983。

鄧小平，《鄧小平文選》（第三卷），天津：人民出版社，1993。

黎永泰，《毛澤東與美國》，昆明：雲南人民出版社，1993。

魯毅、顧關福、俞正梁、傅耀祖編，《新時期中國國際關係理論研究》，北京；時事出版社，1999。

廖光生，《排外與中國政治》，台北：三民書局，1988。

趙建民，《兩岸互動與外交競逐》，台北：永業出版社，1994。

劉山、薛君度編，《中國外交新論》，北京：世界知識出版社，1995。

劉連第、汪大爲，《中美關係的軌跡局──建交以來大事縱覽》，北京；時事出版社，1995。

劉繼南，《大眾傳播與國際關係》，北京：北京廣播學院出版社，1999。

鄭宇碩、孔秉德編，《一九七九至一九九八中美峰會後中美關係之發展》，香港：中文大學出版社，1999。

錢其琛，《外交十記》，北京：世界知識出版社，2003。

韓念龍，《當代中國外交》，北京：中國社會科學出版社，1987。

謝益顯，《外交智慧與謀略局──新中國外交理論和原則》，鄭
　　州：河南人民出版社，1993。

羅納德‧里根，《里根自傳》，北京：世界知識出版社，1991。

蘇格，《美國對華政策與台灣問題》，北京：世界知識出版社，
　　1998。

蘇起，《論中蘇共關係正常化（1979-1989）》，台北：三民書局，
　　1992。

蘇紹智，《中國大陸政治經濟的再認識》，台北：風雲論壇出版
　　社，1995。

二、中文期刊

王緝思，〈國際關係理論與中國外交研究〉，《中國社會科學季
　　刊》，1，1993。

阮宗澤，〈二〇〇三年中國外交之和平崛起〉，《瞭望新聞周刊》，
　　2003 年 12 月 16 日。

余紹逖，〈大陸網際網路與跨國資訊流通〉，《中國大陸研究》，
　　39：10，1996。

李道佳，〈二十八家新聞網站共建全國外宣平台〉，《新聞戰線》，
　　2002 年第 2 期（2002 年 2 月）。

吳心伯，〈轉換中的中美關係〉，《中國外交》，1993：8。

邱坤玄，〈結構現實主義與中共大國外交格局〉，《東亞季刊》，
　　30：3，1999。

邱坤玄，〈「中共外交」教授教法之探討〉，發表於「中國大陸

研究與兩岸關係」教學研討會，政大學術發展基金會、政大東亞所主辦，1997 年 1 月 24、25 日。

林正義，〈美國因應九一一事件的危機處理〉，《戰略與國際研究季刊》，4：1，2002。

范希周，〈試析一九四八至一九六八年美國對台灣的政策〉，《台灣研究集刊》，1987：1。

倪世雄、盧義民，〈冷戰後中美關係初探〉，《中國外交》（北京），1993：8。

梁守德，〈國際政治學在中國局──再談國際政治學理論的「中國特色」〉，《國際政治研究》，1997：1。

秦亞青，〈中國國際關係研究現狀〉。

http://irchina.org/xueke/inchina/gaikuang/view.asp?id=8

唐家璇，〈在鄧小平外交思想指引下勝利前進局──改革開放以來我國外交工作回顧〉，《求是》，1998。

唐家璇，〈為了爭取和平與發展的國際環境局──新中國外交的理論與實踐〉，《瞭望新聞周刊》，1999。

郝曉鳴、李展，〈傳播科技對中國大陸傳媒體制的挑戰〉，《新聞學研究》，69 期（2001 年），頁 99-105。

許中田，〈大力加快網路建設切實做好網路宣傳〉，《新聞戰線》，2000。

許志嘉，〈大陸廣播概況簡介〉，《國際廣播雜誌》（e-radio），2000 年第 1 期。

許志嘉，〈後鄧小平時期中共外交政策的持續與轉變〉，《國際關係學報》，2000：15。

許志嘉，〈嚴格控制的中國大陸廣播事業〉，《國際廣播雜誌》（e-radio），2001。

郭崇武，〈大陸動態：二○○○年四月〉，《共黨問題研究》，
　26：5，2000。

陳毓鈞，〈美國的「一個中國」政策〉，《美國月刊》，9：2，
　1994。

張雅君，〈中俄睦鄰友好合作條約的性質、意涵與影響〉，《中
　國大陸研究》，45：2，2002。

張睿壯，〈我國國際關係學科發展存在的若干問題〉，《世界經
　濟與政治》，2003：5。

楊瑟青，〈系統研究深入領會鄧小平外交戰略思想〉，《現代國
　際關係》（北京），4：33，1994。

楚樹龍，〈中國的國家利益、國家力量和國家戰略〉，《戰略與
　管理》，1999。

趙宇輝，〈回顧與前瞻局──關於電視對外宣傳的思考〉，《中
　國廣播電視學刊》，1998。

趙啟正，〈進一步做大做強，搶占互聯網新聞宣傳的制高點〉，
　《新聞戰線》，2001：6。

劉山，〈轉換中的世界格局與我國對外關係〉，《中國外交》，
　1993：1。

閻學通，〈冷戰後中國的對外安全戰略〉，《現代國際關係》，
　1999。

歐陽新宜，〈中共網際網路的發展及其管制的困境〉，《中國大
　陸研究》，41：8，1998。

譚青山，〈冷戰後的中國世界戰略思想和外交政策〉，《中國大
　陸教學研究通訊》，第35期，頁6。

邊彥軍、張素華、吳曉梅，〈毛澤東和人民日報國際宣傳〉，《新
　聞戰線》，1994：1。

蘇格，〈高舉鄧小平理論旗幟推進跨世紀中國外交事業〉，《現
代國際關係》，1997 年第 11 期（1997 年 11 月）。

三、英文書籍

Allison, Graham T. (1971), *Essence of Decision: Explaining the Cuban Missile Crisis*, Boston: Little, Brown.

Armstrong, J. D. (1977), *Revolutionary Diplomacy: Chinese Foreign Policy and the United Front Doctrine,* Berkeley: University of California Press.

Baldwin, Frank ed. (1974), Without Parallel, New York: Pantheon.

Barnett, A. Doak (1985), *The Making of Foreign Policy in China: Structure and Process*, Boulder: Westview Press.

Bernstein, Richard and Ross H. Munro (1997), *The Coming Conflict with China,* New York: Alfred A. Knopf.

Bush, George W. (2002), *The National Security Strategy of the United States of America*, http://www.whitehouse.gov/nsc/nss.html

Chan, Gerald (1999), *Chinese Perspectives on International Relations: A Framework for Analysis*, London: MacMillan Press Ltd.

Chang, Gordon G. (2001), *The Coming Collapse of China*, New York: Random House.

Chen, King C. (1987), *China's War with Vietnam, 1979:Issues, Decisions, and Implications*, Stanford: Hoover Institution Press.

Chiu, Hungdah ed. (1973), *China and the Question of Taiwan,* New York: Praeger Publishers, Inc.

Chou, David S. ed. (1989), *Peking's Foreign Policy in the 1980s*, Taipei: The Institute of International Relations.

Conlon Associates Ltd. (1959), *United States Foreign Policy, Asia, Studies Prepared at the Request of the Committee of Foreign Relations, United States Senate*, Washington, D.C.: Government Printing Office, 1959.

Copper, John F. (1992), *China Diplomacy: The Washington-Taipei-Beijing Triangle*, Boulder: Westview Press.

Deng, Yong and Fei-Ling Wang eds. (1999), *In the Eyes of the Dragon: China Views the World*, Lanham: Rowman & Littlefield Publishers, Inc.

Dutt, V. P. (1966), *China and the World*, New York: Praeger.

Eisenhower, Dwight D. (1963), *Mandate for Change, 1953-1956: the White House Years,* Garden City, N.Y.: Doubleday.

Ellison, Herbert J. ed. (1982) *The Sino-Soviet Conflict: A Global Perspective*, Seattle: University of Washington Press.

Fairbank, John K. ed. (1968), *The Chinese World Order,* Cambridge: Harvard University Press.

Feigl, H. & M. Brodbeck (1953) ed., *Readings in the Philosophy of Science*, New York: Appleton-Century-crofts.

Fingar, Thomas (1980), ed., *China's Quest for Independence: Policy Evolution in the 1970s*, Boulder: Westview Press.

Fitzgerald, C. P. (1964), *The Chinese View of Their Place in the World*, London: Oxford University Press.

Fortner, Robert S. (1993), *International Communication: History, Conflict, and Control of the Global Metropolis.* Belmont, Calif.:

Wadsworth Pub. Co.

Garver, John W. (1993), *Foreign Relations of the People's Republic of China*, Englewood Cliffs, New Jersey: Prentice Hall.

Geoffroy-Dechaume, Francois (1967), *China Looks at the World*, London: Faber and Faber.

Gittings, John (1974), *The World and China, 1922-1972* , New York: Harper and Row.

Ginsburg, Norton and Bernard A. Lalor eds. (1984), *China: The '80s Era*, Boulder, Colo.: Westview Press.

Gong, Gerrit W. and Bih-jaw Lin ed. (1994), *Sino-American Relations at a Time of Change*, Washington, D.C.: The Center for Strategic and International Studies.

Gottlieb, Thomas (1977), *Chinese Foreign Policy Factionalism and the Origins of the Strategic Triangle*, Santa Monica, California: Rand Corporation, Report R-1902-NA.

Gurtov, Melvin & Harry Harding (1971), *The Purge of Luo Jui-ch'ing: The Politics of Chinese Strategic Planning*, Santa Monica, California: Rand Corporation, Report R-548-PR.

Gurtov, Melvin & Byong-Moon Hwang (1980), *China under Threat: The Politics of Strategy and Diplomacy,* Baltimore: John Hopkins University Press.

Grasso, June M. (1987), *Truman's Two-China Policy: 1948-1950,* New York: M. E. Sharpe Inc.

Gregor, A. James (1986), *The China Connection: U.S. Policy and the People's Republic of China,* Stanford: Hoover Institution.

Harding, Harry (1992), *A Fragile Relationship: The United States and China since 1972,* Washington, D.C.: Brookings Institution.

Hamrin, Carol Lee & Suisheng Zhao ed.(1995), *Decision-Making in Deng's China: Perspectives from Insiders,* New York: M. E. Sharpe.

Hinton, Harold C. (1966), *Communist China in World Politics,* Boston: Houghton Miffin.

Hinton, Harold C. (1972), *China's Turbulent Quest,* Bloomington: Indiana University Press.

Hinton, Harold C. (1976), *The Sino-Soviet Confrontation: Implications for the Future,* New York: Crane, Russack and Company, Inc.

Holsti, K. J.(1983), *International Politics: A Framework for Analysis,* 4th ed., Englewood Cliffs, New Jersey: Prentice Hall Inc.

Hughes, Barry B. (1978), *The Domestic Context of American Foreign Policy,* San Francisco: W. H. Freeman & Company.

Hsiung, James C. ed. (1985), *Beyond China's Independent Foreign Policy: Challenge for the U.S. and Its Asian Allies,* New York: Pareger Publishers

Iriye, Akira (1992), *Across the Pacific: An Inner History of American-East Asian Relations,* Chicago: Imprint Publications, Inc.

J. V. Palvik, *New Media Technology* (Allyn and Bacon, 1996), p.315.

Kan, Shirley A. (2001), *China/Taiwan: Evolution of the "One China" Policy-Key Statements from Washington, Beijing, and Taipei,* Washington, D.C.: CRS Report for Congress.

Kim, Samuel S. (1977), *The Maoist Image of World Order,* World

Order Studies Program Paper, Princeton University.

Kim, Samuel S. (1989), *China and the World: New Directions in Chinese Foreign Relations*, 2nd ed. Boulder, Colo: Westview Press.

Kim, Samuel S. ed. (1994), *China and the World: Chinese Foreign Relations in the Post-Cold War Era*, 3rd ed., Boulder, San Francisco & Oxford: Westview Press.

Kim, Samuel S. ed. (1998), *China and the World: Chinese Foreign Policy Faces the New Millennium,* Boulder, Colorado: Westview Press.

Kim, Ilpyong, ed. (1987), *The Strategic Triangle: China, the United States and the Soviet Union*, New York: Paragon House.

Kissinger, Henry A. (1979), *White House Years,* Boston: Little, Brown and Company.

Lampton, David M. (2001) ed., *The Making of Chinese Foreign and Security Policy* , Stanford, CA: Stanford University Press.

Lasater, Martin L. (1988), *U.S. Policy Toward China's Reunification,* Washington, D. C.: The Heritage Foundation.

Lewis Friedland, *Covering the World: International Television News Services* (New York: 20th Century Fund Press, 1992), pp.7-8.

Lieberthal, Kenneth (1995). *Governing China: From Revolution Through Reform.* New York & London: W.W. Norton & Company Inc.

Lieberthal, Kenneth G. (1978), *Sino-Soviet Conflict in the 1970s: Its Evolution and Implications for the Strategic Triangle*, Santa Monica, California: Rand Corporation.

Lieberthal, Kenneth G. and Michel Oksenberg(1987), *Policy Making in China: Leaders, Structures, and Processes*, Princeton: Princeton University Press.

Lilley, James and Wendell Willkie ed. (1994), *Beyond MFN: Trade with China and American Interests*, Washington, D.C.: The AEI Press.

Lu, Ning (1997), *The Dynamics of Foreign-Policy Decision Making in China*, Boulder, Co.: Westview Press.

Macrids, R. C. ed. (1992), *Foreign Policy in World Politics*, 8th ed., Englewood Cliffs: Prentice-Hall.

Malek, Abbas ed. (1997), *News Media and Foreign Relations: A Multifaceted Perspective*. Norwood, New Jersey: Ablex Publishing Corporation.

Mathews, Jessica T. (2002), " September 11, One Year Later: A World of Change," *Policy Brief*, Special Edition 18.

Mohammadi, Ali ed.(1997), *International Communication and Globalization: A Critical Introduction.* London: SAGE Publications.

Mowlana, Hamid (1997), *Global Information and World Communication: New Frontiers in International Relations.* London: SAGE Publications.

Murray, Douglas (1982), *International Relations Research and Training in the People's Republic of China*, Standford: Northeast Asia-United States Forum on International Policy.

Ness, Peter Van (1970), *Revolution and Chinese Foreign Policy,* Berkeley & Los Angeles: University of California Press.

Nixon, Richard M. (1978), *RN: The Memoirs of Richard Nixon,* New York: Grosset and Dunlap.

Ojha, I. C. (1969), *Chinese Foreign Policy in an Age of Transition,* Boston: Beacon.

Overholt, William H. (1993), *China: The Next Economic Superpower,* London: Weidenfeld & Nicolson.

Pye, Lucian (1991), *China: An Introduction, 4th ed.,* New York: Harper Collins Publishers.

U.S. Department of State (1949), *United States Relations with China,* Washington, D. C.: Office of Public Affairs.

Robinson, Thomas W. & David Shambaugh, ed. (1994), *Chinese Foreign Policy: Theory and Practice,* New York: Oxford University Press.

Ross, Robert S. & Andrew J. Nathan (1997), *The Great Wall and the Empty Fortress: China's Search for Security,* New York: W. W. Norton.

Rossabi, Morris (1983), *China among Equals: The Middle Kingdom and Its Neighbors,* Berkeley: University of California Press.

Roy, Denny (1998), *China's Foreign Relations,* London: Macmillan Press Ltd.

Rozman, Gilbert (1987), *The Chinese Debate about Soviet Socialism, 1978-1985,* Princeton: Princeton University Press.

Rumsfeld, Donald H. (2002), *Annual Report to the President and the Congress.*
http://www.defenselink.mil/execsec/adr2002/html_files/chap1.htm

Russet, Bruce & Harvey Starr (1989), *World Politics: The Menu for*

Choice, 3rd ed, New York: W. H. Freeman and Company.

Schwab, G. ed (1978), *Ideology and Foreign Policy: A Global Perspective*, New York: Cyrco.

Schurmann, Franz (1968), *Ideology and Organization in Communist China*, 2nd ed.,California: University of California Press.

Schwartz, Benjamin I. (1968), *Communism and China: Ideology in Flux* ,Cambridge: Harvard University Press.

Segal, Gerald (1982), *The Great Power Triangle*, London: Macmillan Press.

Shambaugh, David (1991), *Beautiful Imperialist: China Perceives America, 1972-1990*, Princeton: Princeton University Press.

Shambaugh, David L. ed. (1993), *The American Study of Contemporary China*, New York: M. E. Sharpe, Incs.

Shaw, Yu-ming (1985), ed., *Power and Policy in the PRC,* Boulder: Westview Press.

Shih, Chih-Yu (1990), *The Spirit of Chinese Foreign Policy: A Psychoculural View* , London: Macmillan.

Solinger, Ness Dorothy ed. (1984), *Three Vision of Chinese Socialism*, Boulder, Colo: Westview Press.

Stuart, Douglas T. & William T. Tow eds. (1981), *China Factor*, Englewood Cliffs, N. J.: Prectice Hall.

Taylor, Philip M. (1997), *Global Communications, International Affairs and the Media Since 1945.* London & New York: Routledge.

Tsou, Tang (1968), ed., *China in Crisis*, vol.2, Chicago: University of Chicago Press.

Vertzberger, Yaacov (1984), *Misperceptions in Foreign Policymaking: The Sino-Indian Conflict, 1952-1962*, Boulder: Westview Press.

Waltz, Kenneth (1959), *Man the State and War,* New York: Columbia University Press.

Whiting, Allen S. (1960), *China Crosses the Yalu: The Decision to Enter the Korean Wa,* Stanford, California: Stanford University Press.

Whiting, Allen S. (1979), *Chinese Domestic Politics and Foreign Policy in the 1970s,* Ann Arbor, Mich.: Center for Chinese Studies.

Whiting, Allen S. (1989), *China Eyes Japan,* Berkeley: University of California Press.

Wolf, Charles jr. et al. (1995), *Long-Term Economic and Military Trends, 1994-2015: The United States and Asia,* Santa Monica, Calif.: Rand Corporation.

Yahuda, Michael (1978), *China's Role in World Affairs*, New York: St. Martin's Press.

Yu, Peter Kien-hong & Philip M. Chen ed. (1987), *Models & Case Studies on Washington - Moscow – Peking*, Taipei: Asia and World Institute.

Zagoria, Donzald (1967), *Vietnam Triangle*, New York: Pegasus.

Zhao, Quansheng (1996), *Interpreting Chinese Foreign Policy: The Micro-Macro Linkage Approach,* Oxford & New York: Oxford University Press.

四、英文期刊

Bachman, David (2001), "The United States and China: Rhetoric and Reality," *Current History*.

Banning Garrett & Bonnie Glaser, "Chinese Estimates of the U.S.-Soviet Balance of Power," *Wilson Paper*, no.33 (July 1988).

Bernstein, Richard & Ross Munro (1997), "Coming Conflict with America," *Foreign Affairs*, 76:2, 18-31.

Bosah Ebo, "War As Popular Culture: The Gulf Conflict and the Technology of Illusionary Entertainment," *Journal of American Culture*, vol. 18, no. 3 (1995).

Bowles, Chester (1960), "The China Problem Reconsidered," *Foreign Affairs*, 38: 3, 476-478.

Brookes, Peter T. R. (1999), "Strategic Realism: The Future of U.S.-Sino Security Relations," *Strategic Review*.

Brown, Roger (1976), "Chinese Politics and American Policy," *Foreign Policy*, 23, 3-23.

Bush, George W. (2002), *The National Security Strategy of the United States of America*, http://www.whitehouse.gov/nsc/nss.html

Carter, Ashton B. (2001), "The Architecture of Government in the Face of Terrorism," *International Security*, 26: 3, 5-23.

Chan, Joseph (1994), "Media Internationalization in China: Processes and Tensions," *Journal of Communication*, 44:3, 70-88.

Carter, Ashton B. (2001), "The Architecture of Government in the Face of Terrorism," *International Security*, 26: 3.

Chang, Tsan-Kuo, Jian Wang, and Chih-Hsien Chen (1994). "News as Social Knowledge in China: The Changing Worldview of Chinese National Media." *Journal of Communication*, 44: 3, 52-69.

Charles Krauthammer, "The Unipolar," *Foreign Affairs*, vol.70, no.1, (1990/91), pp. 23-33.

Cheng, Joseph Y. S. and Zhang Wankun (2002), "Patterns and Dynamics of China's International Strategic Behaviour," *Journal of Contemporary China*, 11:31.

Cheng, Li (2000), "Jiang Zemin's Successors: the Rise of the Fourth Generation Leaders in the PRC," *China Quarterly*, 161.

Chu, Leonard L. (1994). "Continuity and Chang in China's Media Reform." *Journal of Communication*, 44:3, 4-21.

Christensen, Thomas J. (2001), "Posing Problems without Catching Up: China's Rise and Challenges for U.S. Security Policy," *International Security*, 25: 4, 5-40.

C. Millard, "Local Content Filters and the 'Inherent Risk' of the Internet," *Intermedia*, vol. 23, no. 1 (1997).

Copper, John F. (1980), "China's Views of Taiwan's Status: Continuity and Change," *Asia Pacific Community*.

Cranmer-Byng, J. (1973), "The Chinese View of Their Place in the World: An Historical Perspective," *China Quarterly*, 53: 1, 67-79.

Dittmer, Lowell (1981), "The Strategic Triangle: An Elementary Game-Theoretical Analysis," *World Politics*, 33:4,485-515.

Downs, Erica Strecker & Phillip C. Saunders(1998), "Legitimacy and the Limits of Nationalism: China and the Diaoyu Islands," *International Security*, 23:3.

Fairbank, John K. (1969), "China's Foreign Policy in Historical

Perspective," *Foreign Affairs,* 47, 449-463.

Feuerwerker, Albert (1972), "Chinese History and Foreign Relations of Contemporary China," *Annals of the American Academy of Political and Social Science,* 402, 1-14.

Freeman Chas W. Jr. (1996), "Sino-American Relations: Back to Basics," *Foreign Policy,*104.

Friedberg, Aaron L. (2002), "11 September and the Future of Sino-American Relations," *Survival,* 44: 1, 33-50.

Friedman, Edward (1979), "On Maoist Conceptualizations of the Capitalist World System," *China Quarterly,* 80, 806-837.

Fortner, Robert. S. (1995) "Excommunication in the Information Society," *Critical Studies in Mass Communication,* 12:3, 133-154.

Garrett, Banning & Bonnie Glaser (1988), "Chinese Estimates of the U.S.-Soviet Balance of Power," Wilson Paper, 33.

Gaver, John (1980) "Chinese Foreign Policy in 1970: The Tilt toward the Soviet Union," *China Quarterly,* 82, 214-249.

Gill, Bates & Michael O'Hanlon (1999), "China's Hollow Military," *National Interest.*

Goldstein, Avery (2001), "The Diplomatic Face of China's Grand Strategy: A Rising Power's Emerging Choice," *China Quarterly.*

Harding, Harry (1983), "Chang and Continuity in Chinese Foreign Policy," *Problems of Communism,* 32: 2, 1-19.

Harwit, Eric, and Duncan Clark (2001), "Shaping The Internet in China: Evolution of Political Control over Network Infrastructure and Content." *Asian Survey,* 41: 3, 377-407.

Heymann, Philip B. (2001), "Dealing with Terrorism: An Overview,"

International Security, 26: 3, 24-38.

Huang, Yu, Xiaoming Hao,　and Kewen Zhang (1997), "Challenges to Government Control of Information in China." *Media Development*, 1997: 2, 17-22.

Hunt, Michael (1988),"Mutual Images in U.S.-China Relations," *Wilson Paper*, 32.

Hunt, Michael H. & Odd Arne Westad (1990) ,"The Chinese Communist Party and International Affairs: A Field Report on New Historical and Old Research Problems," *China Quarterly*, 122, 258-272.

Hsu, Chih-Chia (1999), "Foreign Policy Decision-Making Process in Deng's China: Three Patterns for Analysis," *Asian Perspective*, 23: 2, 197-223.

Ikenberry, G. John (2001), "American Grand Strategy in the Age of Terror," *Survival*, 43: 4, 19-34.

Jia, Qingguo (2002), "New Priorities, New Opportunities: Sino-American Relations Since 9.11," *Asian Perspectives*, 4: 2.

Kau, Michael Y.M., Pierre M. Perolle, Susan H. Marsh & Jefrey Berman (1978), "Public Opinion and Our China Policy," *Asian Affairs*, 133-147.

Khoo, Nicholas and Michael L. Smith (2002), "The Future of American Hegemony in the Asia-Pacific: a Concert of Asia or a Clear Pecking Order?" *Australian Journal of International Affairs*, 56: 1, 65-81.

Kim, Samuel S. (1997), "China as a Great Power," *Current History*, 96: 611, 246-251.

Kim, Samuel S. (2003), "China's Path to Great Power Status in the Globalization Era," *Asian Perspective*, 27:1.

Kubek, Anthony (1992), "The 'Opening' of China: President Nixon's 1972 Journey", *American Asian Review*, 10: 4.

Krauthammer, Charles (1990), "The Unipolar," *Foreign Affairs*, 70:1, 23-33.

Latham, Kevin (2000). "Nothing but the Truth: News Media, Power and Hegemony in South China," *China Quarterly*, 163, 633-654.

Lee, Chin-Chuan (1994). "Ambiguities and contradiction: Issues in China's changing political communication." *Gazette*, 53, 7-21.

Li Cheng, "Jiang Zemin's Successors: the Rise of the Fourth Generation Leaders in the PRC," *China Quarterly*, no.161 (March 2000).

Lieberthal, Kenneth G. (1977),"The Foreign Policy Debate in Peking as Seen through Allegorical Articles, 1973-76," *China Quarterly*, 71, 528-554.

Livingston, Steven & Todd Eachus (1995). "Humanitarian Crises and U.S. Foreign Policy: Somalia and the CNN Effect Reconsidered," *Political Communication*, 12, 413-429.

Lynch, Daniel C. (1999)."Dilemmas of 'Thought Work' in Fin-de-Siecle China," *China Quarterly*, 1999: 157, 173-201.

Mary Dalrymple, "Taiwanese President's Comment Inspires GOP to Renew Attack on Clintion's 'one China' Policy," *Congressional Quarterly* (July 24, 1999).

Mathews, Jessica T. (2002), " September 11, One Year Later: A World of Change," *Policy Brief*, 2002:18, 1-10.

Mancall, Mark (1963),"The Persistence of Tradition in Chinese Foreign Policy," *Annals of the American Academy of Political and Social Science,* 349, 14-26.

Marshall (1948), "Memorandum of Conversation," *Foreign Relations of the United States (FRUS),* 8.

McClaran, John P. (2000), "U.S. Arms Sales to Taiwan: Implications for the Future of the Sino-U.S. Relationship," *Asian Survey*, XL: 4, 623-640.

Medeiros, Evan S. & M. Taylor Fravel (2003), "China's New Diplomacy," *Foreign Affairs,* 82:6, 22-35.

Michael Yahuda (1983),"Perspectives on China's Foreign Policy," *China Quarterly*, 95.

Ng-Quinn, Michael (1982),"Effects of Bipolarity on Chinese Foreign Policy," *Survey*, 26:2, 102-130.

Ng-Quinn, Michael (1983)," The Analytic Study of Chinese Foreign Policy," *International Studies Quarterly,* 27:2, 203-224.

Oksenberg, Michael & Steven Goldstein (1974),"The Chinese Political Spectrum," *Problems of Communism*, 23:2, 1-13

Oksenberg, Michel (1976), "Mao's Policy Commitments, 1921-1976," *Problems of Communism*, 25:6, 1-26.

Pollack, Jonathan D. (1980), "Interpreting China's Foreign Policy", *Problems of Communism,* 29: 4, 84-88.

Posen, Barry R. & Andrew L. Ross (1996), " Competing Visions for US Grand Strategy," *International Security*, 21: 3, 5-53.

Posen, Barry R. (2001), "The Struggle against Terrorism: Grand Strategy, Strategy, and Tactics," *International Security*, 26: 3, 39-55.

Pye, Lucian W. (1976),"Mao Tse-tung's Leadership Style," *Political Science Quarterly*, 91:2, 219-235.

Robinson, Thomas W. (1972),"The View from Peking: China's Policies towards the United States, the Soviet Union and Japan," *Pacific Affairs*, 45:3, 333-355.

Ross (1950), "Memorandum of Conversation," *FRUS*, 1950:2, 223-237.

Roy, Denny (1994), "Hegemony on the Horizon? China's Threat to East Asian Security," *International Security*, 19: 1, 149-168.

Segal, Gerald (1999), "Does China Matter?" *Foreign Affairs*, 78: 5, 24-36.

Sicherman, Harvey (2002), "The New Protracted Conflict: Finding a Foreign Policy," *Orbis*, 16:2, 215-227.

Shambaugh, David L. (1987), "China's National Security Research Bureaucracy," *China Quarterly*, 110, 276-304.

Swaine, Michael and Minxin Pei (2002), "Rebalancing United States-China Relations," *Policy Brief*, 13.

Tan, Zixiang, Alex (1999), "Regulating China's Internet: Convergence toward A Coherent Regulatory Regime," *Telecommunications Policy*, 1999:23, 261-287.

Taylor, Fravel M. (2000). "Online and on China: Research Sources in the Information Age," *China Quarterly*, 163, 821-842.

Tkacik, John J. Jr. (2002), " *Strategic Risks for East Asia in Economic Integration with China*."
http://www.heritage.org/Research/AsiaandthePacific/WM171.cfm

Walt, Stephen M. (2001), "Beyond bin Laden: Reshaping U.S.

Foreign Policy," *International Security*, 26:3.

Whiting, Allen S. (1978), "Taiwan: Trends and Prospects," *Asian Society*.

Whiting, Allen S. (1995), "Chinese Nationalism and Foreign Policy After Deng, " *The China Quarterly*, 142.

Wilkinson, David (1999), " Unipolarity without Hegemony," *International Studies Review*, 1999:1, 141-172.

Wohlforth, William C. (1999), "The Stability of a Unipolar World," *International Security*, 24:1, 5-41

Wortzel, Larry (1994),"China Pursues Traditional Great-power Status," *Orbis*, 38:2, 159.

Wu, Friedrich W. (1980),"Explanatory Approaches to Chinese Foreign Policy: A Critique of the Western Literature," *Studies in Comparative Communism,* 1980:13, 41-62.

Xiang, Lanxin (2001), "Washington's Misguided China Policy," *Survival*, 43:3.

Yahuda, Michael B. (1992), "Chinese Foreign Policy and The Collapse of Communism," *SAIS Review*, 12: 1.

Yu, Bin (1994),"The Study of Chinese Foreign Policy: Problem and Prospect," *World Politics*, 1994:46, 235-261.

Zha, Daojiong (1997), "Chinese Perspectives on International Political Economy," *Political Science*, 49:1, 62-80.

Zhao, Quansheng (1993) , "Patterns and Choices of Chinese Foreign Policy," *Asian Affairs*, 20:1.

Zhi, Rong (1982),"Two Views of Chinese Foreign Policy," *World Politics,* 34:2, 285-293.

亞太研究系列 23　　　　　　　　李英明、張亞中／主編

當代中共外交政策與中美關係

作　　者／許志嘉

出 版 者／生智文化事業有限公司

發 行 人／林新倫

登 記 證／局版北市業字第 677 號

地　　址／台北市新生南路三段 88 號 5 樓之 6

電　　話／(02)2366-0309

傳　　真／(02)2366-0310

E - mail ／service@ycrc.com.tw

郵政劃撥／19735365　葉忠賢

印　　刷／科樂印刷事業股份有限公司

法律顧問／北辰著作權事務所　蕭雄淋律師

I S B N ／957-818-634-7

初版一刷／2004 年 6 月

定　　價／新臺幣 300 元

總 經 銷／揚智文化事業股份有限公司

地　　址／台北市新生南路三段 88 號 5 樓之 6

電　　話／(02)2366-0309

傳　　真／(02)2366-0310

國家圖書館出版品預行編目資料

當代中共外交政策與中美關係 ＝ Contemporary
Chinese foreign policy and Sino-American
relations / 許志嘉著. -- 初版. -- 臺北市：生智，
2004[民 93]
面； 公分. --（亞太研究系列；23）
參考書目：面

ISBN 957-818-634-7（平裝）

1.外交 - 政策 - 中共政權 2.中共政權 -
外交關係 - 美國

574.18   93008859

筆記攔

筆記欄

筆記攔

筆記攔